Inhalt

Vorwort

In diesem dritten Band der geschätzten Reihe „So entstand die Welt" und „So entstand die Bibel" geht es um die Geschichte der Menschheit nach der Sintflut. Besonderes Gewicht liegt dabei auf der faszinierenden Geschichte eines ungewöhnlichen Volkes – ungewöhnlich in seiner Beziehung zu allen anderen Völkern. Eine Geschichte von Sklaverei, Isolation und Gefangenschaft vor dem Hintergrund so beeindruckender Kulturen wie Ägypten, Assyrien, Babylonien und Persien. Eine bewegende Geschichte, die mehr ist als nur eine Ansammlung von Ereignissen und nur verstanden werden kann, wenn der „Herr der Geschichte" mit einbezogen wird – die Geschichte Israels.

Wenn auch die Geschichte Israels nicht zu trennen ist von der Geschichte der umliegenden Völker, sucht man doch vergeblich nach Parallelen der Geschehnisse und findet auch die im Alten Testament berichteten Ereignisse teilweise erstaunlich wenig reflektiert in der Berichterstattung der umliegenden Völker.

Außerdem stimmen die aus den biblischen Berichten abgeleiteten Daten nicht mit den üblichen Chronologien überein, was einige Fragen aufwirft ... Hat der wunderbare Auszug der Israeliten aus Ägypten nur so wenig Eindruck hinterlassen, daß er deshalb in der ägyptischen Geschichte zu fehlen scheint? Und waren die Plagen, die dem Auszug vorausgingen, vielleicht weniger aufsehenerregend als die Bibel uns glauben machen will?

Es scheint fast so, als müsse eine Entscheidung getroffen werden zwischen dem, was das Alte Testament über das „auserwählte" Volk berichtet und den Aussagen außerbiblischer Quellen.

„So entstand Israel" setzt sich mit dieser Problematik auseinander. Dr. W. J. Ouweneel rekonstruierte einen Teil der Antiken Geschichte im Bereich des Mittleren Ostens nach dem Leitfaden des Alten Testaments.

Frau Drs. V. L. Kerkhof sammelte unter großen persönlichen Einsatz die historischen und archäologischen Fakten für die Erstellung der in diesem Buch vorgestellten Chronologie.

Der jüdische Gelehrte Dr. Immanuel Velikowski gab den Anstoß zu einer anderen als der üblichen Verbindung zwischen der Geschichte Israels und Ägyptens und fand dabei die Zustimmung einer wachsenden Zahl Archäologen im christlichen und nicht-christlichen Kreisen. Auch hinsichtlich der Archäologie Palästinas wurde eine andere als die übliche vorgeschlagen.

Wenn auch die vorgestellten Gedanken nicht den Anspruch der Unfehlbarkeit erheben, vermittelt dieses Werk doch viele hilfreiche Informationen, deckt verborgene Zusammenhänge auf und gibt wertvolle Gedankenanstöße.

Es ist gleichsam ein „Lesebuch zur Geschichte Israels" – regt zum intensiven Studium des Alten Testaments an und läßt es zu einem faszinierenden Abenteuer werden.

Nach der Sintflut nimmt das Wasser auf der Erde wieder ab. In dieser Zeit suchen die Menschen ihren Schutz in Höhlen, um dort Zuflucht vor den immer noch furchtbaren Umständen zu finden, z. B. vor Erdstößen. Diese Aufnahme wurde aus den Höhlen im Karmelgebirge gemacht.

I. Von Höhlenbewohnern und Pyramiden

Nach der Sintflut entstehen schon bald Kulturen von hoher Qualität. In Ägypten finden wir in der vierten Dynastie die weltbekannten Pyramiden. Die bekannteste, die des Königs Cheops, erkennen wir links. Davor steht eine nicht weniger berühmte Sphinx mit dem Gesicht eines Pharaos. In Palästina wurde in der Nähe von Teleilat Ghassul eine Niederlassung aus der Kupfersteinzeit freigelegt. Eine Zeit, in der zwar Steinwerkzeuge benutzt wurden, in der aber andererseits an der Kunst zu erkennen ist, daß die Menschen keineswegs primitiv waren. An den Wänden der aus Ziegelstein gebauten Häuser sind Spuren von Wandmalerei zu finden. Rechts eine Konstruktion (der Stein) und Reste von Abbildungen anderer Figuren.

Steinzeit und Neandertaler

Durch die Öffnung der Grotte bricht das erste graue Licht herein. Nach und nach erwachen die Menschen in der Höhle. Ein neuer Tag beginnt und mit ihm wieder der Kampf um das Überleben gegen Eis und Schnee, heftige Regenfälle und Erdbeben. Doch trotz ihres harten Lebens sind die Menschen unternehmungslustig, schöpferisch und intelligent, was sich u. a. in den wundervollen Wandgemälden ihrer Höhlen ausdrückt.

Wir befinden uns in der Zeit kurz nach der großen Katastrophe, die den ganzen Erdkreis getroffen hatte. Als der Boden des Ozeans in einem gigantischen Ausbruch aufbarst und das Wasser sogar die höchsten Berge der Erde bedeckte: die Sintflut.

Diese Katastrophe wird nicht nur in der Bibel beschrieben (in 1 Mose 6–8). Hunderte von Völkern und Stämmen auf der ganzen Welt haben sich in uralten Überlieferungen die angstvolle Erinnerung an diese Katastrophe bewahrt. Das ist nur allzu verständlich, weil all diese Völker gemeinsam die Nachkommen der drei Söhne Noahs bilden, die mit ihren Eltern und Frauen in der Arche, die sie nach Gottes Anweisungen gebaut hatten, die Sintflut überlebten.

Als sie die Arche verließen, betraten sie eine völlig veränderte Umwelt. Alles war von riesigen Wassermassen aufgewühlt und zerstört worden, und die Reste der früheren Kulturen lagen unter Hunderten von Metern von Ablagerungen begraben.

Erst allmählich entstand wieder ein weitverbreiteter Pflanzenwuchs. Und noch Jahrhunderte nach der Sintflut war das Klima dermaßen durcheinander, daß die Menschen Mühe hatten, den Kopf über Wasser zu halten. Es ist die „Steinzeit", die Zeit der Höhlenbewohner, Neandertaler, Cromagnonmenschen, aber auch der zögernde Anfang neuer Kulturen. Es ist auch der Anfang neuer Wege Gottes mit den Menschen.

Gottes Bund mit Noah

Als Noah und die Seinen die Arche verlassen (1 Mose 8,18), betreten sie sozusagen eine neue Erde. Die erste Handlung, die Noah vollzieht, ist das Bauen eines Altares für Jahwe. Gott hat den Fluch von der Erde weggespült

Nachdem die Erde trocken geworden war, verspricht Gott, sie nicht wieder auf diese Weise zu verderben. Doch weil wir Menschen so leicht an Gottes Worten zweifeln, gibt der Herr noch ein Zeichen dazu: den Regenbogen. Möglicherweise gab es diesen Regenbogen vor der Sintflut noch nicht, weil Regen durch den erdumspannenden Wassergürtel (Feste) noch eine unbekannte Erscheinung war.

und plant nun seinen Neuanfang mit der gereinigten Erde. Auf dieser neuen Erde steht Noahs Altar wie ein Symbol der Erlösung. Noah bringt von allen reinen Tierarten ein Tier zum Altar, um es Gott zu opfern. Ihm zum lieblichen Geruch. Das ist wie eine Anerkennung der Rechte Gottes, der diese neue Erde gereinigt hat und sie nun für Seine Pläne beansprucht.

Jahwe riecht den lieblichen Geruch des Opfers, das ist buchstäblich ruhegebender Geruch. Angesichts dieses Opfers kann Gott segnen, trotz der Tatsache, daß das Herz des Menschen auch nach der Sintflut von Natur aus noch genauso verdorben ist. Gott wird in Zukunft mit den Völkern handeln – das wird etwas später dann in der Geschichte Israels sichtbar – auf Grund des Brandopferwerkes und nicht dessen, was der Mensch in sich selbst wert ist. Das bedeutet aber nicht, daß es nicht wichtig ist, wie der Mensch ist und wie er handelt.

Darum schließt Gott einen Bund mit den Menschen, ja mit der ganzen Schöpfung (1 Mose 9,8 ff.), und verkündet die Regeln seiner Regentschaft (V. 1–7). Gerade weil der Mensch immer noch sündig ist, ist die Schöpfung jedoch weiterhin den Folgen der Sünde unterworfen.

Obwohl der Mensch Ebenbild Gottes ist, ist er ein verschmutztes Ebenbild, und es gibt Furcht und Schrecken unter den Tieren gegenüber dem Menschen. Gott gibt dem Menschen zwei wichtige Regeln: Es ist ihm zwar erlaubt, Fleisch zu essen (also kein Vegetarismus!), jedoch nicht das Blut des Tieres, denn im Blut ist das Leben, und das Leben gehört Gott (vgl. 3 Mose 17,11; Apg 15,20); die zweite Regel lautet: Es ist dem Menschen nicht erlaubt, das

Es ist sehr zweifelhaft, ob Kanaans Nachkommen, Hams verfluchter Sohn, die schwarze Rasse bilden. Es ist wahrscheinlicher, daß es Völker des alten Nahen Ostens sind. Auch heute noch wird die schwarze Rasse sehr oft diskriminiert, z. B. in Soweto (Süd-Afrika). Nach Ham kamen Japheths Nachkommen zur Geltung und breiteten sich in der westlichen Welt aus. Symbol der Höhe, zu der Japheth heranwuchs, ist New York (V. S.).

Blut eines anderen Menschen zu vergießen, denn auch dann vergeht er sich an dem, was nur Gott allein gehört. Wer trotzdem einen Menschen tötet (vorsätzlich), muß selber getötet werden, und zwar – wie wir aus der Bibel erkennen – durch die ordentlichen Obrigkeiten (Röm 13,4).

Das Gewaltigste ist, daß Gott zu diesen Regeln seines Bundes mit Noah großartige Verheißungen gibt und auch Treue und Gnade verspricht; Sein Regenbogen (den es vor der Sintflut wahrscheinlich nicht gab; vgl. 1 Mose 2,5) ist das Zeichen dafür, daß Er Sein Versprechen halten wird. Vor allem in der Anfangszeit nach der Sintflut, mit ihren vielen heftigen Regenfällen, müssen sich die Menschen wohl oft vor einer neuen Sintflut gefürchtet haben. Doch wenn die Wolken sich drohend zusammenballten, erschien Gottes Bogen am Himmel. Wenn der Mensch diesen Bogen sah, konnte er beruhigt sein; doch auch Gott sah den Bogen und gedachte seines Bundes.

Noahs Prophetie

Leider versagte Noah selber schon sehr bald: Der erste Regierende über die neue Erde konnte sich selbst nicht regieren. Als dann auch noch sein Sohn Ham sich versündigte, ist dies der Anlaß zu einer wichtigen Prophetie (1 Mose 9,25 + 27). Zuerst wird Ham bestraft; er soll selbst zu spüren bekommen, was es heißt, durch den Sohn Schande zu erfahren, und deshalb wird sein Sohn (Kanaan) verflucht. Dieser Fluch fand seine Erfüllung beim Einzug der Israeliten in Kanaan, bei dem die Kanaaniter wegen ihrer Sünden fast gänzlich ausgerottet wurden (1 Mose 15,16; 3 Mose 18,3; 5 Mose 7,1–6; 12,29–31).

Dieser Teil der Prophetie wurde von den Weißen in der Vergangenheit und wird manchmal sogar noch heute oft zu Unrecht als Rechtfertigung für die Diskriminierung der schwarzen Rasse angeführt.

In dieser Prophetie haben wir schon einen Hinweis auf Israel selber: Jahwe ist der Gott Sems. Wenn in der Zukunft Menschen auf Erden gesegnet werden, wird es Segen von dem Gott Sems sein. Das bedeutet nicht, daß alle Nachkommen Sems Gottes Begünstigte sind; später in 1. Mose 10 sehen wir, daß sich unter den Nachkommen Sems die göttliche Gnade zuspitzt auf das Geschlecht Abrahams, dem Stammvater Israels.

Auch der zweite Sohn Noahs bekommt eine Verheißung: Japheth wird wohnen in den Zelten Sems. Eine Zukunftsverheißung ergeht an Japheth; er wird „ausgebreitet“ werden. Zuerst schien Ham den Sieg davonzutragen (man denke an die Assyrer und Babylonier), doch schließlich ist die Weltmacht bei dem (japhethistischen) griechischen und römischen Weltreich angelangt, und dort ist sie im Grunde immer geblieben. Heute wird der größte Teil der Welt von „Japheth“ (hauptsächlich den sog. westlichen Völkern) bewohnt.

Und doch konnte nur in den Zelten Sems Ruhe und Wohnung für Japheth sein: „Das Heil kommt von den Juden“ (Joh 4,22). Alle christlichen (und auch islamischen) Völker können ihre Religion zurückführen auf Abraham, den Semiten, oder besser: den Hebräer (1 Mose 14,13). Sem ist der „Vater von allen Söhnen Ebers“ (1 Mose 10,21); hier haben wir solch eine Zuspitzung der göttlichen Gnadenlinie: der Gott Sems ist der Gott der Hebräer (2 Mose 3,18; 5,3; 7,16; 9,1 + 13; 10,3).

Der Turmbau von Babel

Wenn wir die Geschichte verfolgen, ist es am besten, zunächst auf 1. Mose 11,1–9, die Geschichte des Turmbaus von Babel, einzugehen, weil sie, chronologisch gesehen, vor der Völkertafel von 1. Mose 10 geschah (vgl. 1 Mose 10,10).

Babel steht in der Bibel immer für ein festes und mächtiges gottloses System, das aber dennoch sehr religiös ist. Der Turm, den diese Menschen

Schon ziemlich bald nachdem die Erde wieder bewohnbar wird, gibt es Menschen, die anstelle von oder neben Gott beginnen, die Himmelskörper zu verehren. Von da an finden wir durch die Jahrhunderte hindurch diese Form von Götzendienst, der auch bei den Ägyptern vorkam. Hier finden wir an der Decke einer Kapelle für Osiris in dem Tempel des Hathors in Dendera einen Tierkreis abgebildet. Er stammt aus der späten Periode.

bauten (Lehm und Asphalt waren als Bodenschätze reichlich vorhanden), diente nicht dazu, Gott sozusagen von seinem Thron zu stoßen; o nein, das Motiv der Menschen war durchaus fromm verkleidet: Die Spitze des Turms soll uns mit dem Himmel in Verbindung bringen. Vielleicht wollten sie dieses sogar durch die Höhe des Turms buchstäblich erreichen; andere wiederum meinen, daß bezweckt wurde, daß die Spitze des Turmes durch Darstellung des Sternenhimmels eine Art astrologischer Tempel werden sollte. Auf jeden Fall handelte es sich um eine Religion in der Gott in Wirklichkeit ins Abseits gestellt wurde (vgl. auch Offb 17 + 18).

Die Menschen sind nach Osten gezogen, wo sie eine Ebene antreffen, die Ruhe und Bequemlichkeit verspricht, und wo sie es sich in einer großen Stadt bequem machen. Es ist die Stadt, in der nach der Sintflut zum ersten Male die Ordnungen des Schöpfers ersetzt werden durch die Macht und den Einfluß der Geschöpfe. In Babel entsteht eine Priesterklasse, die magische Kräfte und einen großen Sittenverfall entwickelt; auch findet in Babel der Übergang statt von Gottes „Astronomie“ in 1. Mose 1 zur dämonischen „Astrologie“, bei der die Himmelskörper angebetet werden (vgl. für diese alte Zeit Hiob 31, 26 + 27).

Gott zerbricht die Entwicklung ihrer Kultur, die nicht auf Ihn ausgerichtet ist, indem er die Sprache verwirrt und die Menschen über die ganze Erde verstreut. Die „Menschenkinder“ von Babel werden zersplittert in viele Völker, Sprachen und Nationen, die sich über die ganze Erde ausbreiten (1 Mose

11,9; siehe auch 1 Mose 10,5 + 20 + 31 ff.). Hier liegt die historische Ursache für die unterschiedlichen Völker und Sprachen, wie wir sie heute vorfinden. Babel selbst bleibt jedoch auch eine Bevölkerung erhalten, die sich unter den Aktivitäten Nimrods zu einer einflußreichen Macht (1 Mose 10, 8–12) entwickelt.

Es ist schwierig zu sagen, was nun bei der Sprachverwirrung genau geschah. Obwohl Sprachgelehrte der Meinung sind, daß die sog. „Tiefenstruktur" aller Sprachen der Erde gleich ist, unterscheidet sich die „Oberflächenstruktur" doch dermaßen, daß Menschen, die unterschiedliche Sprachen sprechen, einander nicht verstehen können. Doch ist es merkwürdig, daß Kinder bis zur Pubertät die Möglichkeit haben, sich mit ihrem „Sprachcomputer" (dem sog.

In Mesopotamien bauen als erste die Sumerer eine Kultur mit Niveau auf. Berühmt ist das sogenannte königliche Standardwerk von Ur, das aus der Zeit um etwa 2500 v. Chr. stammt: eine rechteckige Holzkiste mit eingelegten Muscheln und Kalkstein auf einem Hintergrund von Lapislazuli. Man nimmt an, daß sie der Resonanzraum einer Leier war. Diese Seite stellt den Krieg bildlich dar.

Brocase Sprachzentrum im Großhirn) spielenderweise der Oberflächenstrukturen ganz anderer Sprachen als ihrer Muttersprache bemächtigen können.

Anscheinend ist die Tiefenstruktur (die allen Sprachen zugrunde liegt) immer noch in unserem „Sprachcomputer" vorhanden. Das würde bedeuten, daß Gott die Tiefenstruktur intakt gelassen hat und nur die Oberflächenstruktur verwirrte, so daß eine Reihe neuer verschiedener Oberflächenstrukturen entstand.

Das könnten nach der heutigen Sprachwissenschaft einige Dutzend gewesen sein, von denen acht die bestehenden großen Sprachfamilien repräsentieren: die indogermanische, die hamito-semitische, die finnisch-ugrische, die sino-tibetanische, die drawidische, die malaisisch-polynesische, die afrikanische und die amerikanische Sprachfamilie. Daneben gibt es noch eine größere Menge kleinerer Sprachfamilien. Die Unterschiede innerhalb dieser Familien sind (wie die Splitterung der indoeuropäischen Sprachen in germanische, slawische und romanische Sprachen) erst allmählich nach der Sprachverwirrung entstanden.

Nach der babylonischen Zerstreuung entstanden auch die Rassen. Obwohl in Noah bereits alle „Rassenschattierungen" erblich vorhanden waren, wurden sie erst offenbar, nachdem seine Nachkommen durch die Verständigungsschwierigkeiten in kleinere Gruppen auseinandergetrieben wurden. Die schnellsten Veränderungen innerhalb biologischer Arten treten unter kleinen, isolierten Bevölkerungsgruppen auf, wodurch Rassenunterschiede entstehen.

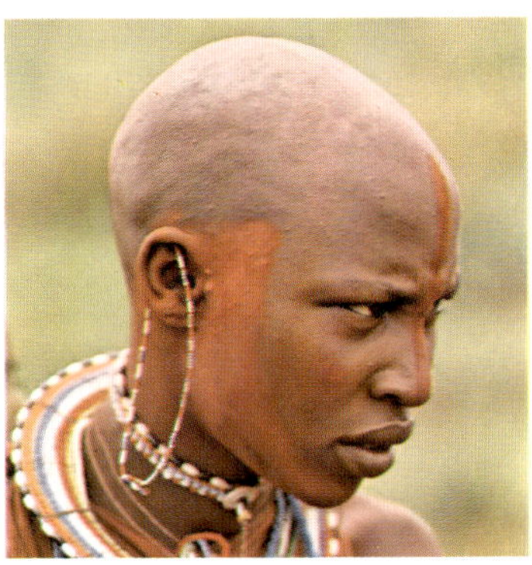

Die Sprachverwirrung brachte diese Isolation zustande. Die biologischen Veränderungen, die danach auftraten, erforderten keine neuen Mutationen, sondern entstanden einfach durch Rekombination der bereits anwesenden erblichen Faktoren. So entstanden die heute ausgestorbenen Menschenrassen: der Neandertaler und Cromagnonmensch und die anderen Rassen, wie wir sie auch heute noch kennen: die mongoloide, die negroide und die kaukasische (weiße) Rasse wie auch einige kleinere Rassen.

Sem, Ham und Japheth

In 1. Mose 10 finden wir eine Aufzeichnung über die Verbreitung der Familien und Völker. Sie fängt an mit Japheth. Ihm gehört die Zukunft. Sie war ihm verheißen, doch hier finden wir nur fünf Verse über Japheth, die über Küstenländer handeln. Japheth hat sich von Anfang an so weit wie möglich verkrochen, voller Energie und Unabhängigkeit. Allmählich haben seine Nachkommen die mediterranen Küstenländer mit Beschlag belegt: das griechische Inselreich, die italienische und iberische Halbinsel, die britische Insel, die atlantischen und skandinavischen Küstenländer und so weiter. Die Nachkommen Japheths (die Indogermanen) sind ein Volk, das sich am weitesten über die Erde verbreitete, doch hier am Anfang hören wir noch nicht sehr viel von ihm. Japheths Zeit muß noch kommen.

Mehr wird uns über Ham berichtet. Mit ihm findet nach der Sintflut der kulturelle Aufbau statt. Ham beginnt sein Werk nicht als Knecht, sondern als

Unter Hams Nachkommen finden wir den Jäger Nimrod, ein „Gewaltiger", dessen Namen zum Sprichwort wird. Eine Stadt wird nach ihm benannt. Auch heute noch ist der Name Nimrod ein Symbol für große Leistungen, wie das „Nimrod-Flugzeug". Seitdem die Menschen durch die Sprachverwirrung gezwungen wurden, sich über die Welt auszubreiten, sind viele Rassen, Völker und Sprachen entstanden. Hier ein Beispiel aus den vielen Möglichkeiten (oben von links nach rechts): Einwohner von Nord-Australien, Pima-Indianer, Mexikanerin, Tibetaner, Eskimo aus Alaska, Chinese aus Hongkong. Links von unten nach oben: Frau aus Falanistamm in Nigeria, Chinesin aus Taiwan und Frau von den Masai in Kenia. Unten Zulu und West-Europäer.

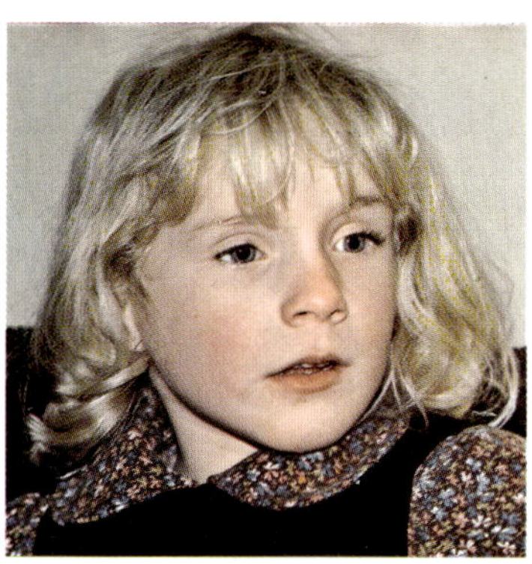

König. Die erste Person, die wir in der Geschichte Hams finden, ist Nimrod, das bedeutet „Rebell", nicht Knecht. Zu den Nachkommen Hams zählen die afrikanischen Völker und ein Teil der Asiaten, die Bewohner des Nahen Ostens.

Die Bibel berichtet: „Und Kusch zeugte Nimrod"; Nimrod war der erste Mächtige auf Erden; er war ein gewaltiger Jäger vor Jahwes Angesicht. Seine Gewalt ist so sprichwörtlich, daß man sogar sagt: „Dieser und jener ist wie Nimrod, ein gewaltiger Jäger vor dem Angesicht Jahwes (1 Mose 10, 8 + 9). Den Namen dieses sprichwörtlich Gewaltigen können wir sogar noch heute auf Tontafeln mit Keilschriften wiederfinden. Eine der wichtigsten Städte des assyrischen Reiches (Nimrod) wurde vermutlich nach ihm benannt.

Die Erde hat viele solcher Tyrannen hervorgebracht, und Nimrod war der erste. Männer, die in dieser Welt etwas gelten wollen, sind Männer von gleicher Art wie Nimrod, Männer, die durch grobe Gewalt auf Erden Macht und Ansehen erwerben wollen und so ihren Namen zum Sprichwort machen. Nimrod ist ein Jäger. Er beginnt seinen Hang zur Gewalttätigkeit an Tieren auszulassen, und als er dann auf den Geschmack gekommen ist, fängt er mit Menschen an.

Er gründet ein Königreich, und der Anfang dieses Königreiches ist Babel. Gerade dort, in dem Babel, in welchem Gott die Sprache verwirrt hat und seine Macht dadurch erzeigte, daß er in das Tun der Menschen eingriff und die Völker spaltete, beginnt Nimrod von neuem, als ob nichts geschehen wäre und baut seine neue Macht auf. Das ist typisch für die Tyrannen aller Zeiten; für Männer, die sich aus Gott nichts machen, sondern sich nach eigenen Gelüsten Macht und Herrscherposition auf Erden erwerben wollen.

Gott handelt jedoch immer ganz anders. Nimrod ist ein Jäger, der dadurch Einfluß ausübt, daß er an Menschen und Tieren Gewalt ausübt. Doch Männer, die Gott auf Erden gebraucht, sein Volk und sein Königreich zu festigen, sind keine Jäger, sondern *Hirten:* Abel, Jakob, Mose, David, die Gründer Israels und vor allem Christus als der gute Hirte.

Aus der Geschichte sehen wir, wie Gott zu seinem Ziel kommt. Mit Ham ging es bergab, Kanaan ist ausgerottet, die Stadt Babel ist verwüstet, wenngleich sie in einer geistlichen Form bis zur Endzeit bestehen bleibt. In politischer Hinsicht wurde Ham in einem jahrhundertewährendem Prozeß zunichte gemacht, bis schließlich das letzte hamitische Bollwerk, das nordafrikanische Karthago, von den Römern verwüstet wurde (ca. 2000 v. Chr.). In den Römern erkennen wir Japheth, den Mann, der sich ausbreiten würde und dessen Knecht Kanaan sein würde. Wie wichtig ist es, daß wir hier die Geschichte, wie wir sie in der Schule lernten, auch einmal im Lichte des Wortes Gottes sehen lernen; dadurch bekommt alles eine ganz andere Farbe und einen anderen Inhalt, und wir lernen Gottes Handeln darin zu erkennen, wie es im prophetischen Grundplan angedeutet wurde.

In den letzten Versen über Ham finden wir eine ausführliche Übersicht über die Völker, die in Kanaan wohnen werden, und dabei stellt sich wohl heraus, daß diese hauptsächlich für Israel geschrieben wurden. Hier wird den Kanaanitern verhältnismäßig viel Aufmerksamkeit gewidmet, weil sie später Bewohner des Landes werden, das Gott Abraham und seinem Samen verheißen wird. Gottes Hand ist mit im Spiel, wenn die Völker sich über die Erde verteilen. Die Völker, die auf Erden ihren Platz einnehmen, die sich niederlassen in den Ländern ihrer Wahl, um dort ihre Königreiche zu gründen, tun das nicht ohne Gottes Mitwirken, auch wenn sie das denken. Aus 5. Mose 32,8 lernen wir, daß Gott allen Völkern das ihnen eigene Erbteil austeilt und daß Er ihre Grenzen bestimmt nach der Zahl der Kinder Israels. Unsichtbar durch alles hindurch erkennen wir Gottes Hand, die die Länder um Israel herum verteilt.

Fanatischer Gegner der Karthager ist der römische Staatsmann und Schreiber Cato, der selbst gegen Hannibal gekämpft hat. Er ist gewohnt, alle seine Reden mit den Worten „Übrigens bin ich der Meinung, daß Karthago zerstört werden sollte" zu beenden. Tatsächlich ist von Karthago nicht viel übriggeblieben. Hier oben ist eine Stelle aus Karthago der Göttin Tanit geweiht.

Anschließend betrachten wir die dritte Gruppe in 1. Mose 10,21. Gott hat Sem bis zum Schluß aufgehoben, denn Gott ist der Gott Sems, wie wir gesehen haben. Japheth bedeutet „Verbreitung", Ham bedeutet „schwarz", „dunkel", doch Sem bedeutet einfach „Name", sonst nichts. Doch das genügt. Er ist die Linie Gottes, die Linie, mit der Gott seinen Namen verknüpft hat. Gott teilt Abraham mit, daß Er der Allmächtige ist, Melchisedek offenbart er sich als Gott, der Allerhöchste, und schließlich offenbart er sich Israel als Jahwe, der ewig treue Bundesgott. Er ist, der Er ist – das ist sein Name. Gott hat seinen Namen verbunden mit den Geschlechtern Sems.

Wir haben bereits auf den merkwürdigen Vers hingewiesen, in dem es heißt, daß Sem der „Vater aller Söhne des Eber" ist. So rechnet Gott. Wir würden es nie so nennen; Eber war doch nur einer der vielen Nachkommen Sems, von denen viele größer und angesehener waren als Eber. Und doch verfolgt Gott mit Eber und nicht mit den anderen die Linie seiner erwählenden Gnade. Eber bedeutet „Durchzieher"; die Hebräer sind ein Pilgervolk. Sie sind keine tollen Städtebauer, die sich selbst einen großen Namen machen wollen auf Erden wie Kain (1 Mose 4,17) und Nimrod. Solche Menschen und solche Städte wie Babel bereiten sich selbst den Weg in Gottes Gericht.

Doch Gottes Auge fällt auf die Hebräer, „Durchzieher" wie Abraham. Abraham baut keine Stadt. Er zieht im Gegenteil fort aus einer sündigen Stadt und „erwartet die Stadt mit den festen Grundmauern, die Gott selbst geplant und gebaut hat" (Hebr 11,10). Menschen wie Abraham haben ihre Zeltpflöcke nicht allzu fest in die Erde geschlagen; es sind Nomaden, einfache Schafhirten. Abraham, Isaak und Jakob. Fremdlinge und Gäste in einem fremden Land (Hebr 11,9 + 13–16). Doch mit den Verheißungen Gottes in Händen, und das allein ist ausschlaggebend! Sie können sagen: Der Gott Sems ist auf unserer Seite; Gott nennt sich Gott der Hebräer; in 4. Mose 24,24 benennt Bileam Israel sogar mit dem Namen Eber. Es wird ein Pilgervolk sein, an Gott orientiert, inmitten der mächtigen „Städte" der Völker.

Die ältesten Spuren von Besiedlung

In der ersten Zeit nach der Sintflut mußte man sich mit dem behelfen, was vorhanden war: Stein, Knochen und Holz. Erzarten mußten erst gefunden werden, ehe man Gegenstände aus Metall daraus machen konnte. Dafür hatte man zunächst keine Zeit; zunächst mußte man sich um ein Dach über dem Kopf und Nahrung bemühen. Deshalb finden wir heute Überbleibsel von Menschen, die mit Steinwerkzeugen hantierten; natürlich verwandten sie auch organisches Material wie Holz, doch das ist seit langem verrottet. Darum nennt man die älteste Zeit nach der Sintflut die „Steinzeit". In Anbetracht der neueren chronologischen Erkenntnisse (siehe „So entstand die Welt") müssen wir an dieser Stelle nicht mit Hundert- oder Zehntausenden von Jahren rechnen, sondern höchstens mit etwa fünf- bis siebentausend Jahren (abhängig vom Zeitpunkt der Sintflut).

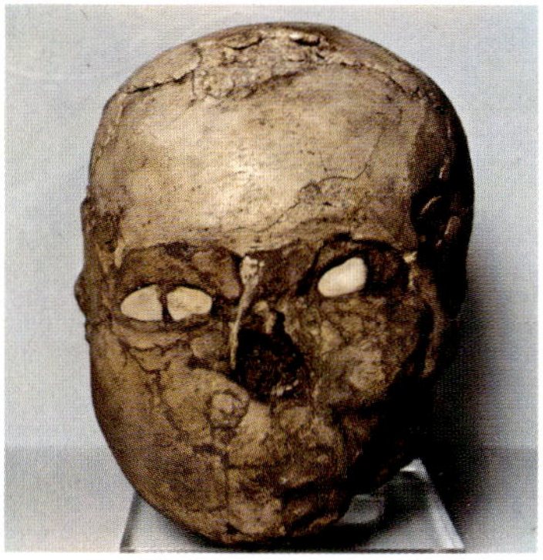

Ein steinernes Faustbeil (oben) und ein Schädel (aus Jericho, unten), der mit Ton bestrichen ist und bei dem die Augen mit Kaurimuscheln eingelegt sind. Beide stammen aus der Zeit nach der Sintflut, aus der sog. „Steinzeit". Rechts stehen zwei Teile aus Ton. Die Vase links stammt aus Ägypten (Anfang der Einheit), die Vase rechts aus Susa (viertes Millennium).

Je nach Lebensraum wird die Entwicklung in der Steinzeit, beeinflußt durch klimatologische und geographische Umstände, unterschiedlich gewesen sein. Diese Umstände bestimmten auch die Art und Weise, mit der man für Nahrung sorgte. Noah wurde Landwirt, Nimrod Jäger. Das heißt, daß diese zwei Arten der Lebenserhaltung nebeneinander vorkamen und nicht, wie die Evolutionisten es gerne hätten, nacheinander. Wie wir an der Stadt Babel und ihrem Turm erkennen können, war man auch schon sehr früh imstande, umfangreiche Bauwerke zu errichten. Die Fähigkeit dazu „entwickelte" sich nicht, sondern war von Anfang an im Menschen vorhanden, sie äußerte sich, sobald die Umstände es erlaubten.

Nach der Sprachverwirrung begann die Ausbreitung der Völker über die damals noch miteinander verbundenen Kontinente, die erst in der Zeit Pelegs auseinanderrissen. (1 Mose 10,25). Überreste menschlicher Behausung aus dieser Zeit finden wir so nach und nach in allen Weltteilen: einerseits die Reste

von „Steinzeiten“ und Höhlenbewohnern und andererseits von Städtebau. Man kann schwer sagen, wie die Zeitverhältnisse zwischen den beiden Lebensarten liegen. Es ist zum Beispiel ganz gut möglich, daß in Mesopotamien die Steinzeit nur kurz dauerte und schnell Niederlassungen und Städte entstanden; in anderen Gegenden wiederum (zum Beispiel in Nord-West-Europa) kann die Steinzeit womöglich viel länger gedauert haben.

Beispiele für das Leben in Höhlen finden wir u. a. in Lascaux (Frankreich) und Altamira (Spanien), wo die Höhlenmalereien von hoher Qualität sind und damit sicherlich nicht auf einen affenähnlichen Menschen hinweisen, der dumm an die Wände kritzelte. Auch zeigen viele kleine Statuetten, die der Steinzeit zuzuordnen sind, künstlerische Qualitäten. Diese Höhlenbewohner,

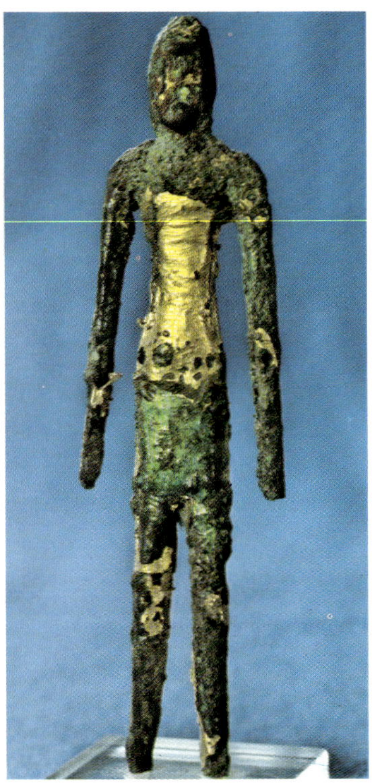

Neandertaler und Cromagnonmenschen, legten ihren Toten bei der Bestattung Gaben bei, was deutlich darauf hinweist, daß sie eine Vorstellung von einem Jenseits hatten.

Auch im Karmelgebirge in Palästina finden wir Spuren von Behausung, sowohl in Höhlen als auch auf Terrassen. Hier wurden drei ehemals bewohnte Höhlen gefunden, von denen eine eine Terrasse hat. Diese Höhlen beinhalteten Skelette, Werkzeuge und andere Gegenstände.

Ein Beispiel für die baldige Anwendung von vorhandenem Wissen aus früherer Zeit ist Çatal Hüyük (Anatolien). Hier gab es schon eine entwickelte Stadt, während zum Beispiel ein Stückchen weiter, in Beldibi, die Menschen noch in Höhlen lebten. Es gab dort viele Heiligtümer, die die gleiche Malerei trugen wie die Häuser in den Städten; man fand dort sowohl Statuen und Reliefs wie auch Spuren von Ackerbau, Viehzucht, Jagd und Handel.

Die alten Kulturen des Nahen Ostens

Wir finden in Mesopotamien schon sehr früh die Spuren einer Steinzeit, zunächst in Form von Steinwerkzeugen und Behausungsüberresten und später auch von Töpferwaren (u. a. in Tell Hassuna, etwas südlich von Mosul, und in Shanidar). Anschließend entstand in Sumer eine Kultur, die auf einer sehr hohen Ebene stand. Es ist unklar, ob diese durch die bestehende Bevölkerung zustande kam oder von Neuzugezogenen eingebracht wurde.

In Sumer treffen wir auf eine entwickelte Stadtkultur mit Tempeln und

Nachdem die Erde wieder einigermaßen bewohnbar geworden ist, aber immer noch durch Erdbeben heimgesucht wird, finden wir Höhlenbehausungen, z. B. im Karmelgebirge. Nicht immer werden Höhlen direkt als Wohnort benutzt, oft auch als Werkstatt und manchmal sogar, um Tote zu bestatten. Unter günstigen Umständen kommen alte Kenntnisse wieder zum Vorschein, und wir finden Anzeichen von einem Gefühl für Kunst, technische Kenntnisse, u. a. Links oben eine Schüssel aus der Türkei, links unten eine Statue aus Vorder-Asien. Abraham kam ursprünglich aus einer Gegend mit Stadtkultur, bekommt jedoch von Gott den Auftrag, in Zelten zu wohnen, und er gehorcht. Dadurch wird angedeutet, daß er nirgendwo verwurzelt ist, auch nicht in Kanaan, das ihm und seinen Nachkommen zugesagt wurde, weil dort noch götzendienerische Völker wohnen. Erst die Israeliten, Jakobs Nachkommen, dürfen in Kanaan Städte bauen.

Palästen. Anfänglich regierten Könige über eine einzige Stadt und die umliegende Umgebung; später wurden Städte zu größeren Staaten zusammengeschlossen, wobei eine Stadt die Regierung bildete.

Dort wurden sowohl prächtige Kunstgegenstände gefunden als auch Hinweise auf eine mächtige, soziale Organisation. Im damaligen Süd-Mesopotamien treffen wir verschiedene Kulturen nacheinander an, die folgende Namen bekamen: Uruk, Lagasch, Nippun, Kisch und dann Akkad. Darum ist diese ganze Periode als Kultur der Sumerer und Akkader bekannt.

Schon bei den Sumerern (Urukperiode) findet man Schriftzeichen. Ein paar aus Uruk stammende Tontafeln sind die ältesten Formen und werden von Kennern auf ein Alter von fast fünftausend Jahren geschätzt.

Schon bald wurde aus der Bilderschrift eine Silbenschrift, und sie entwickelte sich weiter zur sogenannten Keilschrift. Diese Schrift wurde von allen nach den Sumerern in Mesopotamien herrschenden Völkern benutzt, und sie wird heute auch reichlich auf Tontafeln und Statuen wiedergefunden.

Einer der bekanntesten Könige aus der Akkad-Periode ist Sargon I aus der Stadt Akkad, der durch seine Eroberungen das Fundament für ein Reich legte (in Form eines Staatenbundes unter der Oberherrschaft Akkads), das ganz Süd-Mesopotamien, Akkad und Sumer beinhaltete. Sargon I und seine Nachfolger (u. a. Naramsin) unternahmen viele Feldzüge gegen ihre Nachbarn, die dann als Zeichen ihrer Niederlage jährlich Steuern zahlen mußten. Am Ende dieses Reiches lebte Abraham.

Oben erkennen wir ein sumerisches Siegel, unten die berühmte Stele von Naramsin, auf der dieser seinen Sieg über ein Bergvolk verewigte. Rechts eine Tontafel, mit der von den Sumerern angewandten Keilschrift. In Istanbul wurde im Jahre 1929 die sogenannte Pivi Reisekarte entdeckt, von der rechts ein Ausschnitt abgebildet ist, auf welchem die Umrisse von Spanien und West-Afrika auf dem rechten Teil und Mittel- und Süd-Amerika mit dem Südpol auf dem linken Teil zu sehen sind. Auf Grund von allerlei Angaben, die diese und andere Kartenfragmente aus dem 16. und 14. Jahrhundert liefern, kann man schlußfolgern, daß man zur Zeit der Antike über die ganze Welt fuhr, um Länder, auch den Südpol, zu vermessen und den richtigen Umriß der Erde aufzuzeichnen (Literatur: Hapgood).

Auch in Ägypten begann die Zeit nach der Sintflut mit einer Steinzeit. Es war eine Zeit, in der das Klima viel feuchter war als heute; erst während des alten ägyptischen Reiches bekam das Land ein Wüstenklima. Man hat Steinwerkzeuge gefunden, die aus der ältesten Zeit stammen. Später fand man noch Niederlassungen und Friedhöfe. Innerhalb kürzester Zeit ereignete sich eine große Veränderung. Ägypten wechselte von einer Steinzeitkultur, in der die Menschen in Stammesverbänden lebten, über auf zwei gut organisierte Königreiche: im Niltal und im Delta. Gleichzeitig blühte die Kunst, u. a. in Form der Schreibkunst – die bekannten Hieroglyphen. Diese Entwicklung wurde möglicherweise durch Einwanderer begonnen, die wahrscheinlich aus mesopotamischem Gebiet kamen. Sie bildeten eine Art Aristokratie, die ganz Ägypten beherrschte.

Die beiden Reiche stritten untereinander um die Alleinherrschaft. Daraus entstand schließlich das vereinigte Ägypten: Das südliche Reich eroberte das Delta unter der Führung eines gewissen Pharao Menes. Hieraus entstand das alte ägyptische Reich mit seinen berühmten Dynastien der Pharaonen. Es war eine Zeit mit einer auf fast allen Gebieten hochstehenden Kultur. Die Architektur muß zu großen Taten fähig gewesen sein. Als Zeugen der großartigen Bauweise erkennen wir die Gräber von Pharaonen und Aristokraten, in ihrer Form zunächst den Wohnhäusern und Tempeln ähnlich. Später entstanden dann Pyramiden. Die Kunst des Bauens, die gleichzeitig mit dem Herrschen ihren Einzug hielt, läßt eine Verbindung zu der Djemdet-Nast-Kultur vermuten. Die Kunst des Bildhauens, die schon während der Zeit der zwei Reiche begann, zeigt ebenfalls mesopotamischen Einfluß, der jedoch nach dem Zusammenschluß des Landes verschwand, um für eine rein ägyptische Kunst Platz zu schaffen.

Man hat nicht viel Schriftgut aus der ältesten Zeit gefunden, aber eines ist ganz klar: Die gefundene geschriebene Sprache hat bereits eine Entwicklung hinter sich, von der in Ägypten vorher nichts zu finden ist. Man vermutet auch hier wieder, daß es Fremde waren, die diese Kenntnis von woanders mitbrachten.

Während der dritten Dynastie fand der Bau der drei bekanntesten Pyramiden statt: die Pyramiden von Cheops, Chephren und Mykerinos. Auch die nachfolgenden Pharaonen der dritten bis sechsten Dynastie bauten Pyramiden, diese sind jedoch weniger bekannt. Ägypten blieb während der ganzen

Bu harita, büyük Türk
denizcisi PIRI REIS
Devlet Matbaası, İstanbul
1953

Die Entstehung Israels in Jahreszahlen (ca.)

5000 à 3500 v. Chr.	Sintflut
5000 à 3500–3000	Steinzeit
3000	Sumerer in Mesopotamien; zwei Reiche in Ägypten
2850	1. Dynastie Ägyptens
2600	Mesilin-Periode von Mesopotamien; 4. Dynastie Ägyptens (u. a. Chephren)
2300	Sargon I von Akkad; Beginn der 6. Dynastie Ägyptens
2165–1990	Abraham
2100	Pepi II von Ägypten (6. Dynastie)
2090	Abraham nach Kanaan
2065	Zerstörung Sodoms; Ende des Früh-Bronze-Zeitalters in Palästina; Ende des Alten ägyptischen Reiches
2065–1885	Isaak; Beginn des Mittleren ägyptischen Reiches
2005–1858	Jakob
1914–1804	Joseph
1875–1445	Israel in Ägypten
1870	Sesotris III (12. Dynastie Ägyptens)
1525–1405	Mose
1445	Auszug aus Ägypten; Untergang des Mittleren ägyptischen Reiches: Eroberung durch die Hyksos (Amalekiter)
1445–1405	Wüstenwanderung
1400	Eroberung und Verteilung Kanaas; Ende des Mittel-Bronze-Zeitalters
15. bis 11. Jh.	Zeit der Richter
11. Jh.	Der Prophet Samuel; König Saul; Ende der Hyksosperiode und Anfang des Neuen ägyptischen Reiches
1011–971	David
971–931/30	Salomo

Weitere Tabellen finden Sie auf Seite 157, 183 und 194.

In Beerseba wurden bei Ausgrabungen von Wohnstätten aus der Kupfersteinzeit diese Gegenstände aus Elfenbein gefunden, u. a. auch der Stift in der Form einer Frau mit den Händen in den Hüften. Hieroglyphen sind wahre Kunstwerke. Exakt werden die Zeichen ausgehauen. Sumerer und Ägypter entwickelten in etwa dem gleichen Zeitraum ihre Zeichenschrift aus der Bildschrift.

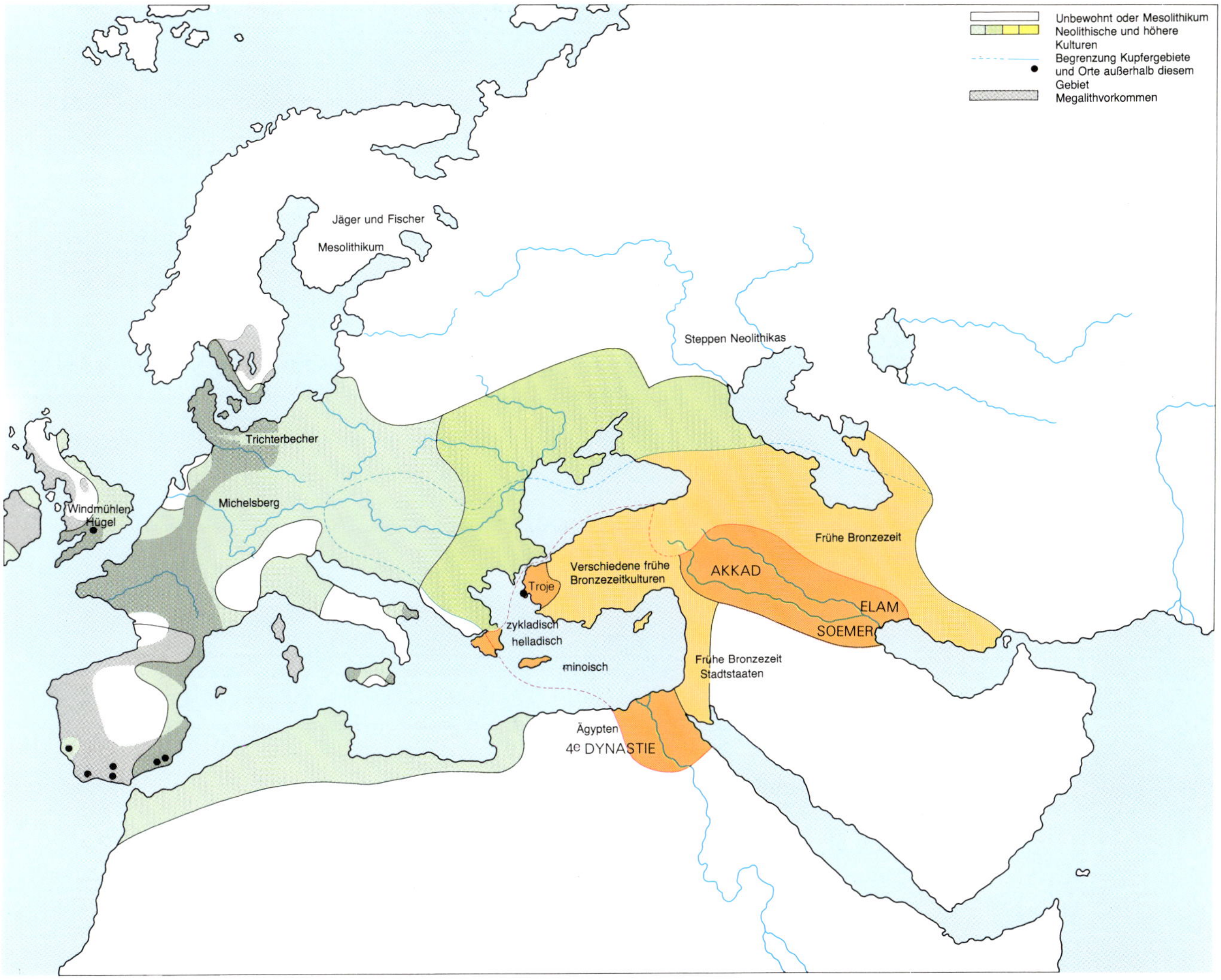

Diese Karte gibt eine Übersicht von Kulturen, die etwa zur gleichen Zeit existierten. Während in Ägypten die 4. Dynastie bestand und die Sumerer ihre Stadtstaaten hatten, existierten in anderen Ländern auch allerlei Kulturen unterschiedlichen Niveaus. In West-Europa gibt es die sog. Steinzeitkulturen, während sich weiter Richtung Osten, also näher zu Babel hin, die Kulturen bereits in der Metallzeit befinden.

Periode des Alten Reiches ein Land mit hoher Kultur, die erst am Ende – doch dann sind wir in etwa schon in der Zeit Abrahams angekommen – abflaute.

Auch Palästina hat zuerst eine Steinzeit gekannt wie an den genannten Höhlen des Karmel ersichtlich wird oder zum Beispiel in den ältesten Schichten Jerichos. Im letzten Teil der Steinzeit finden wir Häuser mit Spuren von Binsenmatten, bemalter Stukkaturarbeit, von Statuetten und dergleichen mehr. Etwas später, während der sogenannten „Jungsteinzeit", wurden auch Töpferwaren hergestellt. Anscheinend lebten die Menschen halb nomadisch in Zeltdörfern.

Auf die Steinzeit folgte die sogenannte Kupferzeit, u. a. auch in Teleilat Ghassul, etwas nördlich des Toten Meeres. Hier finden wir eine ländliche Gesellschaft vor, mit gut ausgestatteten Häusern, die mit dekorativer Stukkaturarbeit geschmückt waren. Zur gleichen Zeit wanderten, wahrscheinlich aus Norden und Osten, neue Gruppen nach Palästina ein. Sie sind u. a. an ihrer Bestattungsart zu erkennen: Sie schlugen Gräber in die Felsen oder benutzten bestehende Höhlen, um dort ihre Toten zu bestatten, manchmal sogar drei- bis vierhundert. Die von ihnen gegründeten Dörfer wuchsen später (in der Früh-Bronze-Zeit) zu befestigten Städten heran, die wahrscheinlich Stadtstaaten bildeten. Soweit bekannt ist, wurde in diesem Gebiet kein Reich gebildet. Auch wurde bis heute dort keine Spur von Schriftgut gefunden. Dies ist eine Zeit der Wohlfahrt, doch ohne großen Reichtum. Es wurde kaum etwas gefunden, was auf Handel hinweisen würde. Das Ende dieser Periode bringt uns zu der Hauptperson des nächsten Kapitels: Abraham.

II. Abraham

Das Opfer, das Abraham bereit ist Gott zu bringen – seinen Sohn und Erben Isaak –, wird von Gott im letzten Moment verhindert. Rembrandt hält den Moment fest, als der Engel Abraham zurückhält. In den Sträuchern im Hintergrund ist der Bock zu sehen, der Isaaks Stelle einnimmt. Der Gründer des Staates Israel ist, zusammen mit Chaim Weizmann, der erste Präsident David Ben Gurion. Der Staat kommt sofort in Kriegskonflikte mit seinen Nachbarn – 1948, 1956, 1967, 1973. Überraschenderweise sucht Präsident Sadat von Ägypten Ende 1977 Kontakt zu Israel. Der Höhepunkt hiervon ist sein Staatsbesuch, bei dem er u. a. mit der ehemaligen Premierministerin Golda Meir eine Begegnung hat.

Juden und Araber, eine Familienfehde

Im November des Jahres 1947 wurde in einer Resolution der Vereinten Nationen vorgeschlagen, das Gebiet westlich des Jordans in drei Teile aufzuteilen: ein jüdischer Staat, ein arabischer Staat und eine internationale Zone, welche die „heiligen Stätten" umschließt. Im gleichen Monat greifen die arabischen Länder an. Am 14. Mai des Jahres 1948, verliest David Ben Gurion in Tel Aviv die Unabhängigkeitserklärung des neuen Staates Israel. Oktober 1956: erneute Kämpfe, der Suez- oder Sinaikrieg. Die Israelis erobern die gesamte Sinaiwüste, die sie dann aber, auf Geheiß der UN, zerknirscht ein Jahr später wieder räumen müssen. Juni 1967: der Sechstagekrieg. Der Suezkanal und der Golf von Akaba werden von den Israelis erreicht, Jerusalem wird erobert, das westliche Jordanufer und die Golanhöhen werden unter der Leitung von General Moshe Dayan besetzt. Nassers Heiliger Krieg, der islamische Djihâd, verläuft anders als erwartet. Oktober 1973: Jom-Kippur-Krieg (Jom Kippur = Großer Versöhnungstag), Ägypten und Syrien schlagen hart zu. Ägypten überquert den Suezkanal; die Syrer schlagen die Israelis auf den Golanhöhen zurück. Durch den Überraschungsangriff an einem der heiligsten israelischen Feiertage entstehen schwere Verluste auf israelischer Seite.

Die Geschichte Israels und seiner Nachbarstaaten, also Juden und Araber ist eine Geschichte aus Blut und Tränen. Und das Ende davon ist trotz ägyptischer Friedensbemühungen noch nicht in Sicht. Woher kommt dieser

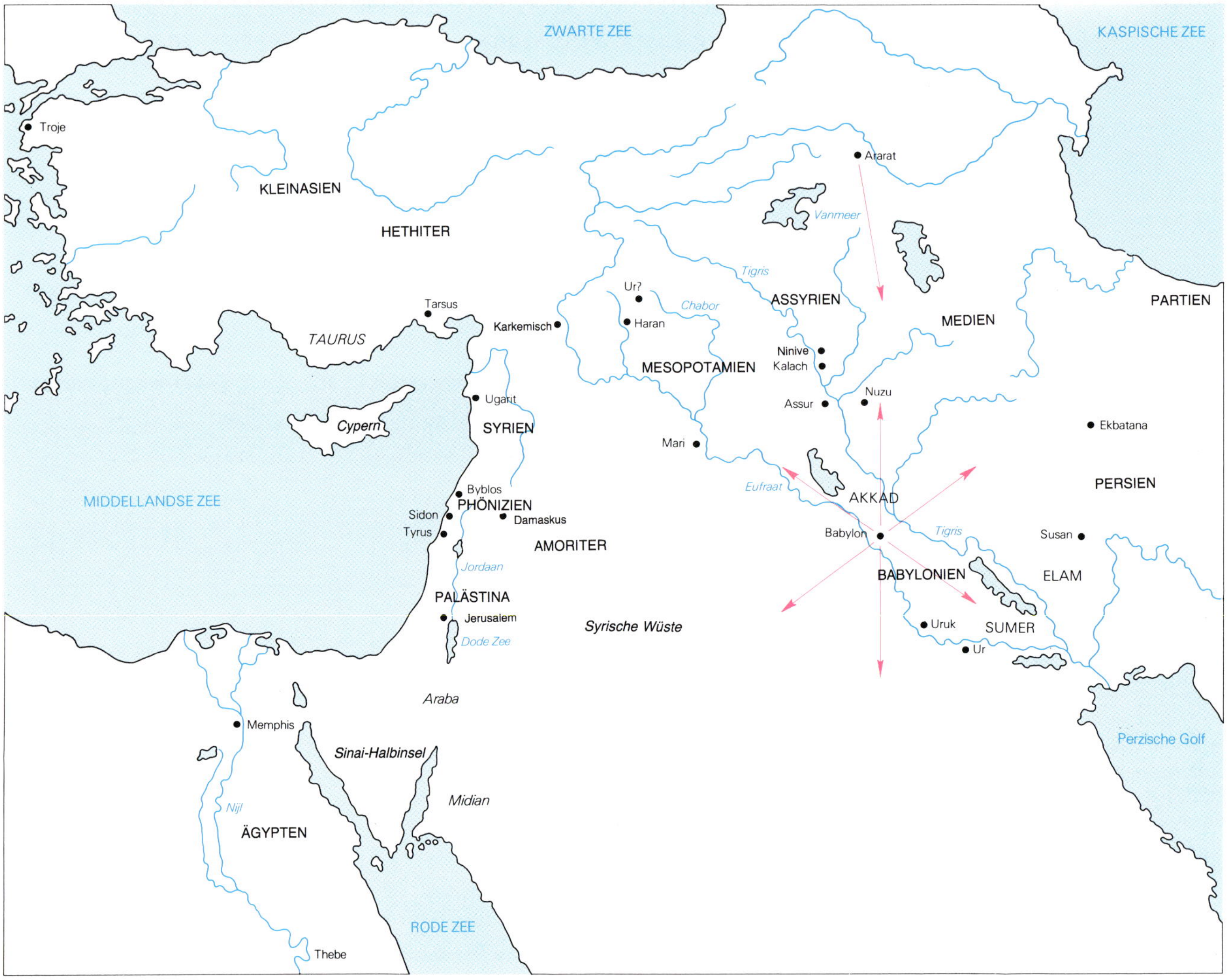

Haß? Die beiden Völker haben denselben Stammvater, Abraham. Doch sie stammen von verschiedenen Söhnen Abrahams ab: den Halbbrüdern Isaak und Ismael. Die Wurzeln des Konflikts liegen weit zurück in der Geschichte: in der Familie ihres gemeinsamen Vorfahrs.

Abrahams Berufung

Der Mensch wurde durch die Sintflut nicht verändert und sein Herz trachtet noch heute nach Bösem. Doch jetzt ist es nicht mehr möglich, den Menschen durch eine erneute Sintflut zu vernichten, denn Gott hat Seinen Bogen an den Himmel gesetzt, eine Garantie, daß Er kein Gericht mehr schicken wird, in dem die Menschheit von neuem durch Wasser ausgerottet wird.

Ab jetzt sehen wir, wie Gott beginnt, mit dem Menschen auf der Basis eines total neuen und äußerst wichtigen Grundsatzes zu handeln. Sein Plan beinhaltet folgendes: Gott überläßt die Menschheit als solche bis zu einem gewissen Grade sich selbst. Wir lesen in Apostelgeschichte 17, daß Gott die Völker ihre eigenen Wege hat gehen lassen. Er verurteilt sie nicht, aber er gibt bis auf die Verbreitung des Christentums auch keine direkte Offenbarung mehr. Er hat die Menschheit in verschiedene Völker getrennt, denen er Land zugewiesen hatte, und hat sie ferner durch Sprachbarrieren geschieden; nun läßt er sie ihre eigenen Wege gehen, ihren eigenen Lüsten und Begierden ausgeliefert (Röm 1). Gott hat mit ihnen nur noch in seiner Vorhersehung zu tun, als Derjenige der alle Dinge regiert und in seinen Händen hält.

In dieser Situation wird Gott seinen neuen Plan ausführen. Er plant einen Neuanfang. Nicht durch ein erneutes Urteil und indem er eine einzige Familie erhält, sondern indem er aus allen diesen Völkern eine einzige Familie oder eigentlich nur ein einzelnes Ehepaar beruft und absondert. Gott ruft Abraham heraus, um sich an ihm zu offenbaren, ihn vor allem Volk zu segnen und alle Völker in *ihm* zu segnen. Das besagt, daß im Grunde kein Mensch auf dieser Erde von Gott gesegnet wird, es sei denn in Verbindung mit Abraham.

Gleichzeitig ist Abraham auch ein Vorbild für uns, als einer der auserwählt ist und gerufen, später abgesondert von der Welt lebt, so daß Gott ihn für sich alleine stellt und sich ihm offenbart. Er wird dann auch in Römer 4 der Vater aller Gläubigen genannt, egal in welcher Zeitperiode und in welchem Land sie auch immer lebten.

Auf der Karte ist außer den beiden Orten Ur, die das Ur der Chäldaer gewesen sein können, auch die Ausbreitung der Völker nach der babylonischen Sprachverwirrung grob angedeutet, ebenso der Zug von Ararat nach Mesopotamien. Die Nachkommen von Sem, Ham und Japhet verbreiten sich, durch die Sprachverwirrung gezwungen, über die ganze Erde. Links unten ist eine goldene Götzenstatuette aus Susa (dreizehntes Jahrhundert) abgebildet, stellvertretend für Götzenbilder, die nach der Sintflut gemacht wurden. Es ist erstaunlich, wie kurz das Gedächtnis der Menschen ist. Nicht lange nachdem die Welt zerstört ist, und Gott wieder von neuem angefangen hat, beginnt man wieder damit, andere Götter zu suchen. Oben sehen wir einen Rollzylinder, auf dem deutlich erkennbar eine Reihe von Götzen abgebildet sind.

Die Berufung Abrahams geschieht nicht auf Grund bestimmter Verdienste, sondern aus reiner Gnade. Diese Gnade wird um so bemerkenswerter, wenn wir beachten, in welcher Situation sich die Familie Abrahams befand. In Josua 24,2 lesen wir, daß die Väter Israels, wie z. B. Terah, der Vater Abrahams und Nahors, den Götzen gedient haben, als sie noch in Ur in Chaldäa wohnten. Erst nach der Sintflut hören wir von Götzendienst, wenn Gott die Völker ihre eigenen Wege gehen läßt (vgl. Apg 14,16). Der Götzendienst scheint seinen Anfang im Land der Chaldäer genommen zu haben. Er ersetzte den wahren Gottesdienst, in dem der Schöpfer geehrt wird, durch Verehrung des Geschöpfs, in jeglicher Form (vgl. Röm 1, 21–25).

Gott ruft Abraham während er noch in Ur seßhaft ist; Stephanus sagt: „Der Gott der Herrlichkeit erschien unserem Vater Abraham, als er in Mesopotamien lebte, ehe er sich aus dem Lande der Chaldäer und in Haran niederließ" (Apg 7,2–4). In 1. Mose 11,31 sehen wir jedoch, daß eigentlich Terah die Initiative für die Reise in die Hand nimmt und daß Abrahams Familie deshalb auch nicht weiter kommt als bis Haran. Erst als Terah gestorben ist, und damit die letzte Hürde weggeräumt ist, kann Abraham weiterziehen in das gelobte Land. Möglicherweise hat eine anfänglich schwache Glaubenskraft Abraham für viele Jahre in Haran festgehalten, ehe er das gelobte Land kennenlernte. In Abraham ruft Gott sozusagen eine ganze Nation. Gott sagt zu ihm: „Ich werde dich zu einem großen Volk machen", und: „Deinen Nachkommen gebe ich dieses Land" (1 Mose 12,2 + 7). Israel wird in der Welt Zeuge des wahrhaftigen Gottes und des wahrhaftigen Gottesdienstes sein (5 Mose 33,26–29;

Jes 43,10–12; Röm 2,17–20), der Hüter göttlicher Offenbarung (5 Mose 4,5–8; Röm 3,1 ff.) und die „Mutter“ des Messias (1 Mose 49,10; Offb 12,1–5). Durch Israel werden in Abraham und seinen Nachkommen alle Geschlechter der ganzen Erde gesegnet werden (1 Mose 12,3; 18,18; 22,18; 26,4; Gal 3,8). Der Einzelgänger Abraham wird ein Segen und ein Prüfstein sein für die ganze Welt.

Das Neue Testament sagt, daß die Christen heute zu den Geschlechtern gehören, die in und mit Abraham gesegnet werden, gerechtfertigt, genau wie er, auf Grund des gleichen Glaubens, den er hatte (vgl. 1 Mose 15,5 ff.; Röm 4,3; 9–12). Und die Christen dürfen Abrahams Vorrecht kennenlernen, daß sie, obwohl sie „Fremdlinge und Gäste“ sind (1 Petr 2,11; Hebr 11,13–16), einen „Altar“ besitzen dürfen, durch den Gott geehrt wird.

In Israel wurde eine Briefmarkenreihe mit biblischen Motiven herausgegeben. Auf einer davon wird das Versprechen Gottes an Abraham dargestellt, daß seine Nachkommenschaft sich vermehren wird wie die Sterne am Himmel. Bei Ausgrabungen in Ebla (Nord-Syrien) ist eine Bibliothek von Tontafeln ans Licht gekommen, die hauptsächlich aus der Zeit einige Jahrhunderte vor Abraham stammen.

Abraham stammt aus dem Ur der Chaldäer. Dieses Ur liegt wahrscheinlich nicht im Süden Mesopotamiens, wo man es sich gewöhnlich denkt, es kann möglicherweise auch nordöstlich von Haran gesucht werden (vgl. Jos 24,2 + 3). Wir lesen, daß Terah sich auf dem Weg von Ur nach Kanaan macht, jedoch in Haran seßhaft wird. Der Weg vom südlichen Ur durch Haran nach Kanaan ist jedoch bestimmt nicht die einfachste und am deutlichsten auf der Hand liegende Route. Es hat sich herausgestellt, daß es noch ein anderes chaldäisches Gebiet gibt, südöstlich des Schwarzen Meeres. Xenophon erwähnt in seiner Anabasis die Chaldäer als Leute, die den Weg nach Armenien blockieren, in der Cyropaedia sagt er, daß sie Nachbarn der Armenier sind. Auf den in Ebla gefundenen Tontafeln scheint ein Ur genannt zu werden, das in der Gegend von Haran gelegen haben muß.

Abraham und Lot

Als es in Kanaan zu einer Hungersnot kommt, spricht Abraham nicht hilfesuchend mit dem Herrn, sondern sucht Hilfe bei den Ägyptern. Der mutige Einzelgänger Abraham, der alles verlassen hatte, um der Stimme Gottes zu gehorchen, bekommt es in Ägypten sogar mit der Angst zu tun. Um sich selbst zu retten, riskiert er mit einer Lüge das Leben seiner Frau Sara; in der Zeit des Altertums war es nämlich an der Tagesordnung, daß mächtige Männer schöne Frauen beschlagnahmten. Abraham gibt seine Frau, aus Angst dem Herrscher gegenüber, als seine Schwester aus. Dafür bekommt er Vieh und Sklaven, und unter ihnen befindet sich wahrscheinlich auch ein Mädchen namens Hagar. Durch Gottes Gnade bekommt er Sara wieder zurück, aber mit Hagar wird er noch einige Schwierigkeiten bekommen!

Erst als Abraham wieder zurück ist im gelobten Land, hören wir wieder von einem Altar (1 Mose 13,3 ff. + 18). Doch die Folgen seines Fehltritts wird er nicht wieder los. Da ist zuerst Hagar, seine ägyptische Magd, und zweitens seine stark vergrößerten Herden, die Zwiespalt bringen zwischen ihm und Lot, seinem Neffen, und drittens Lot selber, der in Ägypten auf den *Geschmack* gekommen und durch schlechten Einfluß heruntergekommen ist.

In 1. Mose sehen wir die Konsequenzen der verschiedenen Stadien im Leben von Abraham und Lot. Es kommt zu einem großen Krieg zwischen den

Das Haran, in dem Terah und seine Familie gewohnt haben, wurde auf einem Ruinenhügel in der Nähe des heutigen Ortes Haran lokalisiert. Dieser Ort zeigt das typische Bild eines Dorfes mit Häusern gebaut, aus in der Sonne getrockneten Ziegeln und mit bienenhausartigen Dächern, wie sie in Syrien ziemlich oft vorkommen. Es ist eine dem Klima angepaßte Bauart, die Häuser sind im Sommer kühl und im Winter warm.

Großmächten (1 Mose 14): der König von Sinear (das ist das Land, in dem der Turm von Babel stand), der König von Ellasar, der König von Elam (Persien) und Tideal, der König der Völker. Diese Großmächte aus dem alten Osten ziehen gegen die fünf Könige Kanaans in den Krieg.

Doch dieser ganze Kampf wird uns in der Bibel nur mit ein paar Worten beschrieben. Gott läßt die Völker ihre eigenen Wege gehen. Sobald es sich aber um Sein Volk handelt, zählt die Geschichte für Gott.

Lot, der fleischliche, weltlich gesinnte Gläubige, der den schönsten Wohnort gewählt hatte, ist eine leichte Beute für den Feind. Wer in Sodom sitzt, hat keine Kraft. Lot hat dort wohl seine um Gott wissende Seele gequält, er litt in Sodom (2 Petr 2,8 + 9), doch leiden ist etwas anderes als überwinden. Es genügte ihm nicht, ein Zelt und einen Altar zu haben; das war seine schwache Seite. Abraham war damit zufrieden, ein Nomade zu sein und darum gerät er nicht in den Streit. Er hat nichts zu verlieren: Seine Gemeinschaft mit Gott kann ihm nicht geraubt werden; die heidnischen Könige waren auch gar nicht daran interessiert. Dennoch wird er in den Streit miteinbezogen. Jedoch nicht als Beute, sondern als Angreifer!

Mit einigen hundert Mann nimmt er den Kampf auf gegen vier Heere, und es ist nicht einmal die Rede von einem großen Kampf. Abraham schlägt die Heere und gewinnt Beute und Gefangene zurück. So verhält es sich, wenn ein Gläubiger mit Gottes Kraft in den Kampf zieht: Dann gewinnt er gegen die Feinde und kann sogar Brüder wieder auf den richtigen Weg bringen (vgl.

Als Abraham Lot wählen ließ, wo er wohnen wollte, wählte Lot das anziehendere Tal: die südliche Jordanebene. Das Anziehende an einer verschleierten Frau – es gibt etwas zu raten – sollte uns auch heute noch zu denken geben. Früher gingen die Frauen oft verschleiert. So hatte Laban die Möglichkeit, Jakob Lea anstatt Rahel zu geben.

Gal 6,1; Jak 5,19). Abraham schlägt nicht nur die Feinde, sondern er weiß sogar dem König von Sodom zu „widerstehen".

Auch hat Abraham noch eine Begegnung mit Melchisedek, dem König von Salem (das ist das spätere Jerusalem), nach Hebräer 7 ein Typus auf Christus als den König-Priester, der mit reichem Segen für die Gläubigen kommt (vgl. Ps 110,4; Sach 6,13). Abraham muß hiervon etwas geahnt haben, denn er gibt Melchisedek den Zehnten von allem (1 Mose 14,18–20).

Die Zeit des Abraham

Welchen Platz müssen wir Abraham auf der Bühne der Weltgeschichte zuweisen? Wir haben gesehen, daß er schon bald nach seiner Ankunft in Kanaan nach Ägypten weitergereist ist, um einer Hungersnot zu entfliehen. In welcher Periode der ägyptischen Geschichte müssen wir dieses Geschehen einordnen? Unseren chronologischen Anknüpfungspunkt suchen wir dafür in der Zerstörung Sodoms und Gomorras und einiger anderer Städte Palästinas (1 Mose 19).

Wir wissen, daß die Früh-Bronzezeit – die erste Phase der Bronzezeit, die auf die Steinzeit folgte – in Palästina mit dem Verlassen der verwüsteten Städte, der Befestigung neuer Städte im Süden und dem Einzug neuer Bewohner endete. Es ist möglich, daß die Verwüstung Sodoms mit dem Ende der Früh-Bronzezeit zusammenfiel. Die Verwüstung hätte sicher das ganze Land beeinflußt und könnte damit zum Beispiel den Einzug neuer Einwanderer und den Bau neuer Städte erklären.

Nachdem Abraham vier Könige geschlagen hatte, hat er eine Begegnung mit Melchisedek. Abraham gibt ihm den Zehnten von seiner Beute und erkennt ihn als Priester des allerhöchsten Gottes (eine Zeichnung auf dem Altar in Klosterneuberg). Bewässerungssysteme stammen schon aus alten Zeiten. Im heutigen Ägypten kennt man Bewässerung nach modernen Methoden, aber auch noch auf die Weise wie hier. Die Bewässerungssysteme trugen dazu bei, daß, während in Kanaan Hungersnot herrschte, in Ägypten noch Speise vorhanden war. Deshalb geht Abraham auch dorthin, jedoch mit unglücklichen Folgen für seine Ehe. Auch die größten Glaubenshelden gehen manchmal eigene Wege, anstatt auf Gott zu vertrauen.

Dieser Zeitpunkt muß auf etwa 2100 v. Chr. datiert werden, und das ist auch in etwa der Zeitpunkt des Endes des sogenannten Alten Reiches in Ägypten. Das würde bedeuten, daß Abraham gegen Ende der sechsten Dynastie (der letzten Dynastie des Alten Reiches) nach Ägypten gezogen sein muß. In Ägypten regierte damals Pharao Pepi II oder einer seiner Nachfolger.

Das damalige Ägypten hatte eine ausgeprägte Kultur und Wissenschaft, wie an den damals erbauten Pyramiden, am Bewässerungssystem, der Schreibkunst, den Bildhauerwerken und Reliefs und nicht zuletzt am Handel deutlich wird. Aufschlußreiches aus dem Leben jener Zeit ist auf den Reliefs in der Mastaba von Khentika und im Grab des Ti zu sehen. Pepi II erhielt ein prächtiges Grabmonument, eine Pyramide in Sakkarasüd in deren Inneren

sog. Pyramidentexte angebracht wurden, die dazu dienen sollten, den König im Jenseits zu beschützen. Pepi II setzte die unter seinen Vorgängern angefangenen Handelsbeziehungen mit fremden Ländern fort, so zum Beispiel mit Byblos im Libanon und Kerma im Sudan. Auch sandte er Expeditionen zu den Sinaiminen und Steingruben. Wie auch während des ganzen Alten Reiches war seine Hauptstadt Memphis (nicht weit vom heutigen Kairo entfernt); sie war für Menschen, die aus dem Osten kamen, wie Abraham, leicht zu erreichen.

Ägypten hatte damals nicht die Oberherrschaft in Palästina; Palästina war, wie Ausgrabungen beweisen, ein Gebiet mit etlichen verschiedenen Stadtstaaten und einer hauptsächlich agrarischen Bevölkerung. Die vier Könige aus 1. Mose 14, mit denen Abraham in Konflikt kam, sind nicht genau identifizierbar; früher hatte man schon mal angenommen, daß Amraphel identisch sei mit Hammurabi; doch die meisten Sachverständigen halten dies heute für unrichtig.

Abrahams Verhältnis zu Gott

Im zweiten Teil der Geschichte Abrahams (1 Mose 15–21) finden wir nicht so sehr Gottes offen dargelegte Wege mit Abraham vor den Augen der Welt, sondern vielmehr seine Privatbeziehungen zu ihm. Abraham ist hinsichtlich seiner Zukunft doch nicht ganz beruhigt (vgl. 1 Mose 15,1: „Fürchte dich nicht“). Woher sollen seine Nachkommen kommen, wenn er doch kinderlos ist? Doch Gott bestätigt sein Versprechen. Er wird Abraham einen eigenen

Die Pyramiden wurden nicht sofort so erbaut, wie wir sie im allgemeinen kennen. Zuerst gab es die sog. Stufenmastaba wie hier oben, die Pyramide von Djoser, König der dritten Dynastie, in Sakkara-Süd, das erste Grabdenkmal in Pyramidenform. Bei Pyramiden in den nachfolgenden Dynastien machte man mehr „Treppen“, die man ausfüllte, so daß das bekannte glatte Äußere entstand. Rechts ist ein Querschnitt der berühmten Pyramide von Cheops in Gizeh. Bewundernswerte architektonische Größen sind die große Galerie (2), die etwa 46,6 m lang und 8,5 m hoch ist, und das Königszimmer (1), das durch einen niedrigen und schmalen Durchgang am Ende der Galerie zu erreichen ist. Darunter befindet sich das Königinnenzimmer (3). Der unterste Raum hat keinen Namen oder Funktion. Legenden zufolge soll Abraham die Ägypter gelehrt haben, wie Pyramiden zu bauen sind.

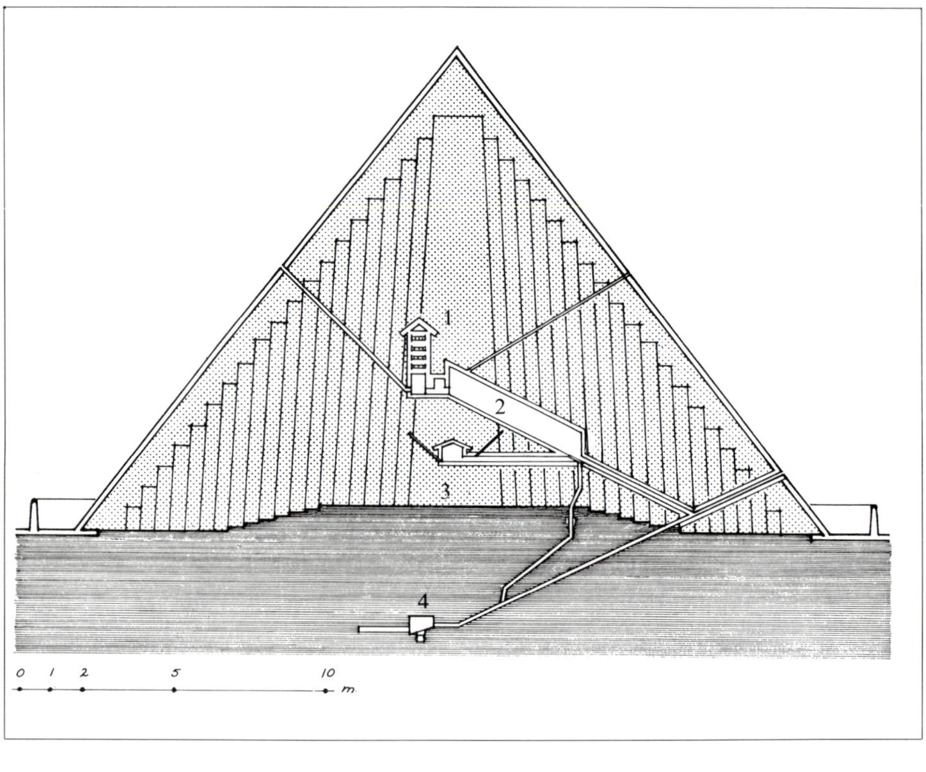

Eine russische Ikone, die von Andreas Rubliev um 1400 gemalt wurde, zeigt die drei Himmelsbesucher, die Abrahams Zelt einen Besuch abstatten. Nach den Sitten des Landes läßt Abraham ein Essen bereiten. Abraham bekommt die Zusicherung, daß er und Sara in einem Jahr einen Sohn bekommen werden. Auch teilt der Herr Abraham mit, daß die Städte Sodom und Gomorra zerstört werden sollen.

Sohn geben und eine reiche Nachkommenschaft. Abraham vertraut Gott und wird darum gerechtfertigt und somit zum „Vater aller Gläubigen" (Röm 4 und Jak 2,14–26).

Auch auf Abrahams zweite Frage gibt Gott eine Antwort: Mit einer bestimmten Opferforderung und einem Wunderzeichen bestätigt Gott, daß Abrahams Nachkommen nach einer Periode als Fremdlinge und Sklaven (in Ägypten) das gelobte Land besitzen werden. Diese Verheißung zeigt, daß Gott von sich aus den Bund schließt und selber zwischen den zum Opfer ausgelegten Tierhälften durchgeht. Normalerweise tun das beide Parteien, um zu zeigen, daß im Fall einer Übertretung dasselbe mit ihnen geschehen darf, was mit dem Tier geschehen ist. Hier aber geht Gott allein hindurch: Er bürgt selber für die Folgen einer eventuellen Bundesübertretung durch Abraham.

Leider schlägt Abraham einen Weg des Unglaubens ein (1 Mose 16). Er versucht bei der Erfüllung von Gottes Verheißungen nachzuhelfen, indem er Hagar zu sich nimmt und mit ihr Ismael zeugt. Das bringt Schwierigkeiten in Abrahams Familie, so daß Hagar in die Wüste flüchtet. Gott läßt sie nicht im Stich und verspricht, auch ihren Sohn zu einem großen Volk zu machen, doch roh und gottlos, die Linie der Erwählung kann die ihre nicht sein (vgl. Röm 9,7–9).

Hier liegt die Wurzel des jahrhundertealten Streits zwischen Juden und Arabern. Galater 4,21–31 macht deutlich, daß Hagar vom Gesetz, vom Fleisch, vom Sklavendienst redet. Das aber steht im genauen Gegensatz zu den Verheißungen einer Freiheit in Christus; davon spricht Isaak, der Sohn Abrahams und Saras.

Nach 1. Mose 12,7 erscheint Jahwe in 1. Mose 17 Abraham zum zweiten Mal, diesmal mit einem neuen Namen: „Gott, der Allmächtige." Und das, nachdem Abraham in 1. Mose 16 so gefehlt hat und nachdem sein Körper und der seiner Frau nun für das Zeugen von Nachkommen „erstorben" sind (Röm 4,19). Nun kommt Gott, um ihm zu sagen, daß alles von Seiner Allmacht abhängig ist; doch auf der anderen Seite muß Abraham untadelig wandeln.

Erstens wird Abraham zum Vater vieler Völker auf Grund der Verheißung Gottes. Um dazuzugehören, ist *Glaube* nötig. Und zweitens schließt Gott einen Bund mit den leiblichen Nachkommen Abrahams, Isaak und Jakob. Er

Die einst so fruchtbare Gegend, in der Lot lebte, wird auf Gottes Befehl zu einer unbewohnbaren Stätte. Heute ist das Tote Meer ein Gebiet, wo Chemikalien gewonnen werden, aber kein Ort zum Leben. 400 Meter unterhalb des Meeresspiegels fließt ungenießbares, sehr heißes Wasser. Deshalb ist der Ort eine Sehenswürdigkeit geworden, an dem man auch allerlei Salzformationen sieht, die Lots Frau darstellen sollen.

wird nun Abraham heißen: „Vater einer Menge", um dazuzugehören ist die *Beschneidung* notwendig. Die Gläubigen aus den Völkern werden nicht beschnitten (vgl. Röm 2,25 + 28 ff.; Röm 4,9–12 + 16 ff.; Gal 5,2 ff.; Gal 6,12–15; Phil 3,24); doch für sie hat die Beschneidung eine geistliche Bedeutung, nämlich die, daß sie symbolisch mit Christus sterben, wie das in der Taufe zum Ausdruck gebracht wird (Kol 2,11 ff.). Sarai (jetzt Sara: „Fürstin") soll die Mutter der Nachkommen Abrahams werden.

Doch dann geht Gott noch einen Schritt weiter; er erscheint Abraham aufs neue (jetzt in Männergestalt und mit zwei Engeln, 1 Mose 18) und nennt ihm einen genauen *Zeitpunkt* für die Erfüllung Seiner Verheißung: Ein Jahr später wird er einen Sohn haben. Abraham, der einen vertrauten Umgang mit Gott hat („der Freund Gottes"; Jes 41,8; 2 Chron 20,7; Jak 2,23), kann sogar ein gutes Wort für die Gerechten in Sodom einlegen (was Lot, der einer von Sodom ist, durch seine sündige Position nicht kann).

Die Engel (ohne den Herrn!) gehen zu Lot nach Sodom (1 Mose 19); er ist nicht nur Bürger der Stadt, sondern sitzt im Tor (ist demnach Gemeinderatsmitglied). Er ist so fest verankert in Sodom, daß seine zukünftigen Schwiegersöhne denken, er macht Spaß, als er ihnen mitteilt, daß die Stadt zerstört werden wird. Die Engel lehnen es ab, bei einem solchen Mann zu übernachten, der nicht mehr viel Verständnis für Moral und Sitte hat. Gott nimmt ihm alles: seinen Besitz, seine Schwiegersöhne, ja sogar seine Frau; seine Töchter nehmen ihm das letzte bißchen Moral, das noch geblieben war (1 Mose

19,30–38). Er wurde zweimal durch Abraham gerettet (einmal durch das Schwert, und einmal durch das Gebet), aber er hat nicht viel daraus gelernt.

Sodom und Gomorra

„Da ließ der Herr auf Sodom und Gomorra Schwefel und Feuer regnen, vom Herrn, vom Himmel herab. Er vernichtete von Grund auf jene Städte und die ganze Gegend ..." (1 Mose 19,24 ff.). Die Zerstörung dieser Städte ist eine ernste Sache, aber auch ein faszinierendes Geschehnis. Die Städte dieser Gegend, im Jordantal gelegen, waren sehr wahrscheinlich Niederlassungen, die durch die Bäche aus den Hügeln an der Ostseite der Ebene bewässert wurden.

Zu allen Zeiten ist ein Vulkanausbruch etwas Grauenhaftes gewesen. Auch in unserer Zeit kommen Eruptionen vor, wie hier beim Ätna auf Sizilien. Oft geschieht dies mit Erdbeben, die die Situation noch verschlimmern. Eine Eruption, kombiniert mit einem Erdbeben, kann man sich als mögliche Ursache vorstellen für die Vernichtung des herrlichen Gebiets von Sodom und Gomorra, in dem Lot wohnte. Die Unsittlichkeit der Menschen dort, die sich selbst auf Kosten anderer auslebten, wurde von Gott verurteilt und bestraft. Nicht einmal Lots Anwesenheit konnte verhindern, daß die weitverbreitete Gottlosigkeit der Menschen bestraft wurde. Er selbst und seine Töchter kamen mit dem Leben davon.

Dieses Gebiet wird heute ganz durch das Tote Meer bedeckt. Geologen haben aufgezeigt, daß dieses Gebiet ein ausgebranntes unterirdisches Ölbassin war. Das Öl könnte durch ein Erdbeben nach oben gepreßt worden sein, zusammen mit Gas, Salz und Schwefel, das noch heute in den dortigen Erdschichten vorhanden ist. Durch riesige unterirdische Eruptionen konnten die Massen brennend nach oben schießen in die Atmosphäre hinein, um dann als „Schwefel und Feuer" und in Form eines gräßlichen Regens auf die Gegend herabzufallen. Forscher haben festgestellt, daß über große Gebiete um das Tote Meer herum Schwefel verbreitet ist. Menschen die von dem „Regen" getroffen wurden, konnten mit dem herunterfallenden Salz bedeckt werden, wie es mit Lots Frau geschah. Die Katastrophe konnte von Abraham einfach wahrgenommen werden, der sich etwa fünfzig Kilometer weiter entfernt befand und einen Rauch sah, wie den eines Schmelzofens (1 Mose 19,28).

Isaak

Wir sehen bei Abraham noch einmal eine Krise (1 Mose 20): Er verläßt das gelobte Land aufs neue. Er geht zu dem philistischen Gerar (vgl. 1 Mose 21,32; 26,1); die Philister waren eine hamitische Volksgruppe (1 Mose 10,14) und bewohnten die Südküste Kanaans. Wieder gibt Abraham seine Frau preis. Jetzt ist es noch schlimmer als in 1. Mose 12, denn nun gibt er die gerade erst bestimmte zukünftige Mutter seines Sohnes preis! Nun muß das Übel ganz ans Tageslicht kommen, es geht zurück auf eine ganz alte Lüge. Die muß aus dem Weg geräumt werden, ehe der Sohn und Erbe tatsächlich geboren wird.

Abraham soll seinen Sohn opfern, auf dem Berg Moria, dem Ort, an dem später Salomo seinen Tempel baut und noch später die Domkuppel, Heiligtum der Moslems, errichtet wird. Im Zentrum dieses Heiligtums befindet sich der Felsen, auf dem der Brandopferaltar des Tempels stand. Den Moslems zufolge ist dies der Ort, von dem aus der Prophet Mohammed gen Himmel fuhr. In Hebron steht eine Moschee, die der Tradition zufolge über dem Grab von Abraham und Sara errichtet wurde. Dieses Grab war das einzige Stückchen Grund, das Abraham in Kanaan sein eigen nennen konnte. Was das übrige Kanaan betrifft, das der Herr ihm verheißen hat, kann er nur vertrauen, daß seine Nachkommen es einmal besitzen werden. Und so geschieht es auch, etwa 600 Jahre später.

Nachdem Isaak („lachen“, 1 Mose 21,6; vgl. 17,17; 18,12), das „Kind der Freiheit, der Verheißung“ geboren ist, ist für das „Kind der Sklavin, des Fleisches“ (Ismael) kein Platz mehr. Die Werke des Fleisches müssen vor Gottes Gnade weichen (Gal 4,21–31). Doch läßt Gott Ismael nicht im Stich: Nach Seiner Verheißung soll auch Ismael zu einem großen Volk werden.

Abraham schließt nun einen Bund mit Abimelech von Gerar, das zeigt, daß er durch Gottes Gnade ein mächtiger Mann geworden ist.

Nun nimmt im Grunde die Geschichte Israels ihren Anfang. 1. Mose 22–25,11 ist ein besonderer, dritter Teil der Geschichte Abrahams, in der Isaak eine wichtige Rolle spielt. Doch behält auch in diesem Teil Abraham (der Patriarch, das Familienoberhaupt, der Glaubensheld) die Rolle des Hauptdarstellers. In 1. Mose 22 handelt es sich um seinen unerschütterlichen Glauben (nicht sosehr um Isaaks Gehorsam) und obwohl es in 1. Mose 24 um eine Braut für Isaak geht, ist es doch Abraham, der die Initiative ergreift und seinem Knecht Anweisungen gibt.

Der schwerste Augenblick im Leben Abrahams bricht an, als er auf Gottes Befehl seinen einzigen Sohn Isaak, seinen Erben, die Verkörperung göttlicher Verheißungen, als Brandopfer darbringen soll. Das soll auf einem Berg im Lande Moria geschehen, wahrscheinlich derselbe Berg Moria, auf dem später der salomonische Tempel gebaut wird und dem Herrn jahrhundertelang täglich Brandopfer dargebracht werden (2 Chr 3,1). Alle diese Opfer sprechen von dem einen wahren Opfer, von Christus auf Golgatha; doch wieviel mehr spricht es noch, wenn wir wie hier in 1. Mose 22 sehen, wie ein Vater seinen einzigen Sohn opfert. Auf diese Weise hat Gott seinen eigenen, über alles geliebten Sohn für uns in den Tod gegeben (Röm 5,8; 8,32; 1 Joh 4,9 + 10). Dieses Geschehen der Bibel ist ein mächtiges Zeugnis der Liebe Gottes für uns („Gott wird sich ersehen ein Schaf zum Brandopfer"), doch es zeugt auch von Abrahams Glaube und seiner Liebe zu Gott (vgl. Hebr 11,17–19). Darum bestätigt Gott seine Verheißungen, die nun sozusagen ihre Begründung im Opfer von Christus haben.

Sara stirbt und wird auf dem einzigen Stückchen Land, das Abraham in dem Gelobten Land gehört, beigesetzt (1 Mose 23). Der leere Platz in Saras Zelt wird von Rebekka, der Braut Isaaks, eingenommen (1 Mose 24,67). Sowohl 1. Mose 23 wie auch 24 zeigen uns ziemlich viel von den Umständen jener Zeit. Trotz seiner Position als „Fremdling und Gast" hat Abraham einen guten

Hier sehen wir auf einem Mosaik eine Abbildung von Rebekka, wie sie Abrahams Knecht Elieser und seinen Kamelen zu trinken anbietet. Dies ist eine Erhörung des Gebets Eliesers, der Gott gebeten hatte, ihm doch die Frau zu zeigen, die Er für Isaak bestimmt hatte. Elieser geht mit ihr zu ihrem Vater Bethuel. Es kommt zu einer Übereinkunft für eine Ehe zwischen Rebekka und Isaak. Rebekka zieht mit Elieser.

Leumund bei den Einwohnern des Landes; das sind hier die Hethiter, die später ein großes Reich im Nahen Osten aufbauen werden.

Abrahams Knecht (Elieser vgl. 1 Mose 15,2) geht nach Mesopotamien in die Stadt Nahor, die anscheinend nach Abrahams Bruder Nahor benannt wurde (1 Mose 24,10 + 15), um eine Braut für Isaak zu suchen. Dieses Vorhaben gelingt ihm durch Gottes Vorsehung schon sehr bald, und er findet Rebekka, die Tochter von Isaaks Neffen Bethuel. Er bringt sie zu seinem Neffen, der sie liebgewinnt und so über den Tod seiner Mutter Sara hinweggetröstet wird.

Wie 1. Mose 22 uns das Opfer Christi als Typus vorstellt, so spricht 1. Mose 23 über Israels Tod als Nation und sein „Begräbnis" unter den Völkern; 1. Mose 24 zeigt uns durch Bilder, wie sich Gott der Vater mittels des Heiligen Geistes (in Knechtsgestalt) eine „Braut" für Christus aus den Heiden zusammenruft (vgl. Apg 14,14 ff.; 2 Kor 11,2; Eph 5,25–32).

Schließlich berichtet 1. Mose 25 uns über Abrahams Ehe mit seiner Nebenfrau Ketura; ihre sechs Söhne werden mit Geschenken weggeschickt, denn Isaak ist der Alleinerbe. Hiermit endet die Geschichte Abrahams. Der Gottesmann stirbt im Alter von 175 Jahren und wird von Isaak und Ismael neben seiner Frau beerdigt.

Isaak und Ismael

Beide beerdigen ihren Vater Abraham. Beide gehen sie ihren eigenen Weg, bis heute. Beide haben ihren eigenen Gottesdienst. Für Israel zählt das

Jerusalem ist eine Stadt mit vielen heiligen Stätten: für Juden, Christen und Moslems. Für die Juden bildet die Klagemauer eine heilige Stätte, wo gebetet wird, wie dieser Soldat es tut. Für die Moslems ist die Stadt heilig, weil Mohammed von hier aus auf seinem weißen Pferd in den Himmel gefahren sein soll. Mekka ist jedoch ihr Heiligstes, ihr religiöser Mittelpunkt. Zu dieser Stadt hin wenden die Moslems das Gesicht bei ihren Gebeten.

Judentum, für die Araber zählt der Islam, der im Anfang des siebten Jahrhunderts nach Christus entstand. Der Prophet Mohammed lebte von 570 bis 632. „Im Koran, dem heiligen Buch des Islam, finden wir das buchstäbliche Wort Gottes, welches Allah durch einen Engel dem Mohammed übermittelte“, so sagen die Moslems.

Es gibt Übereinstimmungen zwischen Judentum und Islam. Beide haben ein heiliges Buch. In beiden Religionen spielt die Beschneidung eine wichtige Rolle. Der Berg Moria ist für beide, wegen der Opferung Isaaks, ein wichtiger Ort. Von der Stelle, an der heute in Jerusalem die Omarmoschee steht, ist nach späterer Tradition der Moslems Mohammed in einer Vision gen Himmel gefahren.

Isaak und Ismael. Ein Weg übersät mit Blut und Tränen. Gibt es eine Lösung? Wenn es eine gibt, muß sie im Glauben des Vaters Abrahams gefunden werden. Nicht ein Heiliger im Sinne eines sündlosen Frommen, sondern jemand der in entscheidenden Augenblicken seines Lebens von sich selbst wegzusehen vermochte, um es mit dem Allmächtigen zu wagen. In dieser konkreten Lebenshaltung ist Abraham „der Vater aller Gläubigen“. Und nur in solcher Hingabe entsteht Kenntnis über den, der sich selbst entäußerte und Knechtsgestalt annahm“ (Phil 2,7). Jesus Christus ist der Same Abrahams (Gal 3,16), in dem alle Geschlechter auf dieser Erde Segen erfahren: auch Israel und die Araber. Er hat den Zaun der Feindschaft abgebrochen (Eph 2,14).

III. Die Wurzel des Holocaust

Auf einem Relief aus Achetoteps Grab (5. Dynastie) werden Arbeiter abgebildet, die bestraft werden, wie es später auch jahrhundertelang den Israeliten widerfuhr, während ihres Aufenthaltes in Ägypten. Der Antisemitismus ist Jahrhunderte alt. Seit die Nachkommen Sems, die Juden, sich als Volk manifestierten, sind sie von einer systematischen Ausrottung bedroht. In ihrer Geschichte kamen die Israeliten und später die Juden in Situationen, in denen sie hart angefaßt wurden – auch von Machthabern, die sich christlich nannten. Greulich ist die deutsche „gründliche" Behandlung der Judenfrage unter dem Nationalsozialismus, die in Vernichtungslager ausartet, z. B. Auschwitz-Birkenau. Dorthin wurden die meisten polnischen Juden transportiert, wie auch dieser kleine Junge aus dem Warschauer Ghetto –, die letzte Phase des systematisch aufgebauten Antisemitismus der Nazis.

Phase 1 (1933) Die Nationalsozialisten kommen an die Regierung. Plünderung jüdischer Geschäfte und Boykott des jüdischen Geschäftslebens. Hin und wieder Mißhandlungen.
Phase 2 (1935) Die Nürnberger Gesetze gegen die Juden. 9./10. Nov. 1938 „Reichskristallnacht".
Phase 3 (1939) Massive Verhaftung von 20000 Juden. Die erste systematische Körperverletzung und die ersten massiven Deportationen in Konzentrationslager. Bis 1939 dürfen Juden gegen Bezahlung eines Lösegeldes aus Deutschland ausreisen, nach 1939 kostet es sie ihr ganzes Vermögen.
Phase 4 (1940) Deportation aller deutschen und österreichischen Juden in polnische Ghettos.
Phase 5 Die Endlösung. Zuerst die Mordkommandos, Einsatztruppen mit Massenhinrichtungen durch die Wehrmacht. Nach 1941 (Invasion in Rußland) werden die Konzentrationslager von Arbeitslagern in Schlachthäuser umgewandelt. Millionen Juden und Christen werden ermordet. Doch das geht den Nazis noch zu langsam. Endresultat: Fast sechs Millionen Juden wurden ermordet.

Der Antisemitismus kam nicht erst im letzten Weltkrieg auf; in Wirklichkeit hat er uralte Wurzeln. Schon zu Beginn der Existenz Israels als Nation wurde das Volk mit einem blinden Haß konfrontiert: der Haß eines ägyptischen Pharaos. In einer Atmosphäre von Gewalt, Sklaventum und Massenmorden entstand Israel als Nation aus den Nachkommen des Vaters Abraham. Wie kam es, daß diese Nachkommen aus Palästina nach Ägypten gekommen waren? Das ist eine lange Geschichte.

Isaaks Familie

Ismael kann sich über zwölf Söhne freuen (1 Mose 25,12–18), doch Isaak wartet vierzig Jahre auf eine Frau und noch mal zwanzig Jahre bis Nachkommen da sind (1 Mose 25,19–34). Rebekka und er bekommen Zwillinge als Erhörung ihrer Gebete. Wiederum ist es nicht der älteste, sondern der zweite Sohn (wie früher Abel, Sem, Abraham und Isaak), der von Gott auserwählt wurde (vgl. Röm 9,11–13), obwohl Esau nicht nur der Älteste ist, sondern vielleicht auch der Sympathischere von beiden. Doch Gott hat andere Normen: Jakob legt wenigstens Wert auf das Erstgeburtsrecht (wodurch er Familienoberhaupt, Familienpriester und Stammvater des Messias wird), wenn er auch versucht das Erstgeburtsrecht auf gemeine Art und Weise zu erhalten, doch für Esau sind Genuß und Bequemlichkeit wichtiger als Gottes Segen. Er verkauft sein Recht für einen Teller Linsen (vgl. Hebr 12,16).

Inzwischen ist zunächst Isaak die Verkörperung von Gottes Verheißungen, die ihm nochmals von Gott bestätigt werden (1 Mose 26,1–5). Doch auch er ist von Natur aus nicht besser als irgendein anderer Mensch; in Gerar macht er die gleiche traurige Erfahrung mit sich selbst wie damals sein Vater. Dennoch segnet Gott ihn, und er bekommt auch die Gelegenheit, die Quellen wieder zu öffnen, die sein Vater gegraben hatte. Doch jede Quelle gibt Anlaß zu Streitigkeiten, solange Isaak in Gerar ist; erst als er ganz zurück ist, im ursprünglichen Gelobten Land, bekommt er „Raum", „Rehoboth" (1 Mose 26, 22). Erst dann hören wir von einem Altar, und nun müssen seine Gegner erkennen, daß Gott mit ihm ist.

Aus Mari stammt diese Statuette aus Diorit, aus dem zweiten Millennium. Sie stellt den Fürst von Mari dar, wie aus einer Inschrift auf seinem rechten Arm ersichtlich wird. Er heißt Istup-Ilum, was soviel heißt wie: „Gott hat ihn am Leben erhalten."

Jakobs Geschichte

In 1. Mose 27 beginnt die eigentliche Geschichte von Jakob, dem Vater der zwölf Stämme Israels. Sein Leben kann in vier Perioden eingeteilt werden:

(1) In Kanaan, aus dem er nach seinem Betrug entfliehen muß (1 Mose 27 + 28);
(2) In Mesopotamien bei Laban, dem Bruder seiner Mutter, dem er zwanzig Jahre dient und dessen Töchter er heiratet; dort werden auch elf von seinen zwölf Söhnen geboren (1 Mose 29–31);
(3) Dann kehrt Jakob mit seiner Familie und seinen Herden nach Kanaan zurück, wo ihm Benjamin geboren wird, wo er Joseph „verliert", und wo er bis zu seinem 130. Lebensjahr wohnt (1 Mose 32–45);
(4) Seine letzten siebzehn Jahre verbringt er in Ägypten, wo sein Lieblingssohn Joseph Vizekönig ist (1 Mose 46–50).

In Palästina ist dies die Periode, in der viele Städte verlassen daliegen und sich neue Bevölkerungsgruppen niederlassen, meistens ohne Städte zu bauen. Diese Periode wird die Früh-Bronze genannt. Es wurden viele Gräber aus dieser Zeit gefunden, und zwar Gräber für eine einzelne Person, im Gegensatz zu der Zeit vorher und nachher, wo man Gräber für mehrere Personen kannte. In einigen Orten wurden Spuren von Bewohnung angetroffen: in Beit Mirsim, Megiddo, Beth Shan, Bethel, und Sichem. Funde aus Gräbern in diesen Orten geben Aufschluß über die materielle Kultur jener Zeit. Die Grabfunde deuten auf ein Vorkommen verschiedener Gruppen hin, wie auch die Bibel von verschiedenen Völkern Kanaans spricht.

Erste Periode: 77 Jahre (1 Mose 27 + 28). Nachdem Jakob zuerst seinen Bruder Esau um das Erstgeburtsrecht betrogen hat, erschleicht er sich nun den väterlichen Segen seines Vaters Isaak. Isaak ist an dieser Sache auch nicht ganz unschuldig, denn er hatte beschlossen Esau diesen Segen zu geben, obwohl er von Jakobs Erwählung durch Gott wußte. Rebekka ist auch schuldig, denn sie ermutigt Jakob zu diesem Betrug. Doch auch Esau ist schuldig, denn er hat selber und freiwillig sein Erstgeburtsrecht verkauft und muß darum die Konsequenzen akzeptieren. Alle bekommen ihren verdienten Lohn: Isaak wird betrogen und beschämt (er kann seinem Sohn nichts vorwerfen). Rebekka verliert ihren Lieblingssohn Jakob für immer, der Hals über Kopf vor Esaus Zorn fliehen muß. Dadurch wird die Erfüllung des göttlichen Segens durch eigene Schuld für viele Jahre aufgeschoben. Esau hat für immer den größten Segen verspielt (vgl. Hebr 12,17). Jakob ist nun zum Flüchtling geworden, der aber von Gott nicht im Stich gelassen wird. Er erscheint dem Jakob in Bethel („Haus Gottes") an der Spitze einer Leiter, die den Himmel mit der Erde verbindet und an der Engel auf- und absteigen (vgl. Joh 1,51).

Eine der beliebtesten Darstellungen in Mesopotamien ist die des Gottes oder der Göttin, die / oder der in beiden Händen einen Krug gegen die Brust gepreßt hält, aus dem Wasser strömt. Diese Darstellung stammt aus Mari. Der Fluß Jabbok ist ein Nebenfluß des Jordan. Wenn man durch das östliche Jordantal zieht, muß man ihn überqueren, so auch Jakob bei seiner Rückkehr nach Kanaan.

Gott macht ihm keine Vorhaltungen, sondern verspricht ihm vielmehr, ihn zu bewahren und zu segnen.

Zweite Periode: 20 Jahre (1 Mose 29–31). Jakob kommt in Mesopotamien bei seinem Onkel Laban an und verliebt sich sehr bald in dessen jüngste Tochter Rahel. Um sie später als Frau zu bekommen, wird er sieben Jahre bei Laban arbeiten müssen (vgl. Hos 12,13).

Jakob, der sich selbst betrogen hat, erfährt nun am eigenen Leib, was Betrug heißt: Als die von Laban geforderte Zeit von 7 Jahren vergangen ist, bekommt er nicht Rahel, sondern ihre ältere Schwester Lea zur Frau. Als Trost gibt Laban ihm gleich danach auch Rahel, doch dafür muß Jakob weitere sieben Jahre für seinen Onkel arbeiten. Beide Frauen bekommen von ihrem Vater eine Sklavin zum Geschenk. Weil Lea die Ungeliebte ist, schenkt der Herr als erstes ihr Kinder. Sie gebärt vier Söhne hintereinander: Ruben, Simeon, Levi und Juda. Die eifersüchtige Rahel merkt, daß sie unfruchtbar bleibt und möchte deshalb durch ihre Magd Bilha zu Nachkommen kommen. Bilha schenkt den Jungen Dan und Naphtali das Leben. Lea, die inzwischen auch keine Kinder mehr bekommt, verfährt genauso mit ihrer Sklavin Zilpa, und diese gebärt dem Jakob ebenfalls Söhne, Gad und Asser. Danach gebärt Lea selbst noch weitere Söhne, Isaschar und Sebulon und eine Tochter, Dinah. Endlich erhört Gott auch Rahels Gebete und sie bringt ihren Sohn Joseph zur Welt. Wegen Jakobs Liebe zu Rahel wird Joseph zu seinem Lieblingssohn, der später im Grunde auch das Erstgeburtsrecht empfängt (vgl. 1 Mose 49,26; 5 Mose 33,16).

Am Jabbok kämpft Jakob mit dem Engel. Hier erhält er seinen neuen Namen, Israel, der dann zum Namen seiner Nachkommen wird. Hier fleht er um Segen, als er den Engel nicht besiegen kann.
Statt daß Jakob nach Bethel weiterreist und dort einen Altar für Gott aufrichtet, läßt er sich in Sichem nieder. Dort kommen er und seine Familie mit Schandtaten in Berührung. Seine Tochter Dina wird verführt von Sichem, dem Sohn des Hemor, worauf sich ihre Brüder, Simn und Levi, an den Sichemitern rächen. Die Männer werden getötet und die Stadt geplündert.
Dina wird zurückgeholt. Auf dieser französischen Miniatur aus dem 13. Jh. ist dargestellt, wie die Brüder die Sichemiter schlagen. Einer der Brüder nimmt seine Schwester wieder mit.

Zusammen mit dem hier noch fehlenden, später geborenen Sohn Rahels (Benjamin) sind dies die zwölf Stammväter Israels, menschlich gesehen die Frucht der Streitigkeiten zweier Frauen. Dennoch erkennen wir in der Benennung ihrer Söhne auch Glauben bei diesen Frauen.

Nachdem Joseph geboren ist, möchte Jakob wohl wieder zurück nach Kanaan, doch zuerst muß Laban ihn gegen seinen Willen (doch in Gottes Vorsehung) zu einem reichen Mann machen, danach ist es der Herr, der Jakob ansporrnt nach Hause zu gehen. Auch in 1. Mose 30 und 31 sehen wir, wie Gottes Wege und Jakobs List auf eigenartige Weise miteinander verflochten sind. Jakobs Tricks helfen nicht wirklich: Die wirkliche Hilfe kommt von Gott. Trotz allen Betruges von der Seite Labans, erweist sich Jakob als geduldig, und das zeigt deutlich, daß er Gottes Zucht für sich akzeptierte; wer betrügt wird betrogen. Doch dann (zwanzig Jahre später) redet Gott wieder zu Jakob, und er geht nun allzu gerne zurück in sein Land. Doch weil er noch immer zu wenig Vertrauen zu Gott hat, verläßt er seinen Schwiegervater heimlich und zieht sich damit dessen Zorn zu. Laban ist wütend über Jakobs heimliche Flucht und über den Diebstahl seines Hausgötzen (es war Rahels Tat, doch das bleibt geheim). Gott aber kommt Jakob zu Hilfe (das Ergebnis ist, daß Laban und Jakob sogar einen Bund schließen).

Dritte Periode: 33 Jahre (1 Mose 32–45; ein Teil davon kommt in der Geschichte Josephs zur Sprache). Nun ist Jakob auf dem Weg nach Kanaan, doch er fürchtet sich sehr vor einer Begegnung mit Esau. Der Herr zeigt ihm ein „Gottesheer“, doch auch das läßt seine Angst vor dem Heer Esaus nicht

Unter dem Sitz eines englischen Thrones liegt der sog. Stein von Scone, der ursprünglich im schottischen Königshaus in Gebrauch war: Der König der Schotten wurde „auf den Stein gesetzt“. Um 1300 raubte der englische König Eduard diesen Stein, welcher nun Bestandteil der englischen Krönungszeremonie wird. Eine englische Legende besagt, daß dieser Stein Jakobs Kopfkissen in Bethel war.

geringer werden. Immer noch hält Jakob mehr von seinen eigenen Tricks, obwohl er betet. Er ist sogar bereit, seine eigene Familie zu opfern.

Doch dann bekommt er es mit Gott selbst zu tun. Der Mann, der am hellichten Tage bei Abraham zu Besuch war (1 Mose 18), kämpft tief in der Nacht mit Jakob. Hier am Pniel geschieht die eigentliche Wende in Jakobs Geschichte; Jakob wird in seiner männlichen Kraft und Würde unheilbar verletzt und weiß, daß er in Zukunft ganz von Gottes Segen abhängig ist. So überwindet er, indem er verliert: „. . . als er ein Mann war, rang er mit Gott. Er wurde Herr über den Engel und siegte. Weinend flehte er ihn um Gnade an“ (Hos 12,4 + 5). Fernerhin heißt er nun nicht mehr Jakob („Betrüger“), sondern „Israel“ („Streiter Gottes“ oder „Fürst Gottes“ (vgl. 1 Mose 25,26; Hos 12,4a). Damit ist der Name seines Geschlechtes, das Volk Israel geboren.

Nun folgt die Begegnung mit Esau, die Gott günstig für Jakob ausgehen läßt. Leider traut Jakob der Sache nicht so ganz und wimmelt seinen Bruder Esau so bald wie möglich mit einer List ab. Überhaupt ist seine ganze kriechende Haltung Esau gegenüber ziemlich beschämend. Auch ist Jakob nicht energisch genug: Er hätte sofort nach Bethel weiterreisen sollen, um dort sein Gelübde zu erfüllen (vgl. 1 Mose 27,19–22; 31,13; 35,1–3). Statt dessen baut er ein Haus in Sukkoth und kauft Land in Sichem. Er baut dort zwar einen Altar, aber Gott erscheint ihm nicht.

Weil Jakob in Sichem hängen bleibt, muß er dort traurige Erfahrungen machen, die mit seiner Tochter Dinah zu tun haben. Die Eigenwilligkeit des Vaters spiegelt sich wider in seinen Söhnen. Über Sichem wird erzählt, daß sie

Die Geschichte Josephs wurde von Bartolommeo di Giovanni in verschiedenen aufeinanderfolgenden Darstellungen abgebildet: der Verkauf durch seine Brüder; die Frau des Pothiphar, die ihn anklagt; sein Aufenthalt im Gefängnis; Joseph als Vize-König, der das Korn verkauft. Joseph trägt, als Liebling seines Vaters, ein buntes Gewand, das vielleicht so ausgesehen hat wie hier unten.

in der Zeit Jakobs eine Stadt mit einem Tor war; bei Ausgrabungen wurde davon nichts gefunden, weil spätere Bewohner die frühere Stadt anscheinend dem Erdboden gleichgemacht haben, so daß eigentlich nur noch Töpfereien von einer Besiedlung zur Zeit Jakobs zeugen. Jakobs „schlechter Ruf“ in der Gegend treibt ihn auf Gottes Befehl nach Bethel (1 Mose 34,30).

In Bethel wird Jakob, endlich wieder an seinem Ausgangspunkt, zu Hause sein. Er spürt jetzt auf einmal die Notwendigkeit, seine Familie von den Götzen zu reinigen. Nun findet sein Altar endlich den „richtigen Platz“: Gott ist nicht nur der Gott Jakobs, Gott ist der Gott seines Hauses („Bethel“), wo er sich seinem Volk offenbart. Nun erst kann Jakob seinen neuen Namen „Israel“ wirklich rechtmäßig tragen und auch Gott nennt sich hier bei dem Namen, der seine besondere Verbindung zu den Erzvätern kennzeichnete, Gott der Allmächtige, der Name, den er gegenüber Abraham nannte, den Isaak kannte und auch Joseph.

Jakob zieht weiter, um seinen Vater Isaak zu sehen. Unterwegs stirbt Rahel bei der Geburt ihres Sohnes Benjamin. Später sündigt Ruben und verliert sein Erstgeburtsrecht. Jakob erreicht schließlich Isaak (Rebekka ist anscheinend bereits gestorben), der dann noch einige Dutzend Jahre lebt; nach seinem Ableben wird er durch Jakob und Esau begraben. In 1. Mose 36 wird das Geschlechtsregister Esaus aufgezählt. Während Jakobs Nachkommen noch arme Pilger sind, hat sich die gottlose Welt Esaus schon stark gemacht. So ging es auch mit Kain (1 Mose 4), Ham (1 Mose 10) und Ismael (1 Mose 25). Gottes Wachstum geht immer langsamer, aber es währt länger. Früh reif, früh verwelkt (holl. Sprichwort).

Bei Ausgrabungen in Bethel stellte es sich heraus, daß dort in der Zeit Jakobs (Mittel-Bronze I) ein Heiligtum gestanden hat, das höchstwahrscheinlich durch ein Erdbeben zerstört wurde. Schon vor Jahrhunderten muß an dieser Stelle ein Dorf gestanden haben (in der Bibel Lus genannt); dieser Ort zog Bewohner an, weil Wasserquellen vorhanden waren. In der Nähe von Bethlehem befindet sich ein Grabmal, das als Grab der Rahel gedeutet wird. Dieses Denkmal stammt aus der Zeit der Kreuzfahrer; die offenen Bögen wurden im Jahre 1550 von den Moslems zugemauert. Man sagt, daß vor der Zeit der Kreuzfahrer Rahels Grab viele Jahrhunderte lang durch eine Pyramide aus zwölf Steinen markiert gewesen ist, welche die zwölf Stämme Israels symbolisierten (vgl. Jer 31,15).

Die Geschichte Josephs

Auch die Geschichte des „Auserkorenen unter seinen Brüdern“ (1 Mose 49,26; 5 Mose 33,16) ist in vier Perioden einzuteilen.

(1) Joseph in Kanaan, als Liebling seines Vaters (1 Mose 37);
(2) Joseph in Ägypten als Sklave und Gefangener (1 Mose 39–40);
(3) Joseph als Regent von Ägypten (1 Mose 41–45);
(4) Joseph und Jakob beide in Ägypten (1 Mose 46–50).

Josephs Geschichte wird uns deshalb in der Bibel so ausführlich berichtet, weil sie uns erklärt, wie die Erzväter nach Ägypten kamen und wie aus der Familie Jakobs das Volk Israel entstand. Doch Josephs Geschichte ist auch deshalb so ausführlich, weil er wohl den schönsten Typus Christi im Alten Testament darstellt, Joseph und Jesus gleichermaßen als Liebling des Vaters, von den Brüdern verworfen, die ihm nach dem Leben trachten, als der Erniedrigte und Erhöhte, als Retter der Welt, der Segen und Heil bedeutet, sowohl für Israel als auch für die Völker (vgl. Apg 7,9–14; 51–53; Phil 2,6–11).

Erste Periode: 17 Jahre (1 Mose 37). Joseph ist seinen Träumen und Gottes Ratschluß zufolge Haupt und Erbe. Doch seine Brüder hassen ihn wegen

seines hohen moralischen Niveaus, seiner bevorzugten Position (Josephs Prunkgewand deutet hin auf Jakobs Plan, ihm das Erstgeburtsrecht zu geben) und seinen Träumen. Als er einmal seine Brüder im Weidegebiet besucht, sehen sie eine Gelegenheit ihn zu töten; später ändern sie ihre Meinung und verkaufen ihn an midianitische Kaufleute. Jakob, der einst seinen Vater mit einem Kleid und einem Böcklein betrog, wird jetzt gleichermaßen von seinen Söhnen betrogen. Juda wird namentlich genannt, nachdem Ruben, Simeon und Levi für das Erstgeburtsrecht nicht mehr in Frage kommen (vgl. 1 Mose 49,3–7) bleibt Juda, der vierte Sohn Leas, der größte Rivale Josephs, dem Erstgeborenen von Jakobs Lieblingsfrau Rahel. Diese Rivalität ist in der ganzen Geschichte Israels existent geblieben, nämlich zwischen den Stämmen

In den Träumen, die Joseph dem Pharao deuten soll, kommen Rinder vor. In Ägypten waren Rinder und vor allem der sog. Apisstier heilig. Es wurden viele Abbildungen von ihm wiedergefunden. Joseph bekommt die Tochter des Priesters von On, Asenath, zur Frau. Asenath bedeutet „Günstling der Neith". Neith ist die Kriegsgöttin von Sais, von der hier unten eine Abbildung aus der späten Periode zu sehen ist. Auch in Ägypten gibt es neben dem Hofleben das alltägliche Leben. Das wurde sehr oft in Gräbern dargestellt: Rechts ist ein Beispiel aus dem Neuen Reich, welches aus dem Grab des Ounsou in Theben stammt.
Wir sehen dort die Feldarbeit wie Pflügen, Säen, Ernten, Transport von Garben und das Dreschen des Weizen dargestellt.

Juda und Ephraim (Josephs Sohn). Unter König Rehabeam trennen sich die zehn Stämme unter der Leitung von Ephraim vom Stamm Juda. Schon hier trennt sich Juda von seinen Brüdern. Aus Juda entspringt die messianische Linie (1 Mose 49,10); um so beschämender ist die Episode in 1. Mose 38, wo uns berichtet wird, auf welch schändliche Weise die messianische Linie sich in Perez fortsetzt (vgl. Mt 1,3). Es gibt also für die Juden keinen Anlaß sich ihres Ahnherrn Juda zu rühmen: Er „verkaufte" sein Volk und beging Hurerei!

Zweite Periode: 13 Jahre (1 Mose 39 + 40). Jahwe stellt sich zu Joseph, auch in Ägypten, sowohl im Haus seines Meisters Potiphar als auch im Gefängnis, wo er durch eine falsche Aussage landet. Der Mann, der sich selbst beherrscht und alles, über das er gesetzt ist, wird später Meister über Ägypten: Wie wunderlich ist Gottes Vorsehung: Joseph muß in die Tiefe gehen, um dort dem Mundschenk zu begegnen, der ihn zu Gottes Zeit erhöht. Gerade weil die Brüder ihn verkauften, beschleunigten sie den Weg, auf dem er später über sie herrschen würde, obwohl sie doch genau das Gegenteil erreichen wollten. Im Gefängnis deutet Joseph die Träume, die der Mundschenk und der Bäcker des Pharao geträumt haben; seine Auslegung erfüllt sich präzise. Joseph vertraut dem Wort des Mundschenks, doch dieser kümmert sich nicht um den „Schaden Josephs" (vgl. Am 6,6). Gott nimmt Joseph das Vertrauen zu den Menschen, doch er vergißt ihn nicht, auch als sein Glaube schwer auf die Probe gestellt wird (vgl. Ps 105,17b–22).

Dies ist die obere Hälfte einer Stele von Meri-Ptah, Prophet und Direktor des Hauses Amenophis III. Als zweiter von rechts steht sein Vater, der gegen Ende der 18. Dynastie Wesir war. Er trägt das traditionelle Kostüm eines Wesirs: ein hoch unter der Brust festgeknüpftes Gewand mit einem Tragband um den Nacken. Die Position des Wesirs am Hofe war sehr hoch.

Dritte Periode: 9 Jahre (1 Mose 41–45). Als Gottes Zeit gekommen ist, wird Joseph von der Tiefe des Gefängnisses „erhöht“; er wird Wesir und bekommt damit eine Machtstellung unmittelbar hinter der des Pharao. Dieser hatte zwei Träume, in denen Gott ein heiliges Tier (das Rind) und den heiligen Fluß (der Nil) gebraucht, um Pharaos Aufmerksamkeit zu erhalten. Joseph, der auf Anraten des Mundschenks aus dem Gefängnis geholt wird, beweist doppelte Weisheit: Er deutet die Träume („nach sieben Jahren Überfluß werden sieben Jahre Hungersnot kommen“) und schlägt von sich aus Maßnahmen vor, wie man dem kommenden Hunger begegnen könnte.

Pharao ist entzückt über diese „Kraft und Weisheit Gottes“ (vgl. 1 Kor 1,24) und macht Joseph zum Zafnath Paäneach (1 Mose 41,45), d. i. auf ägyptisch „Retter der Welt“ und auf hebräisch „Offenbarer von Verborgenem“. Joseph bekommt auch eine Frau, Asnath, die Tochter des Sonnenpriesters in On (Heliopolis = „Sonnenstadt“). Sie schenkt ihm zwei Söhne, Manasse und Ephraim, die ihn seine Einsamkeit und sein Elend vergessen lassen.

Die Nachkommen dieser beiden Söhne werden normalerweise als zwei gesonderte Stämme Israels gerechnet (siehe 1 Mose 48). Um die Zahl zwölf zu handhaben, wird dann ein Stamm weggelassen, gewöhnlich der priesterliche Stamm Levi, der später kein eigenes Erbteil in Kanaan zugeteilt bekommt, sondern über das ganze Land verbreitet wohnen soll (vgl. 4 Mose 34,13; 35,1–8; Jos 16,17 + 21).

Nach sieben Jahren Überfluß (in denen Joseph große Scheunen gebaut hat, um darin Korn zu sammeln) kommt die Hungersnot, nicht allein für Ägypten, sondern auch für Länder in der weiteren Umgebung. Auch in Jakobs Familie in Kanaan herrscht Hungersnot, und die Brüder werden nach Ägypten geschickt, um Brot zu kaufen. Sie müssen sich bei Joseph, dem Wesir, melden, der sie erschrocken als seine Brüder wiedererkennt, jedoch ohne daß diese ihrerseits ihn (nun ganz und gar „Ägypter"; vgl. 1 Mose 41,14 + 42) erkennen. So wie in Josephs früheren Träumen (1 Mose 37,7 + 9) verbeugen sie sich ganz tief vor ihm.

Joseph hätte sich sofort zu erkennen geben können, um seinen Triumph zu genießen, doch er denkt an ihre Seelen. Er will wissen, ob sie ihre Haltung

Ein bronzenes Relief aus Ghiberti stellt einen Teil der Geschichte Josephs dar. Er hat seinen Knecht seinen Brüdern hinterhergeschickt und beschuldigt, sie hätten den Becher des Wesirs gestohlen. Die Kornsäcke werden geöffnet und der Becher in Benjamins Sack gefunden. Die Brüder sind deprimiert durch dieses Geschehnis: Sie gehen mit Benjamin zurück.

gegenüber ihrem Vater und ihrem Bruder verändert haben. Auch läßt er sie ins Gefängnis werfen, um sie in etwa erfahren zu lassen, was es für ihn bedeutet hat. Welch eine Selbstbeherrschung und Weisheit in Joseph! Es ist die Folge von Gottes jahrelangem „Training" mit ihm. Gerade die Frage nach ihrem jüngsten Bruder Benjamin trifft die Brüder tief ins Herz und läßt Joseph erkennen, daß sie bereuen: Sie bekennen ihm gegenüber ihre Schuld, jedoch ohne daß sie sich bewußt sind, Joseph gegenüber zu stehen. Josephs Methoden sind hart, aber notwendig; sie resultieren nicht aus Rachsucht, sondern aus Liebe, wie seine heimlichen Tränen zeigen.

Die Brüder kehren mit Korn und dem zurückerhaltenen Geld wieder heim, aber Simeon (ein Hauptschuldiger) bleibt als Geisel zurück. Jakob ist entsetzt über die Geschehnisse: Muß er nun neben Joseph auch Benjamin hergeben, weil der Wesir ihn sehen will? Aber als das Korn verbraucht ist, müssen sie wohl oder übel nach Ägypten zurück; die namentlich genannten Personen in 1. Mose 37 (bei der Verwerfung Josephs) stehen nun Bürgschaft für Benjamin: Ruben bietet seine Söhne und Juda sich selbst als Bürge an.

Doch in Ägypten angekommen, werden die Brüder aufs herzlichste von Joseph empfangen und Benjamin bekommt einen Ehrenplatz. Die schwerste Prüfung in diesem tiefgreifenden Drama steht ihnen jedoch noch bevor. Die Brüder wollen Ägypten wieder verlassen, doch Joseph hat seinen Trinkbecher in Benjamins Kornsack verstecken lassen. Sein Hausmeister zieht hinter den Brüdern her und bringt den Becher grimmig zum Vorschein. Was sollen die

Als Joseph sich seinen Brüdern zu erkennen gegeben hat, reisen sie nach Hause, um ihrem Vater die frohe Neuigkeit von Josephs guter Position (und damit auch über ihr Benehmen von damals) zu berichten. Der Pharao hat sie eingeladen, nach Ägypten zu kommen und sich im besten Teil niederzulassen. Als Jakob angekommen ist, stellt Joseph seinen Vater dem Pharao vor – und Jakob segnet den König.

Brüder jetzt tun? Sie könnten ohne Benjamin nach Hause gehen, denn sie haben die Nahrungsmittel, die sie wollen. Auch sind sie unschuldig an dem Diebstahl – aber nicht an ihrem Bruder und an ihrem Vater! Darum kehren sie mit Benjamin in die Stadt zurück.

Nun folgt das grandiose Plädoyer Judas: Der Führer, der einmal einen Bruder als Sklaven verkaufte, bietet nun sich selbst als Sklaven an im Austausch für seinen Bruder. Alles was er damals von Joseph hätte sagen müssen, sagt er nun wenigstens von Benjamin: Er ist der Liebling seines Vaters. Doch daß die Brüder dies nun mit Verständnis dulden, läßt Joseph erkennen, daß sie auch ihn nicht mehr hassen können wegen der besonderen väterlichen Zuneigung, die er damals genoß.

Das hier entstandene Band zwischen Juda und Benjamin ist immer geblieben: Ihre Erbteile, die sie bekommen, grenzen aneinander (Jos 18,11), Benjamin wird sehr eng verbunden mit dem Haus von Judas großem Sohn David (2 Sam 19,17) und später bilden Juda und Benjamin zusammen das Zweistämmereich (2 Chr 11,1 + 3 + 10 + 12 + 23).

Nun kann Joseph nicht länger anonym bleiben. Er enthüllt, wer er ist, macht jedoch seinen Brüdern keinerlei Vorhaltungen. Er tröstet sie, indem er sie darauf hinweist, daß alles Gottes Plan gewesen ist. Josephs große Zuneigung richtet seine Brüder auf und scheint ihre Sünde auch vor Pharao verborgen gehalten zu haben. Reich beladen kehren die Brüder nach Hause zurück, um ihren alten Vater und ihre Familien zu holen und nach Ägypten zu bringen.

Unter König Sesostris III wird Joseph Wesir. Links unten ist ein geschundenes Bild dieses Pharaos. Sein Nachfolger ist Amenemhet III, der direkt links abgebildet ist. Er erlebt Joseph als Wesir und läßt deshalb Israel in Ruhe. Die Söhne Jakobs sind nicht die einzigen gewesen, die nach Ägypten zogen, um Nahrung zu kaufen. Links oben sehen wir einen Teil eines Reliefs von einem Grab zu Bini Hassan, auf dem asiatische Händler abgebildet sind, so wie sie während Sesostris II, dem Vorgänger von Sesostris III, Ägypten besuchten. In Ägypten kennt man Nilmesser, an denen man den Wasserstand ablesen kann. Hier unten ist solch ein Maßstab zu sehen, im Grunde nichts anderes als eine Reihe Streifen in der Felsenwand angebracht.

Wann lebte Joseph?

Als er dreißig Jahre alt war, wurde Joseph aus dem Gefängnis geholt und zum Wesir gemacht. In welcher Periode Ägyptens geschah dies und unter welchem Pharao? Wenn wir die historischen Hintergründe des späteren Exodus (Auszugs) betrachten (siehe Kap. IV), muß es die Zeit des Mittelreiches gewesen sein, und zwar die der zwölften Dynastie. Verschiedene Überlegungen führen dazu in dieser Dynastie Sesostris III als Josephs König anzunehmen und dessen Vorgänger Sesostris II als Fürst der Zeit, in der Joseph im Hause Potiphars diente. Die Gründe, die auf Sesostris III verweisen sind folgende:

(1) Während der zwölften und dreizehnten Dynastie hielten sich Asiaten (Semiten) in Ägypten auf. Überwiegend waren sie einfache, friedsame Menschen, beschäftigt mit ihrem Haushalt in privaten Häusern und mit Tempeldiensten. Das früheste bekannte Beispiel hierfür stammt aus der Regierungszeit des Sesostris II. So sind in einem Grab in Beni Hassan unter anderem Asiaten abgebildet: ein Fürst mit seinem Gefolge, Männer, Frauen, Kinder und Esel, im sechsten Jahr des Sesostris II. Sie waren Händler, die wahrscheinlich auch staatliche Geschäfte abzuwickeln hatten. Wir sehen also, daß es nicht unüblich war, daß Joseph in der Zeit als Sklave verkauft wurde oder daß später seine Familie zu ihm zog. Es kam damals auch vor, daß Asiaten ägyptische Namen bekamen, eine hohe Position erwarben und manchmal sogar ägyptische Frauen heirateten.

(2) Die Hungersnot. Einige Berichte über Hungersnöte sind uns bekannt, zum Beispiel zu Lebzeiten von Sesostris I und Amenemhet III. Über eine Hungersnot zur Zeit des Sesostris III ist kein direkter Hinweis zu finden, wohl aber ein indirekter. Im zehnten und neunzehnten Jahr der Regierung dieses Königs werden „Schwierigkeiten bereitende niedrige Wasserstände“ registriert. Dies deutet darauf hin, daß es eine geringe Ernte gegeben haben muß. Weiter wurde eine Inschrift aus dem achten Jahr der Regierung von Sesostris III gefunden, die berichtet, daß ein Kanal verstopft war und sauber gemacht werden mußte. Dies deute hin auf einen niedrigen Nilwasserstand, wodurch der Kanal von Schlamm blockiert wurde. Auch wurde eine Klage bekannt – vermutlich zur Zeit des Sesostris II oder möglicherweise III – über allerlei Mißstände, die entstanden waren als Folge einer Hungersnot.

Joseph wird Regent des Pharao, um die kommenden Probleme zu bewältigen. Die Funktion eines Wesirs war in ganz Ägypten bekannt. In den Perioden vor Sesostris III und nach ihm, während der dreizehnten Dynastie, übergaben Wesire ihr Amt vom Vater auf den Sohn. Man wurde damals nur Wesir, wenn man Monarch, Verwalter einer Provinz war (eine Art Adel), zu der man während der Ausübung seiner Amtszeit auch loyal stand. Während Sesostries III war das jedoch anders. Man hat, auf Grund von Nachforschungen in den Gräbern zweier Wesire, geschlußfolgert, daß in seiner Zeit ein

Wesir dem Pharao gegenüber Loyalität beweisen mußte und nicht seiner Provinz. Keiner dieser beiden Wesire war Monarch und von einer Übernahme des väterlichen Amtes war bei ihnen auch nicht die Rede. Die Regierung des Sesostris III bietet gute Anknüpfungspunkte für die Regentschaft Josephs.

(4) Während der sieben Jahre Hungersnot fanden Reformen im Lande statt. Im Austausch gegen Korn gaben die Menschen dem König ihr Land; sie bearbeiteten es und bezahlten den fünften Teil der Ernte als Pacht. Es gibt eindeutige Hinweise dafür, daß während der Regierung von Sesostris III etwas Ähnliches stattfand. Von den Adligen der verschiedenen Provinzen wurden zu der Zeit keine großen prächtigen Gräber mehr gebaut. Es waren drei Ministerien der Zentralregierung, die die drei Teile Ägyptens (Ober-, Mittel- und

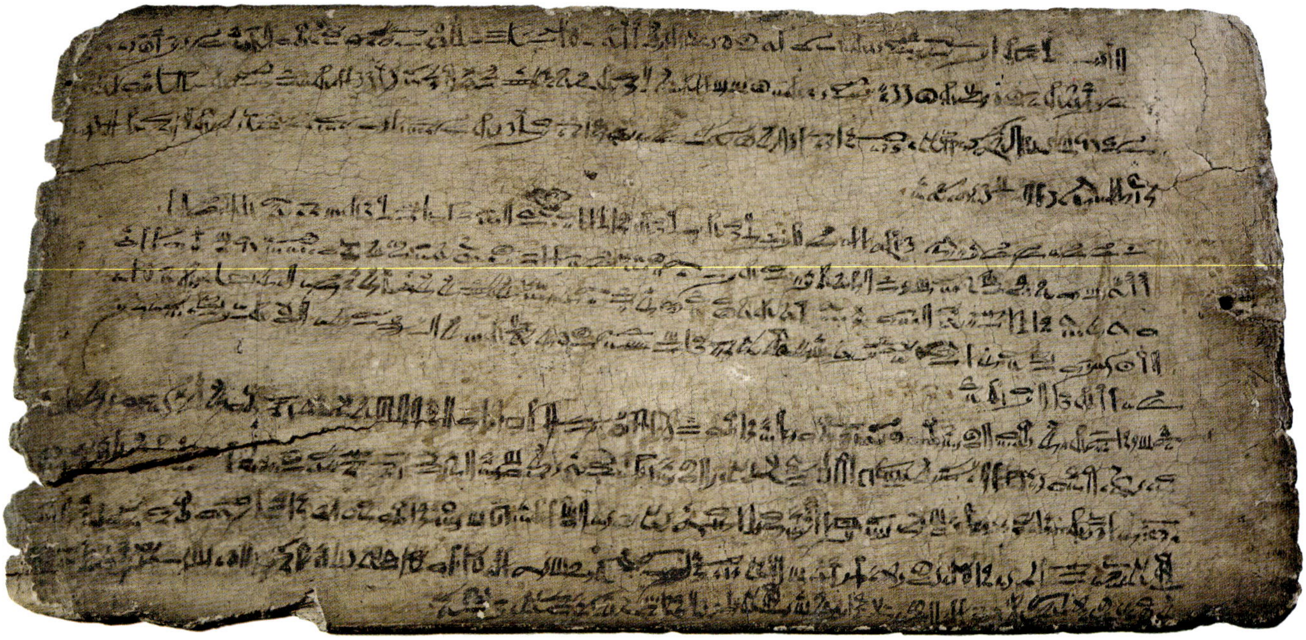

Unter-Ägypten) regierten. Das weist in Josephs Richtung, der durch eine zentrale Verwaltung die Nahrung so gut wie möglich zuerst sammelte, um sie anschließend in Rationen zu verteilen.

(5) Während der zwölften Dynastie war Memphis die eigentliche Hauptstadt Ägyptens (also direkt im Süden des Nildeltas). Während der Regierung des Sesostris III entstand im östlichen Deltadistrikt Khata'na-Quantir (= Gosen), eine nördliche, administrative Hauptstadt, in der sich auch die Handelsrouten trafen. Dies erklärt, warum Joseph seinen Brüdern so leicht begegnen konnte, als sie kamen, um Korn zu kaufen.

(6) Während der Regierung des Sesostris III waren Asiaten, aus der Gegend um Sichem, dem Pharao feindlich gesinnt. Gegen diese unternahm der König später auch eine Kampagne und kam bis kurz vor Sichem. Auf dem Rückzug wurde seine Nachhut von einer Bande Asiaten, unter ihnen Leute aus Sichem, überfallen. Da Jakob und seine Söhne schon einmal in die Nähe von Sichem kamen, ist es verständlich, daß sie als Spione und Feinde des Königs behandelt wurden.

Israel in Ägypten

Vierte Periode: für Jakob 17 Jahre, für Joseph 71 Jahre (1 Mose 46–50). Jakob zieht mit seiner ganzen Familie nach Ägypten, um seinen Sohn Joseph, der Wesir von Ägypten ist, zu begegnen. Auf der Grenze des Gelobten Landes (in Beerseba) opfert er dem Gott seines Vaters Isaak. Fürchtet er sich vielleicht, einen falschen Weg zu gehen? Er kennt die Geschichte seiner Väter in 1. Mose 12 und 26! Jakobs Zaghaftigkeit steht in schönem Kontrast zu

Hier oben ein Satellitenphoto vom Nildelta mit Gosen, dem Mittelmeer, dem Sinai und dem Roten Meer. Man sieht, wie das fruchtbare Gebiet sich deutlich von der umliegenden Wüste abhebt. Links die Schreibtafel mit der Klage des Kha-Kheper re-Senebu. Eine Hungersnot könnte die Ursache für die Klage sein und muß wohl allerlei soziale Mißstände mit sich gebracht haben, wie man aus einigen Zitaten ersehen kann: „. . . Ich sehe, was geschehen ist, die Umstände, die über das ganze Land gekommen sind . . . Gerechtigkeit wurde zur Seite gesetzt . . . Ich sehe, was geschehen ist. Das Elend hat heute seinen Einzug gehalten, (solche) Katastrophen haben sich seit den Ahnen nicht mehr ereignet . . . Niemand ist frei vom bösen Handeln; alle treiben gleichermaßen . . .“

seinem früheren eigenmächtigen Handeln. Doch durch einen Traum ermutigt Gott Jakob nach Ägypten zu reisen. Es ist Gottes Vorsehung, daß nicht nur Jakob und Joseph sich wiedersehen werden, sondern daß auch die Nachkommen Jakobs (= Israel) nach Ägypten, und zwar ins abgelegene Land Gosen gelangen. Dort dürfen sie sich frei und in Ruhe zu einem großen Volk entwickeln, ohne die Gefahr einer Vermischung mit den Kanaanitern (oder den Ägyptern) (vgl. 1 Mose 34,1 ff.; 43,32; 46,10 + 34).

Bewegend ist die Begegnung zwischen Vater und Sohn: Juda, der vorausgeschickt wird, Joseph, der seinem Vater entgegenreist, Jakob, der ihm um den Hals fällt und lange an seinem Hals weint. Genauso beeindruckend ist die Szene, in der wir sehen, wie Jakob den Pharao segnet. Das alles ist wohl ein bißchen anders, als vorzeiten Abrahams Begegnung mit dem damaligen Pharao (1 Mose 12,18 ff.)! Dieser größte Mann der damals bekannten Welt ist geringer als Gottes armer Pilger (vgl. Hebr 7,7). Jemand, der selbst so sehr Gottes Segen erfahren hat, kann auch andere segnen. Es ist, als ob wir Paulus vor Agrippa stehen sehen, der genau wie Jakob gegenüber dem Pharao, was ihn selbst anbelangt, nur auf elende Umstände verweisen kann, doch einen mächtigen Gott besitzt (Apg 26,27–29).

Durch Gottes Führung sind sich Joseph und Pharao darin einig, Jakobs Familie das Land Gosen zuzuweisen, das im Nordosten von Ägypten liegt, ganz nah bei Kanaan. Es wird „der beste Teil des Landes“ genannt, „das Land Ramses“, und eignet sich sehr für die Viehzucht. Gosen ist eine Ebene von etwa 55 km Länge, die sich vom Timsahsee bis an den Nil erstreckt und in deren Mitte das Wadi Tumilat verläuft. Dort versorgt Joseph seine Familie, wie er auch ganz Ägypten vor dem Hungertod rettet. Joseph erhebt von ihnen Abgaben zu Gunsten des Pharao (nicht für sich selbst!), und das gefällt dem Volk, denn sie haben ihm ihr Leben zu verdanken.

Jakobs Ende

Jakob bleibt noch siebzehn Jahre ein Pilger, erhaben über das Gewühl Ägyptens. Nie hören wir etwas über eine Bitte oder eine Forderung seinerseits an den Pharao oder an Joseph, die sein Leben in Ägypten betrifft; wohl aber was seinen Tod anbelangt. Joseph muß ihm schwören, daß er ihn nicht in Ägypten, sondern in Kanaan bei seinen Vätern beerdigt. Diese Forderung zeugt vom Glauben Jakobs an die Auferstehung!

Seine letzten Lebenstage werden von großen Glaubenstaten gekennzeichnet: Sein Sterbelager wird zum absoluten Höhepunkt (vgl. Hebr 11,21). Erstens adoptiert Jakob die zwei „ägyptischen“ Söhne Josephs, Manasse und Ephraim. Es bestand die Gefahr, daß sie aus den Verheißungen fallen (vgl. Esra 10,2 ff.) und unter den Ägyptern verschwinden würden; darum macht Jakob sie zu seinen eigenen Söhnen, so daß sie vollwertig als eigenständige Stämme gelten werden. Dabei bekommt der Jüngere, Ephraim, das Erstgeburtsrecht, nicht Manasse (genausowenig wie damals Ismael und Esau). Joseph begreift das zuerst nicht, doch der erblindete Jakob „sieht“ hier schärfer als der große Seher Joseph. Jakob wird wohl zurückgedacht haben an das Krankenlager seines blinden Vaters Isaak, an dem er sich selbst auf eine weniger schöne Art den Segen erschwindelte . . . Wahrscheinlich ist Jakobs Prophetie in 1. Mose 48,19 bereits ein Hinweis auf Ephraims spätere Souveränität über die zehn Stämme (vgl. 1 Kön 11 + 12).

Auch die mächtige Rede Jakobs an seine zwölf Söhne (1 Mose 49) hat eine prophetische Tragweite, wie aus dem ersten Vers deutlich ersichtlich wird: „. . . daß ich euch verkünde, was euch begegnen wird in künftigen Zeiten.“ Es handelt sich hier wohl nicht um eine Segnung wie die, die Mose an die zwölf Stämme Israels in Verbindung mit dem Einzug in das Land richtet (5 Mose 33), sondern eher auch um eine Verdeutlichung der Eigenverantwortung der

Im Laufe der Zeit wurde in Ägypten das Mumifizieren von Toten für diejenigen zur Regel, die es sich leisten konnten. So werden heute noch Mumien und Mumiensärge gefunden, die aus verschiedenen Perioden stammen, so wie dieser Sarg, der aus dem Ende der achtzehnten Dynastie von Soutines, dem Chefschreiber des Hauses Amon, stammt. Gelehrte (Archäologen, aber auch Ärzte) beschäftigen sich mit Mumien, um ihnen alles mögliche Wissenswerte zu entlocken. Man bekommt Informationen über die damals kursierenden Krankheiten, über das Alter, mit dem die betreffende Person starb, über die medizinischen Fertigkeiten der Ärzte aus jener Zeit und über die Qualität der Mumifizierung, die manchmal sehr zu wünschen übrig ließ. Man handhabte die Mumifizierung deshalb, weil die Ägypter der Meinung waren, daß für ein Leben nach dem Tode das Erhalten des Körpers eine unbedingte Notwendigkeit sei.

Stammeshäupter hinsichtlich ihrer persönlichen Geschichte. In der Rede liegt eine prophetische Anwendung für die Geschichte des Volkes Israel hinsichtlich seiner Verantwortung. Ruben, Simeon und Levi charakterisieren die Geschichte Israels im Alten Testament; in Juda sehen wir das Kommen des Messias auf Erden („Silo", der Friedefürst; 1 Mose 49,10); Sebulon und Isaschar charakterisieren Israels Zerstreuung und Unterwerfung unter die Völker; in Dan sehen wir Israel unter der gottlosen Regierung des Antichristen (1 Mose 49,18 ist das Gebot der Treuen in dieser Zeit); Gad, Asser und Naphtali zeigen uns die Bekehrung und die Segnung Israels unter der segensreichen Regierung des wiedergekommenen Messias, d. i. Joseph, der gleichzeitig verbunden ist mit dem Urteil (Benjamin).

Jakob wiederholt seine Forderung, in Kanaan begraben zu werden, und stirbt. Joseph beweint seinen Vater und läßt ihn einbalsamieren, das einzige Mal (außer bei Joseph selber), daß wir davon lesen, daß ein Hebräer so etwas machen läßt. Dieses Einbalsamieren, das dreitausend Jahre lang in Ägypten angewandt wurde, beinhaltete eine ausführliche Bearbeitung des Körpers, um dessen Verwesung zu verhindern; vierzig Tage dauerte dieses Mumifizieren und siebzig Tage die Trauer. Danach wird Jakob unter großem Aufwand bei seinen Vätern in Kanaan beerdigt. Jakobs Tod macht die Brüder von neuem unsicher, weil sie fürchten, daß Joseph vielleicht nur den Tod des Vaters abgewartet hat, um sich nun an ihnen zu rächen; sogar nach siebzehn Jahren erkennen sie sein großmütiges Herz immer noch nicht.

Joseph wird 110 Jahre alt und darf eine reiche Nachkommenschaft sehen. Sein Ruhm bleibt unangetastet – doch auch er wünscht keine Pyramide für sich, sondern will im gelobten Land beerdigt werden. Soviel Macht und Herrlichkeit er auch in Ägypten hat, sein Herz ist in Kanaan. Als er stirbt, wird er jedoch nicht sofort in Kanaan beigesetzt wie sein Vater. Er wird zwar mumifiziert und in einen Kasten gelegt, doch sein Körper bleibt in Ägypten. Seine Beerdigung wird von Israels Auszug aus Ägypten und der Rückkehr ins gelobte Land abhängig gemacht! Während all der Jahre, in denen Israel in Ägypten verweilte, vor allem während seines späteren Sklaventums, ist Josephs Sarg ein beständiges Zeugnis dafür, daß Israel einmal nach Kanaan zurückziehen wird (vgl. Hebr 11,22; 2 Mose 13,19; Jos 24,32).

Die Umstände in Ägypten

Nach Sesostris III regierten noch Amenemhet III (ca. 45 Jahre) und IV und eine Königin Sebeknefrure, die beiden letzten jedoch nur ganz kurz. Danach entstand die dreizehnte Dynastie, von der erzählt wird, daß sie etwa fünfzig Könige zählte, die meistens eine kurze Regierungszeit hatten und nicht miteinander verwandt waren. Beide Dynastien regierten über ganz Ägypten. Beide kannten seit Sesostris III eine zentrale Regierung, wobei das vom Vater auf den Sohn übergehende Amt des Wesirs – außer während der Zeit Sesostris III selber – anscheinend eine wichtige Rolle spielte. Während beider Dynastien Ägyptens existierten lebendige Handelsbeziehungen mit Syrien und Palästina. Ihre Residenz war in It-towi, in der Nähe von Memphis, möglicherweise in der Nähe des heutigen El-Lischt. Wenn unsere Datierung richtig ist (siehe Kap. IV), fiel Israels Aufenthalt in Ägypten zusammen mit dem letzten Teil der zwölften und weiter mit der ganzen dreizehnten Dynastie.

Die Unterdrückung Israels

Mit dem Tode Josephs und seiner Mumifizierung endet das 1. Mosebuch (Genesis), und es beginnt das 2. Buch Mose (Exodus), das den Aufenthalt der Nachkommen Jakobs in und ihren Auszug aus Ägypten beschreibt. Jahrhunderte gehen ins Land, in denen sie sich schnell zu einem bemerkenswert zahlreichen Volk ausbreiten und damit zu einer konkreten Bedrohung für die Ägypter werden (2 Mose 1). Als dann ein neuer König an die Regierung kommt, der nichts weiß oder nichts wissen will von Josephs Rettungsaktion für das Land, wendet dieser sich gegen die Israeliten. Der neue Pharao legt ihnen Zwangsarbeit auf und läßt sie die Vorratsstädte Pit-Hom (wahrscheinlich Tell er Ratâbeh) und Raämses (wahrscheinlich bei Quantir in Tell ed Dab'a) bauen. Auch befiehlt er den hebräischen Hebammen, alle neugeborenen israelischen Jungen zu töten. Die Hebammen führen den König jedoch in die Irre, so daß dieser einen neuen Befehl gibt, diesmal an die ganze Bevölkerung: Alle Jungen müssen in den Nil geworfen werden.

Doch erkennen wir auch in diesem Geschehen die Hand Gottes. Er bringt diesen Pharao auf den Thron, um Israel zur Besinnung zu bringen. Das Volk hat nämlich damit begonnen, den Götzen der Ägypter zu dienen (Jos 24,14; Hes 20,6–8), darum bringt Gott Israel, diesen „Dornbusch" in den glühenden Ofen (vgl. 2 Mose 3,2.7 ff.; 5 Mose 4,20), Er will Israel durch Züchtigung zur Umkehr rufen. Die Wurzeln des Holocaust sind tief. Schon vom ersten Augenblick an, als Israel sich als großes Volk zeigt, versucht man es auszurotten. Und das ist während seiner ganzen Geschichte so geblieben. Gottes auserwähltes Volk zu sein, bedeutet neben dem Erkennen des Allerhöchsten und dem Erfahren seines Segens auch Leiden. Eine Welt, die Gott haßt, verabscheut auch sein Volk. So ist es bis heute geblieben. Pharao war der erste große Antisemit, Hitler einer der letzten.

Auf diesem Gemälde sehen wir Hitler, der große Antisemit der jüngsten Vergangenheit, abgebildet. Für die moderne Geschichte ist er das Symbol eines so großen Judenhasses, daß er das ganze Volk auszurotten versuchte. Er konnte sich dabei den in unterschiedlichem Maße vorhandenen Antisemitismus unter den Völkern zu Nutze machen. Dennoch war er nicht in der Lage, die Juden auszulöschen.

IV. Der Exodus (Auszug)

Am Vorabend des Auszugs aus Ägypten gebietet Gott dem Volk durch Mose, eine Mahlzeit zu bereiten aus dem Fleisch eines Schafes oder einer Ziege und ungesäuertem Brot mit bitteren Kräutern. Das Blut des geschlachteten Lammes oder Ziegleins soll an die Türpfosten gestrichen werden, damit der Engel des Todes vorüberzieht. Dieses Passahmahl wird seither unter den Israeliten bis auf den heutigen Tag so gehalten. Auch im modernen Israel ist dies eine festliche Familienzusammenkunft, bei der man der Erlösung aus Ägypten gedenkt. Menschlich gesprochen ist Mose derjenige, der das Volk aus Ägypten führt, durch die Wüste nach Kanaan. Durch seine Erziehung am Königshof und durch das Hüten von Schafen wird er dafür von Gott vorbereitet.

Sederabend

Eine weiße Tischdecke, prächtige Kerzenständer, in der Mitte die Sederschüssel und darauf drei Matsot (dünne, ungesäuerte Osterbrote), ein Schüsselchen mit Maror (ein bitteres Gemüse) und eines mit etwas Salat und ein paar Flaschen Wein. Nach einigen einleitenden Zeremonien betrachtet die jüdische Familie das Matsot und sagt gemeinsam: „Dies ist das harte, schreckliche Brot, daß unsre Ahnen in Ägypten gegessen haben. Ein jeder, der hungrig ist, kann kommen und mit uns essen. Ein jeder, der kein Seder (das bedeutet Fest) hat, kann mit uns Passah (Ostern) feiern. Dieses Jahr sind wir hier; nächstes Jahr hoffen wir alle im Lande Israel zu sein."

Danach fragt eines der Kinder: „Warum ist heute abend alles so ganz anders als an den anderen Abenden?" Als Antwort erzählt der Vater ausführlich die Geschichte des Auszugs aus Ägypten, den Exodus, und die Kinder dürfen darüber so viele Fragen stellen, wie sie möchten. Sie erinnern einander daran, daß Passah (buchstäblich: „vorbeigehen") bedeutet, daß Gott in der Osternacht in Ägypten mit seinem Gericht an den Häusern der Israeliten „vorbeigegangen" war und daß man heute gemeinsam Matsot ißt, weil die Israeliten das in jener Nacht auch taten. Heute ißt die Familie Maror als Erinnerung an die bitteren Leiden der Israeliten in Ägypten; Dankespsalmen werden aufgesagt, und damit wird das Festmahl eröffnet, bei dem jeder vier Becher Wein trinkt. An diesem Tag werden innerhalb der Familien noch viele Handlungen zelebriert mit einem tiefen und sehr alten Inhalt.

Bei Hof ist Luxus eine alltägliche Sache. Oben ein paar Beispiele: ein Spiegel aus Bronze, ein Schmink- und Salblöffel, beide aus Holz, und ein blaues Köcherchen für Augenschminke aus Fayence. Unten ein Messer aus Stein aus dem vordynastischen Ägypten mit einem wunderschön geschnitzten Griff aus Elfenbein. Rechts der Nil, Lebensader Ägyptens und damit eine Gottheit.

So feiert Israel nun schon seit mehr als 3400 Jahren das Passah. Nicht immer mit gleichem Programm und vor allem nicht immer auf die gleiche Weise; solange der Tempel in Jerusalem noch existierte, war der Höhepunkt des Festes das Schlachten und Essen des Passahopfers: das Passahlamm.

Mose

Passah ist die Erinnerung an den Aufbau der selbständigen Existenz des Volkes Israel: die Errettung aus Ägypten, den Exodus. Diesen „Auszug" finden wir im Bibelbuch 2. Mose (Exodus) beschrieben. In dieser Erlösungsgeschichte ist ein Mann namens Mose das mächtige Instrument in Gottes Hand. Seine Eltern gehören zum Stamm Levi. Als Mose geboren wird, haben sie bereits eine Tochter Mirеam (2 Mose 2,4; 1 Chr 6,3) und einen dreijährigen Sohn, Aaron (vgl. 2 Mose 7,7). Sie entdecken, daß dieses Kind „ein feines Kind von Gott" ist (Apg 7,20) und behalten es im Glauben vor dem Pharao versteckt. Nach drei Monaten geht das aber nicht mehr. Seine Mutter „gehorcht" dem Pharao und wirft ihr Söhnchen in den Nil, jedoch auf eine besondere Weise: verborgen in einer „Arche" aus geflochtenem Papyrus, mit Bitumen verklebt. Auf diese Weise war auch einst Noah in einer sicheren Arche durch die Todeswasser gegangen.

Wir erkennen in all dem Gottes Vorsehung. Er gebraucht sogar Pharaos Tochter (ja, Pharaos Haus) für seine Pläne. Diese entdeckt das Findelkind und adoptiert es. Doch Gott sorgt auch dafür, daß seine Mutter unerkannt ihren Einfluß auf seine Erziehung ausüben kann; und glücklicherweise stellt es sich

heraus, daß ihr Einfluß besser ist als alle „Weisheit Ägyptens", die auch Joseph am Hofe des Pharaos lernte (Apg 7,22). Der Name Mose bedeutet in der ägyptischen Sprache „Sohn"; und hebräisch bedeutet er „herausgezogen" (2 Mose 2,10).

Als er vierzig Jahre alt ist, geht das Herz dieses Prinzen auf die Suche nach seinen Verwandten, dem Sklavenvolk, getrieben durch den Glauben (Hebr 11,24–26) und aus Liebe (Apg 7,23) – jedoch noch ohne Weisheit. In seinem Zorn tötet er einen ägyptischen Sklaventreiber und muß deshalb flüchten; er ist sehr enttäuscht wegen der Zweifel des Volkes Gottes an seiner Mission (2 Mose 2,11; Apg 7,23–29). Der vierzigjährige Prinz muß in Midian vierzig Jahre als Schafhirt Geduld und Weisheit lernen, bis er zum sanftmütigsten Mann auf Erden geworden ist (4 Mose 12,3). Hier im Land Midian bekommt Mose eine Frau, Zippora, die Tochter Rehuels oder auch Jethro genannt, Priester und Haupt seines Stammes. Auch werden ihm dort zwei Söhne „Gersom" („ein Fremdling dort") und Elieser („mein Gott ist Hilfe") geboren!

Die Mutter des Mose nimmt ein geflochtenes Körbchen, legt ihr Baby hinein und mit Hilfe ihrer Tochter Mirjam setzt sie das Körbchen ins Schilf am Ufer des Nils. Dort wird das weinende Kind von der Tochter des Königs gefunden und als Sohn adoptiert. In Ägypten sind durch die Trockenheit der Wüste viele Körbe erhalten geblieben, wie man oben sehen kann. Dieser Korb stammt aus der achtzehnten Dynastie. Nachdem Mose von der Tochter des Pharaos adoptiert ist, bekommt er die Erziehung eines hohen Ägypters. Dazu gehört auch das Lesen und Schreiben. Schreiber sind seit jeher sehr geehrt. Es gibt verschiedene Abbildungen von ihnen, z. B. hier oben eine aus der fünften Dynastie. Nachdem Mose aus Ägypten flüchten mußte, kommt er nach Midian, wo er Schafhirte wird, um später ein geduldiger Leiter des Volkes Gottes zu werden.

Die Berufung des Mose

Mose wird erst von Gott berufen, nachdem er bereits achtzig Jahre alt geworden ist. Das geschieht in aller Abgeschiedenheit bei dem „Berg Gottes" (2 Mose 20–24, Horeb/Sinai; vgl. 2 Mose 33,6; 5 Mose 5,2). Aus einem brennenden Dornbusch, der Israels Zustand symbolisiert (siehe oben), spricht der Engel Jahwes zu Mose, d. h. die Erscheinung Jahwes selber. Der Dornbusch brannte zwar, wurde aber nicht verzehrt! Gott erhält sein Volk und ist, mitten im Leiden, bei ihm (vgl. 5 Mose 33,16), um es zu erlösen. Weil hier Gott gegenwärtig ist, muß Mose aus Ehrfurcht seine Schuhe von den Füßen ziehen (eine Gewohnheit, die noch weiterexistiert in den islamischen Moscheen und im Heiligtum der Samariter auf dem Garizim).

Gott steht getreu zu den Verheißungen, die er den Vätern gab (vgl. Mt 22,31 ff.), und erbarmt sich über sein Volk, das er hier zum ersten Mal „mein Volk" nennt. Der einst so eifrige und ungestüme Mose, entmutigt durch seinen Fehltritt, muß nun erst lernen, bereit zu sein und sich als Instrument in Gottes Hand gebrauchen zu lassen, um das Volk aus Ägypten zu führen. Er zählt fünf Hindernisse gegen seine Berufung auf, und als letztes sagt er: „Ich

Als Mose vierzig Jahre lang gelernt hat, Geduld zu üben, bekommt er von Gott den Auftrag, nach Ägypten zu gehen und das Volk herauszuführen. Doch das geschieht nicht ohne einen Kampf des Herrn mit den Göttern Ägyptens. Rechts oben ist der Gott Hekt, der durch Zutun des Herrn zu einer Plage für die Ägypter wird – das Land voller Frösche. Rechts unten ein Heuschreckenschwarm, den man mit Gift zu vernichten versucht. Heuschrecken sind katastrophale Plager, wenn sie sich niederlassen und innerhalb kurzer Zeit alles kahlfressen. Dies geschieht in ganz Ägypten, um das, was nach der siebten Plage noch übrig ist, zu vernichten. Die neunte Plage bringt drei Tage absolute Finsternis. Die Sonne verliert ihre Kraft, was für die Ägypter bedeutet, daß ihr Sonnengott Ra oder Re den Kampf gegen den Herrn verliert. Aber noch immer will der König der Ägypter die Israeliten nicht ziehen lassen.

habe keine Lust." Viermal antwortet Gott geduldig, doch bei Moses fünftem Einwand wird Gott zornig mit ihm: Er macht nun Moses Bruder Aaron zu dessen Wortführer. Zusammen sollen sie mit Gottes neuem Namen (Jahwe, der ewig Seiende, Unveränderliche) zum Pharao gehen.

Mose kehrt nun mit seiner Familie nach Ägypten zurück. Aber zuerst muß eine Sünde innerhalb seiner Familie weggetan werden: Ein Sohn von Mose war nicht beschnitten, und darum verurteilt Gott ihn! Zippora (die vielleicht die Beschneidung verhindert hat) holt schnell dieses Versäumnis nach (2 Mose 18–26). Gott nahm Moses Sünde sehr ernst, weil die Beschneidung so sehr mit seinem Bund mit den Vätern und Israels versprochener Erlösung aus Ägypten und der Rückkehr ins Gelobte Land verbunden war.

Schließlich begegnet Mose nach vielen Jahren seinem Bruder Aaron und erzählt ihm alles, was Gott ihm aufgetragen hat. Ihr erster Weg führt sie zu den „Ältesten" ihres Volkes. Aaron als Moses Wortführer teilt ihnen Gottes Nachricht mit und tut zwei Zeichen, die Gott Mose auf dem Horeb aufgetragen hat: der Stab, der zur Schlange wird, die Hand, die aussätzig wird. Das Volk glaubt und beugt sich gerührt nieder, dankbar, daß die Stunde der Befreiung gekommen ist.

Nun beginnt die gemeinsame Aufgabe von Mose und Aaron. Sie treten vor den Pharao und bringen Gottes Forderung zum Ausdruck: „Laßt mein Volk ziehen." Das wiederholen sie insgesamt siebenmal (2 Mose 5,1; 7,16; 8,1 + 20; 9,1 + 18; 10,3). Pharaos erste Reaktion besteht darin, daß er die Lasten des Volkes erschwert. Dadurch wird der Glaube des Volkes auf eine harte Probe

gestellt, doch es wird sich schließlich auch zeigen, daß die Erlösung ganz von Gottes Seite kommen wird. In den einleitenden Szenen von 2. Mose 5 und 6 sehen wir, wie Mose entmutigt wird und wie das Volk murrt. Doch Gott ermutigt seinen Diener aufs neue mit seinem neuen Namen und mit einer Wiederholung seines Auftrages. Doch die Wunderzeichen des Schlangenstabes und der Aussätzigen Hand machen keinen Eindruck auf den Pharao und werden sogar von seinen okkulten Magiern imitiert (vgl. 2 Tim 3,8).

Die Plagen

Gott antwortet darauf mit zehn schrecklichen „Plagen" über Ägypten, die gleichzeitig „Zeichen und Wunder" für Gottes Volk sind: Lektionen, wie Gott

			Plagen am Morgen		Plagen ohne Warnung
Imitationsversuche durch die Zauberer		Stab des Aaron	1. Wasser in Blut verwandelt (7,14–25)	2. Frösche (8,1–15)	3. Mücken (8,16–19)
Gosen nicht betroffen		keinen Stab	4. Stechfliegen (8,20–32)	5. Viehpest (9,1–7)	6. Geschwüre (9,8–12)
	Geradewegs vom Himmel	Stab oder Hand des Mose	7. Hagel (9,13–35)	8. Heuschrecken (10,1–20)	9. Drei Tage Finsternis (10,21–29)

sein Volk erlöst. Man kann die ersten neun Plagen (in 2 Mose 7–10) wie folgt einreihen:

Hierbei können wir noch folgende Einzelheiten erkennen:

– Viermal bittet der Pharao unter dem Druck der Plagen den Mose, für ihn zu beten; die letzten beiden Male bekennt er dabei sogar seine Schuld (8,8 + 28; 9,27 ff.; 10,16 ff.).

– Viermal versucht er trotzdem, den Auszug Israels zu verhindern oder zu verändern (8,25 + 28; 10,11 + 24).

– Fünfmal verhärtet er selbst sein Herz, trotz aller Plagen (7,22; 8,15 + 19 + 32; 9,7); und erst danach lesen wir, daß Jahwe nun seinerseits das Herz des Pharaos verstockte (9,12; 10,20 + 27; 11,10), als ein schreckliches Urteil wegen seiner Unbeugsamkeit (vgl. 7,3; Röm 9,17 ff.).

Die Plagen Ägyptens sind vor allem aber auch ein Streit zwischen Jahwe, dem Gott Israels, und den falschen „Göttern" Ägyptens, um zu beweisen, daß Jahwe der mächtige und einzige Gott ist (vgl. 3,19 ff; 7,3–5 + 17; 8,10 + 10,22; 9,13–21 + 27–30; 10,1 ff. + 7; 11,8):

(1) Zuerst wird der *Nil* betroffen, der ja zum Grab für Israels männliche Säuglinge geworden war: Der Nil wurde von den Ägyptern verehrt als Hapi, der „Lebensspender", oder als Osiris, der Fruchtbarkeitsgott.

(2) Der *Frosch* wurde verehrt als ein Symbol für Hekt, einer Gestalt der Göttin Hathor.

(3 und 4) Die *Mücken* und *Stechfliegen* sind ein Schlag ins Gesicht der Isis,

der Frau des Osiris und Hathor, Ägyptens wichtigster Göttin, dargestellt als Rind.

(5 und 6) Die *Viehpest* und *Geschwüre* sind gegen Ptah (oder Apis) gerichtet, den Gott von Memphis, dargestellt als Stier, und gegen andere Götter, dargestellt als Rind, Widder, Ziege usw.

(7) Die Ägypter sehen hinter jeder Naturerscheinung die eine oder andere Gottheit, demnach gewiß auch hinter diesem seltsamen und dazu noch sehr schweren *Hagel.* Doch Jahwe ist auch der Gott des Himmels. Kann dieser Hagel ein Meteoritenregen gewesen sein?

(8) Die *Heuschreckenplage* richtet sich gegen den Gott Serapis, dem Beschützergott gegen Heuschrecken. Der Schirokko oder Chamsin kann schwarmweise Heuschrecken mit sich führen.

Einer der bedeutsamsten Götter ist Ptah, der schon während der ersten Dynastie bekannt ist und einen Tempel in Memphis hatte, wo auch der Apisstier plaziert war. Hier unten eine bronzene Darstellung des Ptah aus der späteren ägyptischen Periode. Oft werden entweder die Könige Thutmose III oder Ramses II als Kandidaten gesehen für den Pharao zur Zeit des Auszugs. Nebenan eine Darstellung als Relief von Thutmose III. Deutlich sind noch Reste zu sehen von den Farbstoffen, die ursprünglich über dem Ganzen angebracht waren. Thutmose hat die Doppelkrone von Ober- und Unterägypten auf dem Kopf und als Statussymbol einen Bart. Pharaonen ließen sich auch manchmal als Sphinx darstellen wie Ramses II ganz rechts.

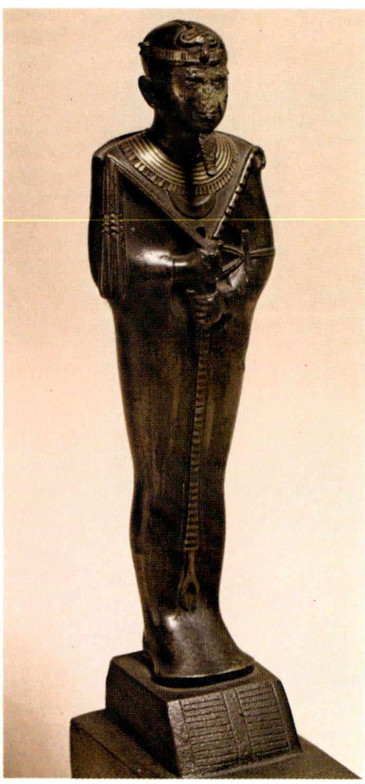

(9) Die *Finsternisplage* (die Chamsin, ein blindmachender Sandsturm?) ist ein Schlag ins Gesicht des Sonnengottes Ra, der auch dem Pharao göttliche Herrlichkeit und Autorität verleiht.

In 2. Mose 11 sehen wir, wie Mose direkt nach der neunten Plage dem Pharao die zehnte, letzte und schrecklichste Plage ankündigt: Die Erstgeburt Ägyptens (Ps 78,51; 105,36) wird um Mitternacht sterben. Auch diese Plage wird an Israel vorübergehen, jedoch nicht ganz selbstverständlich: Die Erstgeborenen Israels sind von Natur aus doch nicht besser als die Erstgeborenen Ägyptens. Nur indem sie sich hinter dem Blut des Passahlammes verbergen, das unschuldig an ihrer Stelle stirbt, werden sie sicher sein, wenn der Engel des Verderbens mit dem Urteil vorübergeht (Passah = „vorübergehen").

„Auch unser Passahlamm ist geschlachtet: Christus" (1 Kor 5,7); das Passah ist ein Schatten seiner Opfertat auf Golgatha. Die Einführung des Passahs ist im gewissen Sinne die Geburt einer neuen Nation: Der Neubeginn wird angedeutet, indem man den siebten Monat, in der die Einführung stattfindet, zum ersten Monat erklärt (2 Mose 12,1 ff.). Während der drei Tage tiefer Finsternis hat Israel Licht in seinen Wohnstätten, und das Passahlamm ist bereits im Hause; in der Nacht nach diesen drei Tagen sterben die Erstgeborenen Ägyptens, und Israel schlachtet in jeder Familie das Passahlamm, ißt es und bringt das Blut am Türpfosten an. In allen Häusern Ägyptens gibt es ein großes Wehklagen, doch die Israeliten ziehen endlich mit großer Freude und in Eile aus Ägypten weg.

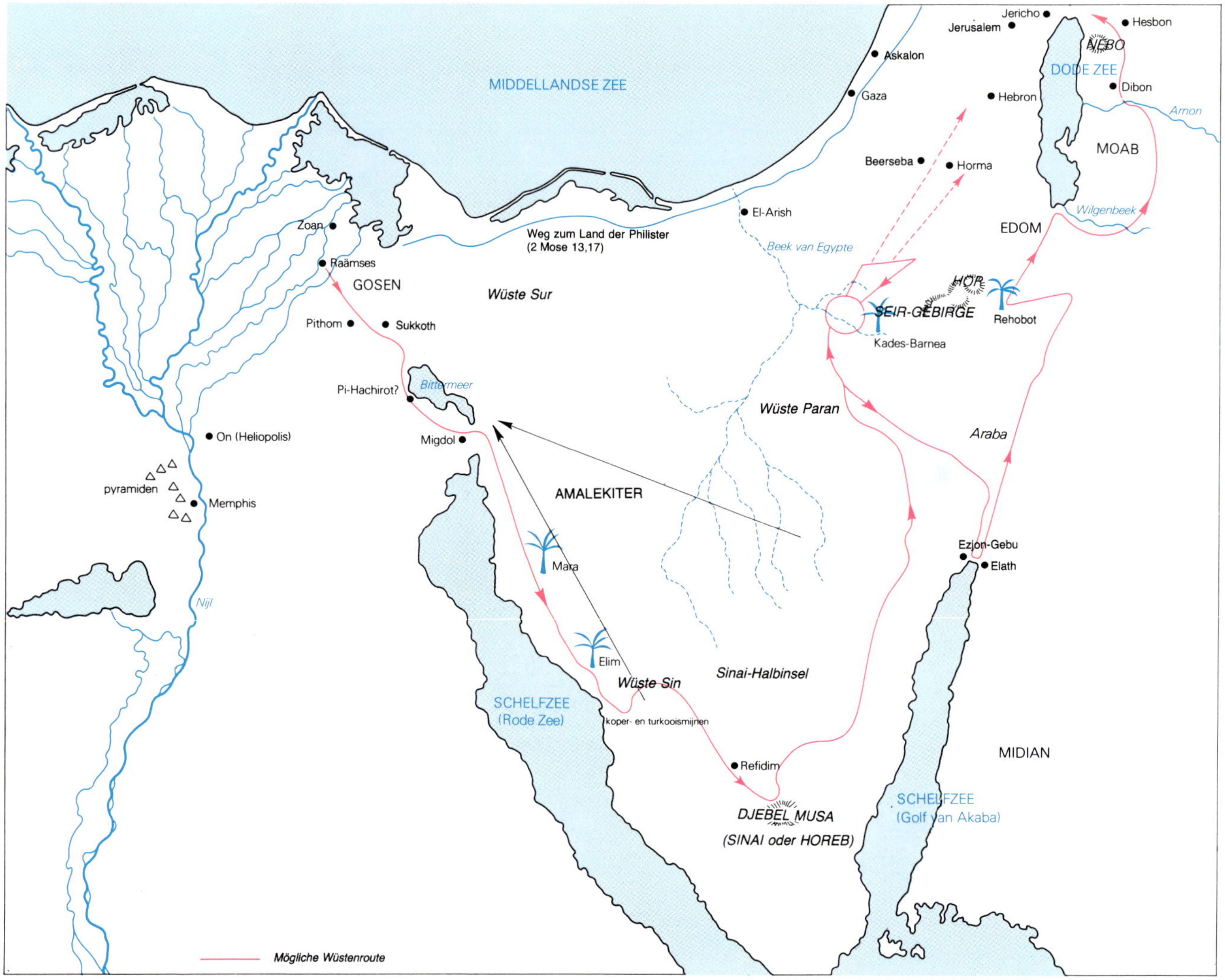

Das Passah mußten die Kinder Israels von da an jedes Jahr feiern, als ein Gedächtnismahl wegen des Schutzes gegen den Engel des Verderbens (durch das Blut des Lammes) und der Erlösung aus Ägypten. So haben sie es auch gefeiert am Anfang der Wüstenreise am Berg Sinai (4 Mose 9,1–14) und bei der Ankunft im Gelobten Land (Jos 5,10 ff.). Sofort anschließend an das Passah mußten sie das „Fest der ungesäuerten Brote" feiern: Aller „Sauerteig von Schlechtheit und Bosheit" (vgl. 1 Kor 5,8) mußte aus ihren Häusern hinweggetan werden. Auch das mußte jedes Jahr wiederholt werden: Wer sich einmal vom Blut des Lammes hat bedecken lassen und dem Urteil entronnen ist, muß auch weiterhin ein Leben in „Reinheit und Wahrheit" führen (1 Kor 5,7 ff.). Da sich gerade die Erstgeborenen vom Blut hatten beschützen lassen, wurden sie Jahwe in besonderer Weise geweiht (2 Mose 13,1 ff. + 13–16; 34,19 ff.); später wurde diese Gruppe durch den Stamm der Leviten ersetzt, die den Dienst am Haus des Herrn ausüben mußten (4 Mose 3,40–51; 8,14–19).

Der Auszug in der antiken Geschichtsschreibung

Die Zeit, die die Söhne Jakobs in Ägypten verbracht haben, errechnet sich – nach dem 2. Buch Mose 12,40 ff. – auf den Tag genau auf 430 Jahre. Die Zeit der Unterdrückung Israels in Ägypten wird in 1. Mose 15,13 mit 400 Jahren angedeutet; vielleicht ist dies gerechnet ab dem Auftreten des Pharaos, „der Joseph nicht gekannt hatte" (2 Mose 1,8). Galater 3,16 ff. scheint auszusagen,

Auf der Karte ist die mögliche Route der Israeliten angegeben: von Ägypten über Sinai nach Kanaan. Links eine Statuette aus der späten Periode des Gottes Thot, dem Schreiber der Götter. Er wird verehrt als Schutzgott aller Kenntnis, der Gesetze und der geweihten Texte. Auch war er der Gott des Mondes und damit der Schutzgott der Zeitrechnung. Als Gott des Mondes wird auch er von der Finsternis beiseite gesetzt. Nachdem die Ägypter die Israeliten angefleht haben wegzuziehen, macht sich das Volk auf den Weg. Aber sobald man sich in Ägypten von den ersten Schrecken erholt hat, jagt der König hinter dem Volk her, bis ans Rote Meer. Mose streckt seinen Stab aus über das Meer, durch einen starken Ostwind teilt es sich, daß alle durchziehen können. Als die Ägypter durch das Meer ziehen, kommt das Wasser zurück und bedeckt sie.

daß die Periode von 430 Jahren schon berechnet werden muß seit Abraham, und das ist nicht undenkbar. Doch es gibt auch eine andere mögliche Erklärung. In Galater 3 ist die Rede von den Verheißungen an Abraham und seinem *Samen;* in 1. Mose 46 wird die Verheißung Jakob gegenüber wiederholt, als er gerade auf dem Weg ist nach Ägypten.
Von der „Verheißung“ bis an „das Gesetz“ ergeben sich auch hier 430 Jahre. Gegründet auf neue archäologische Ergebnisse scheint die zweite Auslegung aussagekräftiger zu sein.

Seit den Königen David und Salomo ist die Chronologie Israels mit praktisch allgemeiner Zustimmung festgehalten. Weil wir aus 1. Könige 6,1 gleichzeitig wissen, daß der Auszug aus Ägypten 480 Jahre vor dem Beginn des Tempelbaus unter Salomo stattfand, können wir die Jahreszahl des Auszugs auf etwa 1445 v. Chr. festsetzen. Wenn wir uns an die übliche ägyptische Chronologie halten, würde man bei dem Pharao zum Zeitpunkt des Auszugs an Tutenchamon III oder eventuell an seinen Nachfolger Amenophis II (18. Dynastie) denken, doch während dieser Regierung ist weder von großen Katastrophen und einem umgekommenen Pharao noch von einem fortziehenden Sklavenvolk die Rede. Andere Ausleger verwerfen lieber die biblische Chronologie und datieren den Auszug in die Zeit Ramses II (19. Dynastie, 13. Jh.), doch bleiben ihnen die gleichen Probleme.

Wir werden uns in diesem Buch an eine Lösung halten, die von immer mehr Forschern befürwortet wird, und die vermutet, daß die ägyptische Chronologie teilweise vorgeschoben werden muß, und zwar wie folgt:

	Mittelreich (11.–13. Dyn.)	Zwischenperiode (14.–17. Dyn.)	Neues Reich (ab d. 18. Dyn.)
Geläufige Chronologie	bis ca. 1786 v. Chr.	ca. 1786–ca. 1575	ab 1575
Revidierte Chronologie	bis ca. 1450 v. Chr.	ca. 1450–ca. 1000	ab 1000

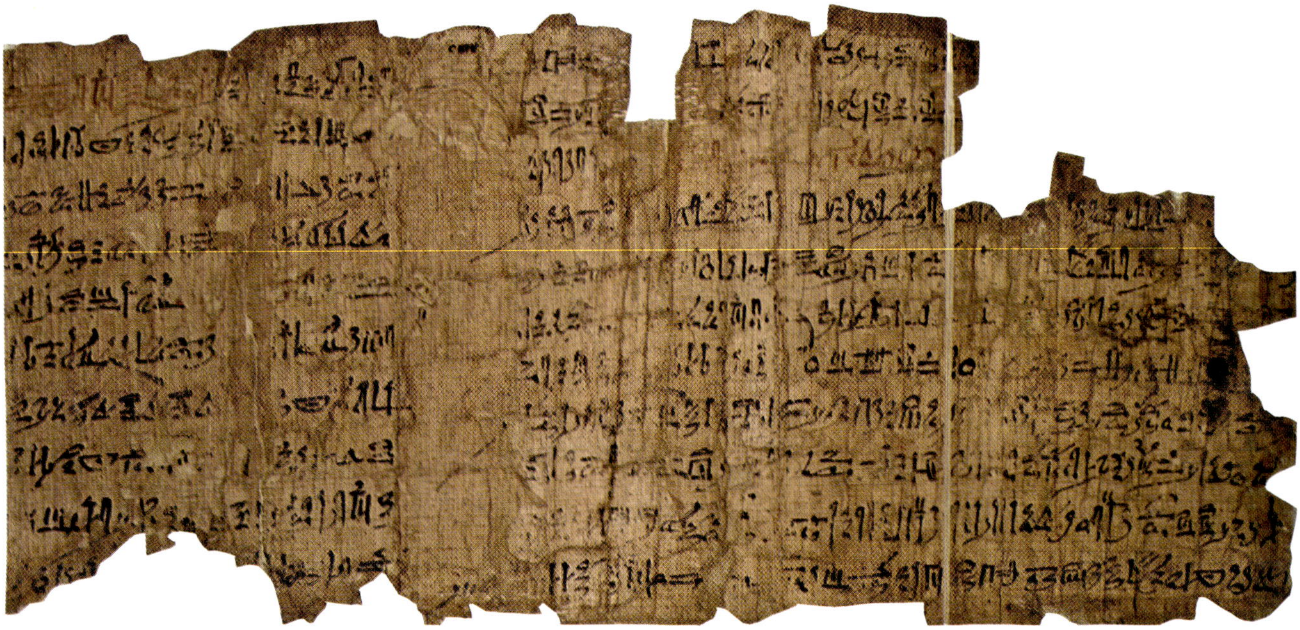

In Leiden (Niederlande) liegt ein Papyrus, wo auf einer Seite ein Gedicht für eine Gottheit zu lesen ist. Auf der anderen Seite steht eine lange Klage von Ipoewer über das Chaos, das in seinem Land herrscht. Er sagt u. a.: „Der Nil strömt über seine Ufer, aber niemand pflügt. Alle sagen: ‚Wir wissen nicht, was im Land geschehen wird.' Der Fluß ist Blut und doch trinken die Menschen davon..." Die ägyptische Beschreibung der Exodus-Katastrophe?

Bei dieser neuen Sicht fällt der Auszug mit dem Fall des sog. Mittelreiches zusammen! Eine derartige Verschiebung in der Chronologie ist sicherlich deshalb erlaubt, weil die geläufige Chronologie auf keiner einzigen greifbaren Tatsache beruht, die revidierte Chronologie dagegen eine Reihe wichtiger Probleme besser erklärt. Andererseits will das aber auch nicht heißen, daß die revidierte Chronologie als wissenschaftlich feststehend angesehen werden kann; es ist jedoch der Mühe wert, von ihr auszugehen. Der Fall des Mittelreiches zeigt eine treffende Ähnlichkeit mit den Plagen Ägyptens und dem Auszug aus Ägypten.

– Der *Papyrus Ipoewer* (in Leiden/Niederlande aufbewahrt) beschreibt die sozialen Folgen der großen Plagen: Verwüstungen, überall Blut, Feuer vom Himmel, Viehplagen, tiefe Finsternis und Erdbeben; die Flucht eines armen Sklavenvolkes; Untergang des Pharaos unter mysteriösen Umständen; Einfall von Plünderern. Dieser Papyrus muß wahrscheinlich gegen Ende des Mittelreiches, anfangs der Hyksos-Periode datiert werden (die Hyksos sind die dann einfallenden Plünderer).

– Die *Eremitage-Papyrus* (in Leningrad aufbewahrt) beschreibt eine Katastrophenzeit in Ägypten, in der das Land, eindringenden Asiaten zum Opfer fallend, unterzugehen droht, die dann ihrerseits von Ameny (= Amenophis, einem der ersten Pharaonen des neuen Reiches?) vertrieben werden.

– Vor mehr als einem Jahrhundert wurde in *El-Arisj* ein mit Hieroglyphen beschriebener Schrein gefunden (jetzt in Ismailia). Sie berichten, daß zu

Zeiten des Pharaos Thom oder Thum große Katastrophen und tiefe Finsternis in der Residenz vorkamen. Der König zieht mit seinem Heer in den Kampf und erreicht Pi-Charoti. In der Zwischenzeit kommen Eindringlinge, die Amu, unter der Führung von Apopi ins Land. Der König springt in die Stelle des Mahlstromes. Die Eindringlinge erobern das Land und die Residenz. Bei dieser Geschichte denken wir sofort an Pithom (= „Wohnung des Thom") in 2. Mose 1,11, einer der von den Israeliten errichteten Vorratsstädte. Der Name Thom erinnert uns auch an Timaios oder Tutimaios, ein Pharao, in dessen Zeit, dem ägyptischen Schreiber Manitho zufolge, ein Urteil vom Himmel auf Ägypten fiel, kurz bevor die Hyksos (das sind die Amu) ins Land drangen. Der Name Pi-Charoti ist der gleiche wie Pihachiroth, nach 2. Mose

Meistens besteht die Wüste nicht aus einer großen Sandfläche, wie wir es uns vorstellen. Wüsten können auch bergige Gebiete sein, wie auf diesem Photo vom Sinai zu sehen ist. Es ist ein herrliches Gebiet mit wunderschöner Natur, doch nur solange man über genügend Wasser und Nahrung verfügt und über etwas, um sich gegen die Hitze zu schützen. Durch solch ein Gebiet mußten die Israeliten ziehen.

14,9 ein Ort nahe beim Schilfmeer (der Ort des Mahlstroms?); das Wörtchen „ha" ist lediglich ein Artikel.

– Viele meinen den genannten Tutimaios auch in einem der Könige des *Königspapyrus* von Turin zu erkennen, wo man wegen einer Beschädigung nur noch „. . . mose" lesen oder an anderer Stelle „D . . . d . . ." entziffern kann. Auf jeden Fall wurde auch eine Stele (Steinsäule mit Inschriften) von einem König mit Namen Dudumes gefunden, der wahrscheinlich ein Pharao aus der 13. Dynastie ist. Dudumes stimmt einigermaßen mit Tutimaios (griechische Form) überein, obwohl nicht jeder sie gleichstellt.

Ohne in dieser Sache das letzte Wort haben zu wollen, gehen wir in diesem Buch davon aus, daß der Auszug Israels unter einem Pharao, der vielleicht Thom (oder Tutimaios oder Dudumes?) geheißen hat, am Ende der 13. Dynastie stattfand, das ist zum Ende des Mittelreiches hin. Die Plagen Ägyptens bereiteten Israel den Weg in die Freiheit, dem ägyptischen Mittelreich hingegen den Untergang. Zehn Katastrophen hatten das Reich zusammenstürzen lassen und den Weg bereitet für den Einfall fremder Völker: den Hyksos oder den Amu oder . . . den Amalekitern (siehe unten).

Der Exodus

Nach genau 430 Jahren in der Fremde (2 Mose 12,40 ff.) zieht Israel aus Ägypten weg; doch Gott führt sie nicht auf dem kürzesten Weg nach Kanaan, „den Weg durch das Land der Philister" (2 Mose 13,17). Nein, das Volk wird durch das Schilfmeer ziehen müssen, um dadurch erst wirklich radikal von den Ägyptern erlöst zu werden. Gott zieht mit ihnen in einer Wolken- und Feuersäule als Zeichen seiner göttlichen Führung und seines Schutzes. Um die volle Kraft der Erlösung kennenzulernen, muß erst noch die volle Kraft des Feindes losbrechen. Als das Volk merkt, daß es von den Ägyptern verfolgt wird, erschrickt es sehr: Wären sie doch bloß in Ägypten im Sklaventum geblieben! Doch Israel darf jetzt Zeuge davon werden, was „Erlösung durch Jahwe" heißt: Israel zieht trockenen Fußes durch das Meer, während die Feinde in ihm umkommen (2 Mose 14).

Das Passah lehrt uns, daß durch das Blut Christi das Urteil über unsere Sünden abgewendet ist; doch das Schilfmeer lehrt uns, daß wir durch Christi Tod auch radikal erlöst sind von der Macht der Welt, der Sünde und dem Satan; der Tod kann nicht mehr über uns herrschen, wir sind keine Sklaven der Sünde mehr (Röm 6,9 + 16–23). Dieses wird dargestellt in der christlichen Taufe (Röm 6,3 ff.; vgl. 1 Kor 10,1 ff.). Wer diese Erlösung miterlebt hat, kann auch von Herzen das Lied der Erlösten singen (2 Mose 15).

Durch die Wüste zum Sinai

Nach dem Lied kommt die Ernüchterung: die harte Wirklichkeit der dürren, trostlosen Wüste. Jetzt kommt es darauf an, wie auch im Christenleben, wie das Herz des Volkes Gottes unter solchen Umständen reagiert (vgl. 5 Mose 8,26). Israel hat hier das Gesetz noch nicht empfangen. Darum sehen wir hier noch nicht, daß Gott das Volk wegen Ungehorsam bestraft, wenn es sich bei ihm beklagt über Mangel an Essen und Trinken (vgl. 4 Mose 11,20 + 21). Im Gegenteil, er beweist dem Volk Gnade, indem er seine Bedürfnisse mit Wasser und Brot stillt (2 Mose 15,22; 17,7): Das Brackwasser von Mara wird süß, und in Elim gibt es Wasser und Schatten. Gott gibt Wachteln als Fleisch. Jeden Morgen liegt frisches „Manna" (weiße, honigsüße, nahrhafte Körner) bereit, und man braucht es nur aufzuheben. In Raphidim strömt sogar Wasser aus einem Felsen (vgl. in der Anwendung für Christen auch Joh 6,31–35: „das Brot vom Himmel", und 1 Kor 10,1–4: „der Felsen war Christus"; siehe auch Ps 78,12–29; 105,39–43). Unter allen diesen Gnadenbeweisen führt Mose seine „Herde" durch die Wüste bis zum Berg Sinai (oder Horeb).

Ehe Israel am Sinai ankommt, begegnen sie Amalek (2 Mose 17,8–16), einem Zweig von Edomitern, den Nachkommen Esaus (1 Mose 36,12 + 16). Aus einem späteren Bericht des Mose erfahren wir, daß Amalek angriff und die schwache Nachhut Israels „abschneidet", während man müde und erschöpft war (5 Mose 25,17). Beim Schilfmeer hatte Jahwe den ganzen Kampf geführt, und das Volk mußte stille sein, doch jetzt muß Israel selber den Kampf bestehen, wenn auch in der Kraft Gottes. Das zeigt sich darin, daß für den Kampf nicht nur der Führer Josua, sondern auch der Beter Mose nötig ist. Josua (der spätere Nachfolger Moses) kämpft im Tal, und Mose (mit Hilfe seines Bruders Aaron und Hurs, dem Leiter aus dem Stamm Juda) betet für das Volk oben auf dem Berg. Auf diese Weise kann Gottes Volk gegen einen verräterrischen Feind bestehen, der Israel auch später noch öfters zu schaffen macht (vgl. 5 Mose 25,17–19; 4 Mose 24,20; 1 Sam 15; 1 Chr 4,43; Est 3,1); doch der Kampf gehört Jahwe, und er wird den Endsieg haben.

Wer ist Amalek?

Der Ipoewer-Papyrus erzählt uns, daß bei den Katastrophen, die Ägypten treffen, fremde Plünderer in das Land eindringen. Der Eremitage-Papyrus spricht von eindringenden Asiaten, die später wieder vertrieben werden. Der Schrein von El-Arisj nennt die einfallenden Eroberer Amu. Und die Bibel erzählt uns, daß die Israeliten bei ihrem Auszug den Amalekitern begegnen.

Es liegt auf der Hand, anzunehmen, daß die Hyksos oder Amu identisch sind mit den Amalekitern und das nicht nur auf Grund einer vagen Ähnlichkeit der Namen.

Nach Manetho sagt manch einer zu seiner Zeit, daß die Hyksos Araber sind; alten arabischen Historikern zufolge regierten die Amalekiter lange Zeit in Arabien, bis sie eine Zeit großer Plagen überfiel, worauf sie zum Roten Meer flüchteten, Ägypten überfielen und es besetzten; so daß nach Meinung dieser Historiker während langer Zeit amalekitische Pharaonen den ägyptischen Thron innehatten.

Wenn das so ist, wird erklärbar, daß wir in den Büchern Josua und Richter nie von einer ägyptischen Übermacht in Kanaan, oder von ägyptischen Feld-

Hier und dort gibt es in der Wüste Oasen, die Mensch und Tier aufatmen lassen. Rechts ist solch ein kostbarer Ort, an dem man Wasser findet, das wiederum für schattenspendende Vegetation sorgt. Ehe die Israeliten am Berg Sinai ankommen, stoßen sie auf die Amalekiter, die ihre Nachhut überfallen. Gerade auch durch den bergigen Charakter des Gebietes kann das Herannahen feindlicher Truppen lange unbemerkt bleiben. Schon bald nach ihrem Auszug aus der Sklaverei klagen die Israeliten, daß sie nicht in dem Paradies Ägyptens geblieben sind. Sie vermissen die gute Sklavenkost. Gott schenkt ihnen in seiner Güte weiße nahrhafte Körner („Manna") als Brot und Wachteln (eine bestimmte Vogelart) als Fleisch.

zügen hören. (Nach der geläufigen Chronologie wurde Kanaan in jener Zeit wohl von Ägypten beherrscht!) Die Richterzeit in Kanaan ist dann nämlich die Hyksoszeit, d. i. die Zeit des amalekitischen Reiches in Ägypten.

Diese Ansicht erklärt auch, warum Amalek um das Jahr 1400 „erstes der Völker" genannt wird (4 Mose 24,20), wie es möglich ist, daß Amalek Niederlassungen in Palästina hat (Ri 5,14; 12,15), der größte Feind Israels wird (2 Mose 17,16) und bis nach Ägypten reichende Macht hat (1 Sam 15,7; 28,8; 30,11–13).

Die einzigen amalekitischen Könige, die in der Bibel genannt werden, sind Agag (oder besser: Agog) zur Zeit der Wüstenreise (4 Mose 24,7) und Agog in der Zeit Sauls (1 Sam 15,8 ff. + 20 + 32 ff.). In der alten hebräischen Sprache ist der Buchstabe g fast nicht vom p zu unterscheiden, so daß hier ebensogut Apop gemeint sein kann. Dies ist ganz interessant, weil der Schrein von El-Arisj, wie schon gesagt, berichtet, daß der Führer der Amu Apopi hieß, während wir auch wissen, daß einer der ersten und wichtigsten Hyksosherrscher Apop I war. Der andere „Agog" wäre dann Apop II, der letzte Herrscher des Hyksosreiches. In anderen Quellen werden diese Pharaonen übrigens Ogyges genannt.

Nach dem Sieg gegen Amalek bekommt Mose Besuch von seinem Schwiegervater Jethro, von seiner Frau und seinen Söhnen (die er wahrscheinlich nach dem Geschehen in 2. Mose 4,24–26 zurückgeschickt hatte); Jethro berät ihn bei der Regierung des Volkes (2 Mose 18).

לא תרצח
לא תנאף
לא תגנב
לא תענה
לא תחמד

V. Vom Sinai bis zum Jordan

Eine Luftaufnahme des Djebel Musa gibt einen Eindruck von dem rohen Charakter dieser Gegend. Dieser Berg ist im Süden des Sinaigebietes zu finden und wird traditionell identifiziert als der Berg Sinai oder Horeb, an dem Gott durch Mose dem Volk seine Gesetze gab. Auch bekamen die Israeliten dort Vorschriften für den Bau der Stiftshütte und deren Einrichtung. Dies geschah drei Monate, nachdem sie Ägypten verlassen hatten. In der hebräischen Sprache werden die fünf Bücher Mose die Thora, das Gesetz, genannt. Die Bücher wurden sehr sorgfältig aufbewahrt. Die Thorarolle wird an Feiertagen hervorgeholt und dem Volk gezeigt.

Drei Monate nach seinem Auszug erreicht Israel den Berg Sinai, an dessen Fuß es elf Monate verweilen wird (2 Mose 19,1 ff.; 5 Mose 10,11 ff.). Eigentlich soll diese Rast zu einem Fest werden, doch durch Sünde des Volkes wird nichts daraus. Mose erklimmt den „Berg Gottes", und Gott versichert in seiner Gnade und Treue und der bevorzugten Position des Volkes; dies alles wird so bleiben, wenn das Volk den herrlichen Bund in Ehren hält. Israel hätte aus den Erfahrungen von 2. Mose 13–18 lernen müssen, daß es allein von Gnade abhängig ist.

Doch das Volk kennt das eigene Herz nicht; statt der Gnadenbeziehung zu Gott, ziehen sie eine gesetzmäßige Beziehung vor, auf die sie dreimal das Versprechen ablegen: „Alles was Jahwe gesprochen hat, werden wir tun" (2 Mose 19,8; 24,3+7). Damit machen sie ihre Segnungen und Vorrechte nicht von Gottes Gnade abhängig, sondern von ihren eigenen Gesetzeserfüllungen, und sofort erscheint Gott nun in Gestalt eines Gerichtes: Finsternis, Blitz, Posaunenschall, Rauch, Feuer, Erdbeben und Donner (2 Mose 20,1–17).

Gott macht die „Zehn Gebote" bekannt, die gerade durch ihre vielen negativen Formen („Du sollst *nicht* . . .") aufzeigen, wie der Mensch ist und wie seinem verdorbenen Willen Einhalt geboten werden muß. Das Volk kann Gottes Worte nicht ertragen, und nur Mose erklettert aufs neue den „Berg Gottes", um von Ihm nähere Gesetzesvorschriften zu vernehmen (2 Mose 20–30), in denen bis ins Detail die Zehn Gebote ausgelegt und ausgearbeitet werden. Auch werden andere Vorschriften genannt, die wir im

Anschluß zusammenfassen werden. Mit Schlachtopfern wird der Bund Gottes mit Seinem Volk besiegelt. Die Periode der Verheißung findet ihre Fortsetzung in der Periode des Gesetzes mit Strafe, Urteil und Opfer.

Die Stiftshütte

Mose ist nun für vierzig Tage und Nächte bei Gott auf dem Berg. Gott gibt ihm als erstes eine sehr genaue Beschreibung des Heiligtums, das Mose bauen soll, gewöhnlich „Stiftshütte" (= Zelt) genannt (2 Mose 25–27). Dieses Heiligtum wird während der ganzen Wüstenreise und auch später im Gelobten Land, bis zum Tempelbau durch König Salomo, den Mittelpunkt israelischen Gottesdienstes bilden. Der Brief an die Hebräer zeigt uns ferner, daß der Tabernakel

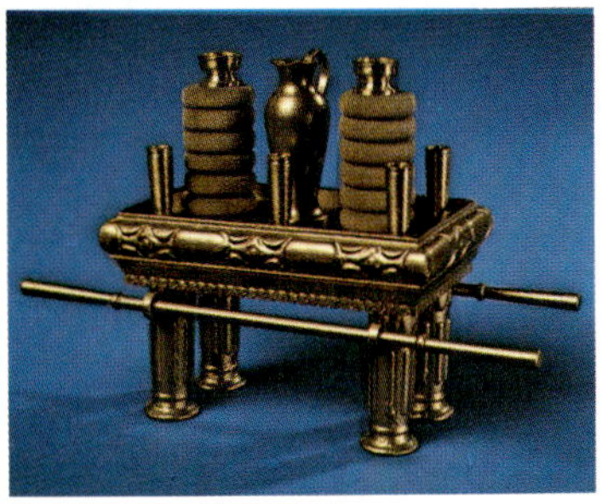

In der Stiftshütte standen u. a. (von unten nach oben) die Arche mit dem Sühnedeckel und den zwei Cherubim, der Rauchopferaltar und der Tisch mit den Schaubroten. Die Stiftshütte selbst war aus Brettern gefertigt, die auseinandernehmbar waren und über die ein Zelt gespannt wurde. Um das Ganze herum war ein Abstand, so daß das Heiligtum für jedermann deutlich sichtbar war. Heilig bedeutet: vom Rest abgesondert und von Gott geweiht.

(Stiftshütte) auch besondere geistliche Lektionen für den Christen beinhaltet. Die Bedeutung der Stiftshütte stellt sich als eine doppelte heraus.

Die Stiftshütte ist an erster Stelle die *Wohnung Gottes* auf Erden. Gott möchte ein Haus auf Erden, um bei den Menschen zu wohnen. Die Stiftshütte ist deshalb ein Bild des Himmels (Hebr 4,1; 6,19 ff.; vgl. 3,3 ff.); dieses Bild sehen wir vor allem in den Räumen des Zeltes: „das Heilige" (der erste Teil des Zeltes) und das „Heilige der Heiligen" oder „Allerheiligste" (der hintere, halb so große Teil des Zeltes). Die Stiftshütte ist auch ein Bild auf Christus (Hebr 3,1–6; Eph 2,22; 1 Petr 2,5); dieses Bild erkennen wir vor allem in den Brettern, aus denen die Seitenwände des Tabernakels gebildet werden.

Die Stiftshütte ist ferner ein *Ort des Gottesdienstes* für das Volk Gottes. Wir können hier auch wieder drei Aspekte unterscheiden, nach denen wir auch die Beschreibung der Stiftshütte in drei Teile vornehmen können.

Erstens (2 Mose 25–27) ist die Stiftshütte eine Offenbarung von Gottes *Herrlichkeit* an den sündigen Menschen, so wie Gott sich heute in Christus diesen Menschen offenbart. Wir erkennen dies im Allerheiligsten, wo die Bundeslade steht, ein Bild von Christus, dem fleischgewordenen Wort (vgl. Hebr 4,16; 9,24); ferner auch in dem Heiligen, wo wir den Tisch mit den Schaubroten finden (Nahrung für die Priester) und den Leuchter (Lichtträger des Heiligtums) und nicht zuletzt in der eigentlichen Stiftshütte mit ihren

Die Priester müssen spezielle Kleidung tragen, vor allem der Hohepriester. Eines der auffälligsten Teile seiner Kleidung ist das Brustschild mit den darin eingenähten zwölf verschiedenen (Halb-)Edelsteinen, die die zwölf Stämme Israels symbolisieren. Bei den Diensten in der Stiftshütte müssen strikte Vorschriften befolgt werden über Kleidung, Waschungen und Rituale in Verbindung mit den verschiedenen Opfern.

Zeltkleidern, Decken, Brettern mit Füßen, Querbalken, dem Vorhang zwischen Heiligem und Allerheiligstem (vgl. Hebr 10,20) und dem Vorhang am Eingang des Zeltes, alles in Farben und Motiven, die von den großen Herrlichkeiten Gottes reden. Schließlich sehen wir Gottes Herrlichkeit im Brandopferaltar, der mitten im Vorhof steht, ein Ort, wo das tägliche Morgen- und Abendbrandopfer gebracht wird.

Zweitens (2 Mose 28 + 29) ist die Stiftshütte für Israel auch der angegebene Weg, sich dem heiligen Gott zu nähern. Dazu weist Gott eine *Priesterschaft* an, die als Mittler zwischen ihm und den Menschen auftritt; Aaron wird zum Hohenpriester geweiht, ein Typus auf Christus, dem wahren Hohenpriester, und Aarons Söhne werden Priester und damit zum Typus auf die Gläubigen in

der Gemeinde (vgl. Hebr 3, 1 + 6; 10,19–22; 13,15; 1 Petr 2,5; Offb 1,5 ff.; 5,10). Sowohl das Alte Testament als auch das Neue machen deutlich, daß die wesentlichste Aufgabe des Priesters darin besteht, Gott zu opfern – seien es Pflichtopfer für die Sünde (das hat Christus nun ein für allemal durch sein eigenes Opfer vollbracht (Hebr 9 + 10) oder freiwillige Opfer Gott zu Ehren (Brandopfer, Friedeopfer; siehe unten).

Drittens (nach 2 Mose 30) erkennen wir auch an den *Gegenständen* der Stiftshütte, wie sich der Mensch Gott nähern kann. Dazu werden von Gott Einzelheiten beschrieben: der Rauchopferaltar im Heiligen, an dem Aaron jeden Morgen und Abend Räucherwerk opfert, als Typus auf Christi tägliche Fürbitte für die Gläubigen, auf daß sie vor Gott bestehen können (vgl. Röm 8,34; Hebr 4,14–16; 7,25); und das Kupferwaschbecken im Vorhof, in dem die Priester Hände und Füße waschen müssen, bevor sie sich dem Brandopferaltar oder dem Heiligtum nähern, als ein Bild für die Reinigung, die für die Christen nötig ist, um am Gottesdienst teilnehmen zu können (vgl. Joh 13,8; Eph 5,26; Hebr 10,22).

Die alttestamentliche Stiftshütte ist also ein Bild von der Wohnung Gottes und vom Gottesdienst. Der Brief an die Hebräer verweist auf eine Reihe fundamentaler Unterschiede zwischen alt- und neutestamentlichem Gottesdienst:

– In der Stiftshütte war ein geschlossener Vorhang zwischen dem Heiligen und dem Allerheiligsten angebracht, so daß die eigentliche Wohnung Gottes unzugänglich war, außer für den Hohenpriester am großen Versöhnungstag (3 Mose 16); doch im Neuen Testament zerreißt der Vorhang, um damit den Weg zu Gott zu öffnen durch das Opfer Christi (Hebr 9,3 + 7 ff.; 10,20; Mt 27,51).

– Im israelischen Gottesdienstverständnis ist der Hohepriester selbst auch sündig und bedarf ebenso des Sündopfers; doch Christus, der wahre Hohepriester, ist sündlos und hat sich selbst als Sündopfer vor Gott bereitgestellt (Hebr 5,2 ff.; 7,26–28).

– Im Alten Testament müssen die Sündopfer ständig wiederholt werden;

jedes Jahr aufs neue wird der große Versöhnungstag gefeiert; doch Christus hat sich ein für allemal geopfert und damit eine ewige Erlösung geschaffen (Hebr 7,24; 9,9–14 + 25 ff.; 10,1–4 + 10–14).

Es ist die Gnade Gottes, daß Er, in dieser Beschreibung der Stiftshütte, Mose einen Weg zeigt, auf dem das sündige Volk sich seinem heiligen Gott wieder nähern kann, sogar noch ehe Israel die Zehn Gebote gründlich übertritt. Als Mose nach vierzig Tagen wieder vom Berg heruntersteigt, muß er entdecken, daß sich das Volk (sogar mit der Hilfe Aarons) des Götzen- und Bilderdienstes schuldig gemacht hat (2 Mose 32). Nach dem Vorbild der ägyptischen Verehrung eines heiligen Rindes haben sie ein goldenes Kalb

Einer der wichtigsten Gegenstände in der Stiftshütte ist der siebenarmige Leuchter, der das Heiligtum von innen beleuchten soll. Die Stiftshütte ist geräumig und besteht aus zwei Teilen, hinten ist das Allerheiligste mit der Bundeslade. Dieser Teil wird durch einen Vorhang von dem Heiligen getrennt, wo der Tisch mit den Schaubroten und der Leuchter stehen. Als Mose, nachdem er von Gott Instruktionen erhalten hat, den Berg wieder heruntersteigt, sieht er, wie ihm der Herr schon vorausgesagt hatte, daß das Volk aus gesammeltem Schmuck ein goldenes Kalb gemacht hat. In Ägypten hatten die Israeliten mit dem Apisstier Bekanntschaft gemacht, der eine der Erscheinungsformen ist, in denen der Sonnengott verehrt wurde. Deshalb trägt er zwischen seinen Hörnern eine Sonnenscheibe. Die Israeliten wollten Gott in der Gestalt eines Stieres ehren, weil Mose zu lange fortgeblieben war.

gemacht und sind dabei, eine heidnische Orgie zu feiern. Weil Israel das Gesetz gebrochen hat, zerbricht Mose die zwei Steintafeln, auf denen Jahwe die Zehn Gebote geschrieben hat. Mose zerstört auch das goldene Kalb und läßt durch den Stamm Levi (der als einziger Jahwe treu geblieben ist) ein „Schlachtgericht" unter dem Volk anrichten. Aber Mose setzt sich auch bei Jahwe für das Volk ein, er beruft sich auf Gottes Verheißungen an die Väter und die Heiligkeit seines Namens unter den Heiden, später macht er sogar das Angebot, sich selbst zum Opfer zu geben, und schließlich beruft er sich auf Gottes Gnade.

Um Mose willen erhört Gott dessen Bittgebet, aufs neue erklimmt Mose den Berg, um Gott zu begegnen, und verweilt dort vierzig Tage; mit einem eigenartig glänzenden Antlitz kehrt er aus Gottes Gegenwart zurück, mit zwei neuen Steintafeln in der Hand.

Nun soll die Stiftshütte gebaut werden. Mose hält auf Gottes Geheiß eine Sammelaktion unter dem Volk, um die notwendigen Materialien für den Bau zu sammeln, und er stellt zwei Baumeister an. Unter ihrer Leitung wird die Stiftshütte nach Moses Anweisungen hergestellt (2 Mose 36–39). Mose heißt die ganze Arbeit gut und richtet auf Gottes Befehl die ganze Stiftshütte in der angegebenen Reihenfolge auf.

Sobald die Arbeit fertig ist, kommt die Wolkensäule und bedeckt die Stiftshütte, und Gottes Herrlichkeit erfüllt das Zelt (2 Mose 40,34). Gott zieht in die Stiftshütte ein und beginnt nun von der Stiftshütte aus, dem Mose sofort ausführliche Anweisungen für den Gottesdienst zu geben.

Der Sabbat

Einen Kernpunkt in der Gesetzgebung des zweiten Buches Mose wollen wir besonders betonen, und zwar den Sabbat. „Gedenke des Sabbattages, daß du ihn heiligst", sagt das vierte Gebot (2 Mose 20,8). Dieses Gebot wird bei Moses erster und zweiter Bergbesteigung wiederholt, am Ende der Stiftshüttenbeschreibung (2 Mose 31,12–17). Es wird auch nach der Sünde mit dem goldenen Kalb wiederholt, sowohl von Jahwe als auch von Mose (2 Mose

Oft kann man lesen, daß die hebräischen Gesetze durch die des Hammurabi, König von Babylon, beeinflußt wurden, der ungefähr um 1750 v. Chr. lebte. Unserer Meinung nach ist dies unrichtig. Er ist hier dargestellt vor dem Sonnengott. In der Säule ist ferner ein Teil seines Gesetzbuches eingraviert. Vergleicht man die Gesetzbücher des Mose mit denen des Hammurabi, fällt u. a. auf, daß die Bestrafungen bei gleichen Straftaten in dem Maße schwerer ausfallen, wie sie gegen höher gestellte Personen verübt wurden. Solchem begegnet man nicht in Gottes Gesetz. Die Priester und Leviten bekommen auch den Auftrag, an Feiertagen Musik zu machen. Das lesen wir zum Beispiel später, als Hiskia den Tempel gereinigt hat: Neben dem Brand- und Sühneopfer stehen die Leviten mit Zimbeln, Harfen und Zithern, ganz in Übereinstimmung mit dem Gebot Davids. Die Priester stehen bereit mit den Trompeten.

34,21; 35,1–3). So wichtig ist der Sabbat im Judentum, bis auf den heutigen Tag! Gott ruhte an diesem Tag von seiner Schöpfungsarbeit, und ebenso soll der Mensch an diesem Tag alle Arbeit ruhen lassen. Der Sabbat ist vor allem auch ein Zeichen für den Bund zwischen Gott und seinem Volk (Hes 20,10–12 + 20).

Der Gottesdienst im dritten Buch Mose

Der Mittelpunkt des Gottesdienstes ist der *Opferdienst.* Darum werden zunächst die fünf wichtigsten Opfer beschrieben, ein jedes mit seinem eigenen „Gesetz" (3 Mose 1–7). Die ersten drei sind freiwillige Opfer: das Brandopfer (das ganz auf dem Altar verbrannt wird), ein Typus auf Christi vollkommene Hingabe an Gott in seinem Opfertod (vgl. Eph 5,2; Hebr 9,14); das Speiseopfer (bestehend aus feinstem Mehl, Gebackenem oder Ähren), ein Typus auf Christi vollkommenes, Gott geweihtes Leben (vgl. Joh 12,24); das Dankopfer (von dem das Fett auf den Altar kommt, die Brust und eine Keule für die Priester bestimmt sind und der Rest vom Volk gegessen werden darf), ein Typus auf Christi Opfer als Fundament für die Gemeinschaft des Volkes Gottes (vgl. Hebr 9,26; 10,12; 1 Joh 2,2; 4,10).

Die zwei anderen sind Pflichtopfer:
das Sündopfer, dargebracht wegen einer Sünde, begangen vom ganzen Volk oder von einem einzelnen Mitglied, ein Typus auf Christus als das wahre Sündopfer (vgl. Hebr 9,26; 10,12; 1 Joh 2,2; 4,10); das Schuldopfer, darge-

bracht wegen Schuld gegenüber den heiligen Dingen Jahwes oder dem Nächsten, ein Typus auf Christus als das wahre Schuldopfer (das Opfer für die „Missetaten“: vgl. Röm 5,15–19).

Anschließend werden *Priester* geweiht, die den Opferdienst ausüben müssen (3 Mose 8 + 9); wie genau Gott das alles nimmt, zeigt sich, als die zwei ältesten Söhne Aarons getötet werden, weil sie nach eigenem Gutdünken opfern wollen (3 Mose 10).

Nun folgen die *Reinigungsgesetze,* denen Israel Genüge tun muß, um rein an den Gottesdiensten teilnehmen zu können (3 Mose 11–15: Gesetze wegen reiner und unreiner Tiere, die gegessen oder nicht gegessen werden dürfen; Reinigung der Mutter nach der Geburt eines Kindes; Reinigung eines geheil-

ten Aussätzigen oder eines aussätzigen Hauses; Reinigung nach Flüssigkeitsaustritt aus Körperöffnungen).

Das zentrale Geschehen in den Gottesdiensten ist der jährlich wiederkehrende *große Versöhnungstag* (ausführlich besprochen und angewendet im Hebräerbrief), an dem Versöhnung geschehen wird, für Aaron und sein „Haus“, für das Heiligtum und für das ganze Volk; ein Anhang berichtet Spezielles über die Opferstätte und über das Essen von Blut (3 Mose 16 + 17).

Der weitere Teil umfaßt Gesetze für die praktische *Lebensheiligung* (3 Mose 18–22: Heiratsgesetze, Heiligung in Übereinstimmung mit Gottes Wesen, Heiligung durch Trennung vom Bösen, Heiligungsgesetze für die Priester).

Schließlich folgen Gesetze im Hinblick auf das *Gelobte Land* (3 Mose 23–27): die Einführung der sieben Feste, verbunden mit dem Ackerbaukalender Israels (Passah, ungesäuerte Brote, Erstlingsgarbe von der Gerstenernte und fünfzig Tage später das Pfingstfest: die Erstlingsbrote der Weizenernte – erfüllt im Tod und in der Auferstehung Christi und der Ausgießung des Heiligen Geistes, die später genau während dieser Feiern stattfanden –; dann im siebten Monat des kultischen Jahres, d. i. im ersten Monat des bürgerlichen Jahres, Neujahrsfest, großer Versöhnungstag und Laubhüttenfest). In einem Zwischensatz folgen Vorschriften über den Kerzenständer und die Schaubrote im Heiligtum und Strafbestimmungen wegen Gotteslästerung. Schließlich hören wir über die Einführung von zwei Ruhejahren für den Ackerboden: das

Die Israeliten kennen verschiedene Feste, die mit dem Ackerbau in Beziehung stehen. Es gibt beispielsweise zwei Erntefeste. Später im Jahr wird das Laubhüttenfest gefeiert, wobei man Hütten aus Zweigen errichtet. Dies soll an die Zeit in der Wüste erinnern, als man in Zelten wohnte. Im heutigen Israel baut man solche Hütten sogar auf die Balkone von Appartements.

Die Wüstenzeit hat bei den Israeliten immer eine bedeutende Rolle gespielt. Es gibt zahlreiche Hinweise dafür in den Psalmen und Prophetenbüchern. Dort wird hingewiesen auf Gottes Treue in allen Situationen und auf das immer wieder vorkommende Gemurre Israels, auch kommt man immer wieder in irgendeiner Form auf die Gesetzgebung zu sprechen. Mose, der von Gott zwei eigenhändig beschriebene Tafeln bekommt, auf denen die Richtlinien für das Leben verzeichnet sind – in der Kunst wurde dieses Geschehnis sehr oft dargestellt. Hier auf einem Gemälde aus dem Katharinenkloster auf dem Berg Sinai: Mose wird dargestellt, wie er auf dem Berg Horeb steht und gleichzeitig, wie er die Schafe seines Schwiegervaters Jethro hütet.

Siebte oder auch Sabbatjahr und das Fünfzigste oder Jubeljahr. Dieses Jubeljahr ist gleichzeitig das Jahr, in dem alles Land und alle Häuser dem ursprünglichen Besitzer zurückgegeben werden sollen und der Israelit, der sich notgedrungen in Knechtschaft hat begeben müssen, freigegeben wird. Doch wenn das ganze Volk von Gott abfällt, wird es aus dem Land vertrieben werden, damit es dann zwangsweise seine Ruhejahre bekommt; schließlich gehört alles Jahwe.

Die weitere Wüstenreise im vierten Buch Mose

Wie das 3. Buch Mose hauptsächlich den Gottesdienst und alles, was damit verbunden ist, behandelt, so ist das 4. Buch Mose hauptsächlich das Buch über die praktischen Umstände Israels während der Wüstenreise. Wir können das 4. Buch Mose entsprechend der Aufenthaltsorte Israels in drei Teile gliedern.

(1) *Israel am Sinai* (4 Mose 1–10,10). Als Vorbereitung für die Wüstenreise und um eine Reihe praktischer Dinge zu regeln, gibt Gott Mose neue Anweisungen. Die streitbaren Männer Israels müssen gemustert werden, nur die Leviten sollen für den Gottesdienst freigestellt werden. Die Stämme Israels werden in einer bestimmten Rangordnung um die Stiftshütte gelagert; an jedem neuen Standort müssen sie sich entsprechend dieser Anordnung lagern. Alle Männer des Stammes Levi (die Jahwe treu geblieben waren während der Aufrichtung des Goldenen Kalbes) werden gemustert, um den Priestern beim Gottesdienst zur Hand zu gehen. Doch auch jeder Israelit muß

nach einem Leben der Heiligung streben; ein spezielles Beispiel dafür ist der „Nazaräer“, der Jahwe gegenüber ein besonderes Gelöbnis abgelegt hat. Die Sippenoberhäupter Israels bringen am Tage der Einweihung der Stiftshütte spontan eine Opfergabe aus wertvollem Material zum Zwecke des Opferdienstes, und die Leviten empfangen ihre Weihe, um beim Gottesdienst zu helfen. Wer während des Passah unrein ist, darf es im darauffolgenden Monat feiern. Um das Volk durch die Wüste zu leiten, steht ihm folgendes zur Verfügung: die Wolken- und Feuersäule, zwei silberne Trompeten und die Arche.

(2) *Israel in der Wüste* (4 Mose 10,11–21,20). Gut ein Jahr nach dem Auszug aus Ägypten zieht Israel in der angewiesenen Lagerordnung vom Berg Sinai weiter. Die erste Phase seiner weiteren Reise geht vom Sinai bis zur Landesgrenze. Israel zieht weiter unter vielen Klagen über die schlechten Umstände; doch nun reisen sie nicht mehr so sehr unter der Gnade als vielmehr unter dem Gesetz: Anders als in 2. Mose 15–18 bringt ihr Murren nun immer wieder Gottes Gericht über sie. An der Grenze angekommen, wird das Gelobte Land von zwölf Spionen ausgekundschaftet; bis auf Josua und Kaleb kommen alle mit einem sehr negativen Bericht und einem totalen Mangel an Gottvertrauen zurück, was sie dann das Leben kostet. Durch Moses Fürbitte bleibt das Volk verschont, während die Männer, die dennoch einen Einfall in das Land versuchen, umkommen. Israel wird vierzig Jahre durch die Wüste irren müssen, bis alle Erwachsenen gestorben sein werden!

Der Künstler der Renaissance, Michelangelo, ist neben seinen vielen anderen Werken auch durch seine Darstellung von Mose berühmt geworden, die er für das Prunkgrab von Papst Julius II geschaffen hat. Mose scheint zugleich wachsam und nachdenklich und mit einer großen Kraft erfüllt zu sein. Er macht den Eindruck einer Person, die sowohl philosophischen Einfluß ausüben als auch in heftigen Zorn verfallen kann. Beides ist von ihm bekannt. Die Hörner sind die Folge einer falschen früheren Interpretation aus dem Hebräischen.

Ein Tiefpunkt am Ende der vierzig Jahre ist der Aufstand von Korah (gegen Aaron), Dathan und Abiram (gegen Mose), wodurch von neuem ein Gericht über das Volk kommt, während Gott, indem er Aarons Stab blühen läßt, andeutet, wer der Hohepriester Seiner Wahl ist; hiermit sind praktische Heiligungsvorschriften für Priester und Leviten und für das ganze Volk verbunden. Mirjam stirbt, und nachdem Mose und Aaron sich versündigt haben, als Gott von neuem Wasser aus dem Felsen gibt, stirbt auch Aaron. Nach der Unbeugsamkeit des Brudervolkes Edom (durch das Israel einen Umweg machen muß) und einem ersten Konflikt mit den Kanaanitern muß Israel noch einmal erfahren, wie sündig das Menschenherz ist. Nach erneutem Murren werden sie von feurigen Schlangen gebissen, aber indem sie einen Blick auf die Kupferschlange, die Mose aufrichten läßt, werfen, werden sie geheilt: ein Typus auf Christus (Joh 3,14). Jetzt ist es nur noch ein kleines Stück bis zum Ende der Wüste.

(3) *Israel in den Feldern Moabs* (4 Mose 21,20–36,13). Israel kommt in Kontakt mit den umliegenden Völkern; es gewinnt den Kampf gegen Sihon, den König der Amoriter, und Og, den König von Basan. Balak, der König von Moab, bekommt es mit der Angst zu tun und ruft den Magier Bileam zu Hilfe; er soll Israel verfluchen. Gott verbietet es ihm jedoch, und als Bileam dennoch geht, gebraucht Gott seine Zunge, um ihn nur Segnungen mit einem frappant prophetischen Inhalt über Israel aussprechen zu lassen. Dennoch weiß Bileam Israel zu treffen; wenn auch nicht durch Beschwörungsmagien, so doch durch eine Verführung zu Götzendienst und Hurerei mit Midian, wodurch Gottes Zorn über das Volk kommt. Nun, am Ende der Reise, werden die Erben gemustert, die bald in das Gelobte Land einziehen werden; in Verbindung damit wird das Erbrecht für Frauen geregelt und Josua als Moses Nachfolger benannt, das Volk dem Erbe zuzuführen. Hinsichtlich des Landes muß Israel erkennen, was Gott zukommt: Allerlei Details in Verbindung mit dem Opferdienst werden näher geregelt, und die Hingabe an Gott wird symbolisch betont durch die Vorschriften über die Gelübde von Frauen. Midian, das Israel zu Hurerei verführt hat, wird bestraft, und das Land jenseits des Jordan (d. i. das Land östlich des Grenzflusses Jordan), das im Kampf gegen Sihon und Og erobert wurde, wird zweieinhalb Stämmen als Wohnort zugewiesen. Das

Die Pest, bekannt als der „Schwarze Tod“, hat im Mittelalter Hunderttausende Opfer gefordert. Auch anderen epidemischen Krankheiten fielen regelmäßig viele Menschen zum Opfer. Der Tod ist also eine bekannte Figur und wird unzählige Male dargestellt. Hier sehen wir eine Darstellung von dem Triumphzug des Todes, der, in Gestalt eines Skeletts, mit einer Sense bewaffnet ist. Vor solchen Epidemien konnten die Juden oft verschont bleiben, weil sie ihre hygienischen Reinigungsgesetze einhielten.

4. Buch Mose endet mit einem Rückblick über die Wüstenreise. Ferner finden wir eine Andeutung über die Grenzen des Gelobten Landes, Regeln für die Verteilung des Landes, Anweisung für die Levitenstädte (in denen sich Leviten, die kein eigenes Stammland bekommen, niederlassen sollen) und die Freistädte (Orte, wo unschuldige Totschläger hinflüchten können) wie auch Vorschriften für die Ehe von Erbtöchtern.

Das fünfte Buch Mose

Das Volk Israel ist im Begriff, ins Gelobte Land zu ziehen. Doch erst folgt noch das 5. Buch Mose, in dem wir lesen, wie Mose in verschiedenen Ansprachen zum letzten Mal zu dem Volk redet, um es auf Gottes Bund hinzuweisen und auf die Notwendigkeit von Gehorsam und Nächstenliebe, um bleibend gesegnet zu werden.

Erste Rede (5 Mose 1–4). Mose gibt einen ausführlichen Bericht über die Wüstenreise, vom Versagen Israels und von der Gnade Gottes und zieht daraus seine Schlußfolgerungen: Israel wird gesegnet bleiben, wenn es sich an Gottes Gesetz hält. Anschließend weist er drei Freistädte im Land jenseits des Jordan an.

Zweite Rede (5 Mose 5–26). Zuerst verweist Mose auf das Gesetz und den Segen des Landes (5 Mose 5–11). Er wiederholt die Zehn Gebote und verweist auf sich selbst als Mittler dieses Bundes. Wenn das Volk das „gute Land“

genießen will, dann soll es Gott lieben, indem es das Land von den gottlosen Feinden reinigt. Mose weist hin auf Gottes große Treue während der ganzen Reise. Er zeigt dem Volk dessen Untreue, auf die Gott mit Gnade und der Einführung des Opferdienstes geantwortet hat.

Anschließend behandelt Mose die Gebote, die mit Gott zu tun haben (die erste Steintafel; 5 Mose 12–16,17). Mose weist hin auf den einen wahren Ort für Gottesdienst im Land, den das Volk „suchen" soll (später stellt es sich heraus, daß es Jerusalem ist). Das Sabbatjahr muß Barmherzigkeit gegen den armen Mitmenschen bedeuten, doch das Höchste ist wohl der Teil, der Gott zukommt: die Erstlinge vom Vieh und das Erscheinen aller Männer vor Gott an dem Ort des Gottesdienstes während der drei jährlichen heiligen Feste (Passah-, Pfingst- und Laubhüttenfest).

Während der Französischen Revolution wurde das Christentum durch die Verehrung der Göttin der Vernunft ersetzt. Auch die Woche wurde abgeschafft und durch die Dekade (Periode von 10 Tagen) ersetzt. Am 1. Januar 1806 wurde zur Zeit Napoleons die Woche wieder rehabilitiert. Auch während der Revolution in Rußland wurde von Lenin versucht, die Einteilung des Jahres in Wochen zu beseitigen, doch auch in diesem Fall war es nicht von Dauer. Gottes Schöpfungsordnung hat sich als die heilsamste für den Menschen herausgestellt.

Dann behandelt Mose die Gebote, die für den Mitmenschen bestimmt sind (die zweite Steintafel; 5 Mose 16,18–26,19). Nacheinander nennt er die Führerschaft in Israel: die Rechtsprechung, das sog. Königsgesetz, die Priesterschaft und die Ankündigung des Messias-Propheten; im Grunde eine Auswirkung des fünften Gebotes, das die Autoritätsprinzipien behandelt, das sechste Gebot (Rechtsprechung bei Totschlag und Kriegsgesetz), das siebte, achte, neunte und zehnte Gebot und eine Wiederholung dieser Prinzipien in einem anderen moralischen Zusammenhang. Schließlich der Höhepunkt: Israel, das im Besitz des Gelobten Landes ist und mit den Früchten dieses Landes in Anbetung vor Jahwe erscheint, doch auch an seinen Nächsten denkt.

Dritte Rede (5 Mose 27 + 28). Mose gebietet dem Volk bei seiner Ankunft in Kaanan, den Segen auszusprechen über den, der das Gesetz hält, und Fluch über den, der es bricht. Auch über das Volk als Ganzes spricht Mose, wie man unter der Regierung Gottes dessen Segen spüren wird, doch auch, was geschieht, wenn man sich nicht an Gottes Gesetze hält.

Vierte Rede (5 Mose 29 + 30). Genau genommen hat Israel den Sinaibund gebrochen und konnte darum nicht auf diesem Fundament ins Land ziehen. Doch durch Gottes Gnade darf Mose den Bund mit Israel erneuern.

Fünfte Rede (5 Mose 31–34). Mose weist Josua als seinen Nachfolger an, schreibt das Gesetz in ein Buch und lehrt Israel ein Lied, in dem Gottes große Treue, Israels Untreue, die zukünftigen Urteile über das Volk, doch auch die Wiederherstellung nach der Bekehrung besungen werden. Nun segnet Mose alle Stämme einzeln, schon im Angesicht des Besitzes des Gelobten Landes. In einem Anhang wird Moses Tod beschrieben; wegen seiner Sünde (siehe 4 Mose 20) durfte er selbst das Gelobte Land nicht betreten.

Ein großer Führer ist gestorben. Ein Führer, der sein Volk vierzig Jahre durch eine Wüste führte, bis an die Grenze des Gelobten Landes. Er sprach mit Gott von „Angesicht zu Angesicht", so groß war er. Und doch weiß er: Der Vollkommene muß noch kommen, der wahre Prophet, der Messias: „Einen Propheten wie mich wird dir der Herr, dein Gott, erwecken aus dir und deinen Brüdern; dem sollt ihr gehorchen (5 Mose 18,15).

Die praktische Bedeutung der mosaischen Gesetzgebung

Wir möchten dieses Kapitel nicht beenden, ohne auch auf die hygienischen und ökonomischen Bedeutungen vieler Gebote in Gottes Gesetz hinzuweisen. Mose hatte sich nicht bei den „medizinischen Wissenschaften" seiner Zeit Rat geholt mit ihren vielen unsinnigen Heilmitteln und Methoden, sondern er zeichnete Gottes heilsame Vorschriften auf. Mit dem Isolationsgebot aus 3. Mose 13,46 beugten die Israeliten der Verbreitung von Lepra und Pest vor. Mit dem hygienischen Gebot von 5. Mose 23,12 ff. beugte Israel der Verbreitung von Cholera, Typhus und Ruhr vor. Das Verbot, infiziertes Fleisch zu essen (2 Mose 22,31; 3 Mose 7,19; 11,8 ff.; 22,8), die vielfältigen Gebote, in bestimmten Fällen die Hände oder sogar den ganzen Körper und die Kleider zu waschen (3 Mose 15; 4 Mose 19) und infiziertes Wasser abzukochen (3 Mose 11,29–36), beugten vielen anderen Infektionskrankheiten vor. Man bedenke, daß die Bedeutung dieser Gebote erst im neunzehnten und zwanzigsten Jahrhundert deutlich geworden ist! 3. Mose 15 gibt Verhaltensvorschriften bei ansteckenden Geschlechtskrankheiten; sogar Speichel kann ein gefährliches Ansteckungsmittel sein. Weiter half das Verbot, tierische Fette zu essen (3 Mose 3,17; 7,23), bei der Vorbeugung von Schlaganfall, Herzinfarkt und anderen Krankheiten. Sogar die Beschneidung hat, neben dem Zeichen des Bundes, auch eine medizinische Bedeutung: Sie verringert innerhalb der Ehe die Wahrscheinlichkeit von Gebärmutterkrebs.

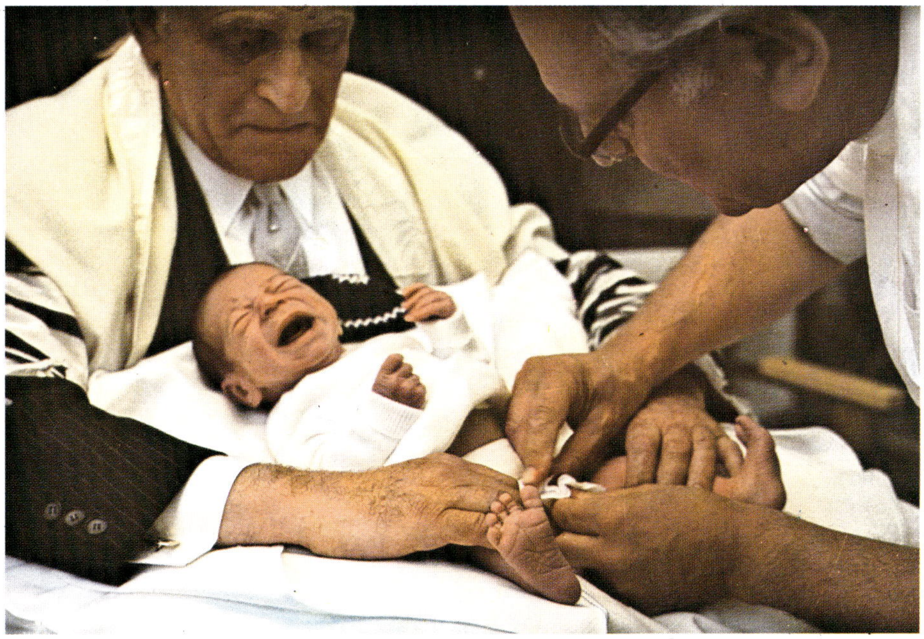

Der Bund, den Gott mit Israel schließt, wird sichtbar gemacht in der Beschneidung. Wir hören hiervon zum ersten Mal bei Abraham; alle männliche Hausgenossen müssen beschnitten werden. Seit dieser Zeit ist dies das Zeichen des Bundes geblieben. Auch im Alten Testament ist die Beschneidung bereits ein Symbol für die innere Reinigung des Herzens.

Die mosaischen Gesetze hatten oft auch große ökonomische Bedeutung. Die Ökonomie des alten Israel war über den heutigen Konflikt zwischen Kapitalismus und Kommunismus erhaben: Einerseits waren bleibender Grundbesitz und bleibende Schuldverhältnisse ausgeschlossen, andererseits waren der Privatbesitz und die Privatinitiative absolut gewährleistet.

Die Bildung von Großgrundbesitz war unmöglich, weil im Falle eines Notverkaufs des Landes das Verkaufte von einem Verwandten zurückerworben („gelöst") werden konnte; doch nach spätestens 49 Jahren kehrte das nichtgelöste Land sowieso ohne weiteres in die Hände des ursprünglichen Eigentümers zurück (3 Mose 25). Die Arbeitsverhältnisse wurden alle sieben Jahre beendet. Der Knecht durfte nicht mit leeren Händen weggehen, so daß er nicht sofort in eine Zwangslage geriet (5 Mose 15,1–18). Unter dieser Gesetzgebung kam ein Herr kaum in die Versuchung, einen Knecht finanziell von sich abhängig zu machen. Schulden als Folge von Krankheit, Unfall, Mißernte und dergleichen konnten in Israel normalerweise leicht zurückbezahlt werden, weil die Vereinnahmung von Zinsen von dem Armen, der in Not geraten war, verboten war (2 Mose 22,25; 5 Mose 23,19 ff.). Dieses letzte Gebot war kein schwierig einzuhaltendes, weil in Israel kein Schuldenmarkt und kein Zinssatz existierte. Eventuelle nicht abgezahlte Schulden wurden in jedem siebten Jahr erlassen.

Israels Gesetze waren „Gesetze zum Leben", geschenkt von dem allwissenden und liebenden Gott des Lebens.

VI. Die Eroberung des Landes

Das Kanaan, in das die Israeliten um 1400 v. Chr. einziehen, wird von verschiedenen Völkern bewohnt. Ein jedes dieser Völker hat seine eigenen Götter, von denen uns einige mit Namen bekannt sind. Einer der greulichsten Götter ist der sog. Moloch, ein Götze, der ab und zu Kindesopfer fordert, die er auch bekommt. Es ist bemerkenswert, daß gerade solch ein fordernder Götze wie dieser immer wieder in der Geschichte Israels geehrt wird, so wie es z. B. Ahas tut, der „seine Söhne mit Feuer verbrannte". Es wurden eine Menge Abbildungen von Götzen und Göttinnen aus Kanaan und dem umliegenden Gebiet gefunden. Links ist ein Relief des Sturmgottes Adad auf einem Stier zu sehen und unten die kleine Statuette einer anderen Gottheit.

Greuelgottesdienst

Der Priester hebt seine Hand. Es herrscht tödliche Stille. Eine Fackel wird herzugebracht und der Scheiterhaufen angezündet. Schon bald wird die Ruhe vom Geschrei eines armen Jungen zerrissen, der, an Händen und Füßen gefesselt, auf dem Scheiterhaufen steht. Die Menge der Zuschauer bleibt ungerührt; das Opfer ist notwendig, um die Fruchtbarkeitsgöttin zufriedenzustellen. Darum darf der Vater, der so edelmütig seinen Sohn geopfert hat, den verborgenen Schmerz um sein Kind verdrängen, indem er mit der vornehmsten, geweihten Tempelprostituierten Geschlechtsverkehr praktiziert. Das soll sogar so sein, es gehört mit zur Zeremonie. Ja, es dauert nicht lange, bis die ganze Gemeinde sich in lästerliche Unzucht in Tänze, Geschrei und massenhafte sexuelle Spiele einläßt. Das alles gehört mit zum Kult Baals, Astartes und Molochs: Götter und Göttinnen der Amoriter und Kanaaniter.

In solch ein Land wird Israel einziehen; und Jahwe hat es durch Mose ausführlich warnen lassen. Israel wird diese Völker radikal ausrotten müssen; erstens als Strafe für ihre Greueltaten (vgl. 1 Mose 15,16; Gott hatte den Völkern, die einen Gottesmann wie Melchisedek in ihrer Mitte hatten, lange genug Zeit gegeben, sich zu bekehren) und zweitens als Selbsterhaltung für Israel, um nicht durch diese Greuel infiziert zu werden.

Datierungen

Der Auszug aus Ägypten geschah etwa um 1445 v. Chr. Die Wüstenreise dauerte vierzig Jahre. Der Einzug in Kanaan war also im Jahre 1405 v. Chr.;

nach neuesten Erkenntnissen der Archäologie Palästinas muß das das Ende der sogenannten Mittel-Bronze-Periode gewesen sein. Weil wir noch sehr oft auf diese archäologischen Perioden verweisen werden, erscheint es angebracht, die alte, herkömmliche und die von uns bevorzugte neue Chronologie dieser Perioden in einer Tabelle zusammenzufassen.

	traditionell	**revidiert**
Mittel-Bronze	bis 1550	bis 1400
Spät-Bronze I	1550–1400	1400–950
Spät-Bronze IIa	1400–1300	950–800
Spät-Bronze IIb	1300–1200	800–730/700
Eisen I	1200–1000	730/700–610
Eisen II	1000–586	610–586

Auch in kostbarem Gold werden Götter dargestellt, wie hier eine Fruchtbarkeitsgöttin, die in Ugarit gefunden wurde.
Kurz bevor die Israeliten vor Jericho erscheinen, hat die Stadt unter einer Epidemie zu leiden. Die Toten werden, mit dem Notwendigsten versehen, begraben: Möbel, Essen und Trinken. Oben eine Schüssel, in der noch die Knochen des verwesten Fleisches liegen. Unten ein Krug.

In der revidierten Chronologie von Ägypten und auch von Palästina kommt Spät-Bronze I also ungefähr überein mit der Hyksosperiode in Ägypten (die endet mit König Saul, der die Amalekiter schlug), endet Spät-Bronze IIb etwa mit dem Fall des Israelischen Nordreiches und endet Eisen II (genau wie in der traditionellen Chronologie) mit dem Fall Jerusalems (586 v. Chr.).

Gegen Ende der Mittel-Bronze war Jericho, die erste Stadt, die Israel in Kanaan eroberte, wie sich aus den Ausgrabungen herausstellte, eine große, befestigte Stadt. Die ganze Stadt war rundherum von einem Hügel aus Lehm und einer dicken Pflasterschicht umgeben und wurde am Fuß von einer fast fünf Meter hohen Schutzmauer befestigt. Oben auf dem Hügel, elf Meter hoch, stand die eigentliche Stadtmauer. Kein Wunder, daß die zwölf Kundschafter so beeindruckt waren von Jericho und anderen Städten der Kanaaniter (4 Mose 13,28).

Ein Teil der Häuser und Straßen des Jericho jener Zeit ist heute freigelegt und auch eine Reihe von Grabstätten. In den meisten Gräbern wurden die Toten anscheinend nacheinander bestattet, doch in sechs Gräbern waren sie gleichzeitig beigesetzt worden; möglicherweise wegen einer ansteckenden Krankheit. Hatte die schreckliche Plage von Baal-Peor (4 Mose 25) vielleicht auch in Jericho Opfer gefunden? Die Tatsache, daß die Körper bei ihrer Ausgrabung noch nicht vollständig verwest waren, könnte darauf hindeuten, daß ein gewaltiges Erdbeben stattgefunden hat, wodurch Methan- und Kohlensäuregase in die Gräber eingedrungen sind, die den Verwesungsprozeß stoppten. Außerdem muß die Stadt damals durch Feuer verwüstet worden sein; dies ist wohl die Zerstörung unter Josua gewesen (Jos 6). Nach den Ausgrabungen zu urteilen wurde Jericho erst Jahrhunderte später wieder aufgebaut (vgl. 1 Kön 16,34).

Die Eroberung des Landes

Josua erhält von Jahwe den Auftrag, das Land Kanaan in Besitz zu nehmen. Daraufhin wird das ganze Volk von seinem neuen Führer mobilisiert (Jos 1). Zwei Beobachter kundschaften den ersten Festungsort aus, der eingenommen werden soll: Jericho (Jos 2). Danach überquert das Volk der Juden den Jordan, alle Priester voran mit der Bundeslade. Gott hält das Wasser des Jordan zurück, so daß das Volk trockenen Fußes hindurchziehen kann. Sowohl im Jordan selbst als auch am anderen Ufer wird ein Gedenkzeichen aus zwölf Steinen errichtet, zur Erinnerung an Gottes Wundermacht zugunsten seines Volkes. Nachdem die Priester mit der Bundeslade das Flußbett verlassen, kommt das Wasser wieder zurück (Jos 3 + 4). Das Volk lagert sich auf der anderen Jordanseite in Gilgal (= „Abwälzung“, und dort wird „die Schmach Ägyptens“ dadurch abgewälzt, daß alle Männer beschnitten werden,

In den fünfziger Jahren wurden in dem Ruinenhügel von Jericho Ausgrabungen gemacht. Durch Überreste aus den einzelnen Schichten kann man sich ein einigermaßen gutes Bild machen von dem Leben innerhalb einer bestimmten Periode. Heute noch kann man die Ausgrabungsstätten besichtigen – hier sind z. B. die Überreste eines runden Turmes, Teil einer Verteidigungsanlage, aus der jungen Steinzeit zu sehen.

was seit Ägypten nicht mehr geschehen war). Dort wird auch das Passahfest gefeiert, und dort ißt das Volk zum ersten Mal von dem Ertrag des Landes (zur gleichen Zeit bleibt auch das tägliche Manna aus, Jos 5,1–12; vgl. 2 Mose 16). Josua muß das Land nicht mit eigener Kraft erobern. Es erscheint ihm der Fürst über das „Heer des Herrn", unzweifelhaft der Sohn Gottes persönlich (Jos 5,13–15). Der erste Schritt bei der Eroberung Kanaans ist die Einnahme Jerichos und Ais (Jos 6–8). Wie sehr alles von Gottes Kraft abhängig war, zeigt sich bei der Einnahme Jerichos; alles, was das Volk tat, war sechs Tage hintereinander jeweils einmal um die Stadt ziehen und am siebten Tag siebenmal. Anschließend erschallen die Posaunen, und die Mauern Jerichos stürzen durch Gottes Macht ein. Die gottlose Stadt wird geplündert und gebrandschatzt, und alle Schätze werden Jahwe geweiht. Doch ein Mann (Achan) vergreift sich an dem, was mit dem Bann belegt ist, und ganz Israel macht sich damit unbewußt schuldig. Darum ist Jahwe nicht mit ihnen, als sie versuchen, die Stadt Ai ebenso zu erobern. Erst nachdem Achan vor Gericht gestellt wird, kann auch Ai erobert werden: Der Weg ins Land liegt offen. Josua läßt nun auf Geheiß des Mose (siehe 5 Mose 27) auf dem Ebal und auf dem Garizim Fluch und Segen aussprechen.

Der zweite Schritt ist die Eroberung des südlichen Kanaan (Jos 9 + 10): Die Einwohner der Stadt Gibeon schließen unter listigen Vorwänden einen Bund mit dem unaufmerksamen Josua und bleiben so verschont (auch wenn sie eigentlich Sklaven wurden). Der ganze Süden Kanaans, unter der Leitung des

Königs von Jerusalem, wendet sich nun wütend gegen Gibeon, doch Josua kommt zu Hilfe, und dadurch, daß eine Naturkatastrophe den Feind trifft und der Tag auf wunderbare Weise verlängert wird, behält Josua den Sieg über die fünf Könige des Südens und rottet seine Feinde aus.

Der dritte Schritt ist die Eroberung des nördlichen Kanaan (Jos 11). Nun halten alle Könige der übriggebliebenen nördlichen Landesteile gegen Israel zusammen, doch Jahwe gibt auch sie in die Hand Josuas. Josua rottet auch im Norden die Feinde aus und hält eine große Säuberungsaktion. Dieser Teil endet mit einer Liste aller geschlagenen Könige Kanaans (Jos 12).

Diese biblischen Angaben stimmen wiederum genau mit archäologischen Befunden überein. Verschiedene der im Buch Josua genannten Städte wurden

Der Fall Jerichos hat viele Künstler inspiriert. Bekannt ist u. a. dieses Bild von Doré, auf dem die Priester mit der Bundeslade außerhalb der Stadtmauern stehen und die Trompeten erschallen lassen, woraufhin die Mauern einstürzen. Eine große Stadt im Norden Kanaans war Hazor unter dem König Jabin. Dieser bildete eine Koalition mit anderen Fürsten, wurde aber von Josua geschlagen. Hazor war eine große beeindruckende Stadt, die aus zwei Teilen bestand: auf dem Hügel selbst und am Fuße des Hügels. Auch hier haben Ausgrabungen vieles ans Licht gebracht. Es war eine Stadt mit vielen Tempeln, dessen Götzen gegen den Herrn nicht standhalten konnten. Die Stele (unten) ist das Symbol des Mondgottes (Mondsichel) und seiner Mitgesellen (die aufgehobenen Hände).

identifiziert, wie zum Beispiel Arad, Horma, Hebron, Lachisch, Debir und Hazor. Das freigelegte Et Tell ist wahrscheinlich zu Unrecht als Ai identifiziert worden. Arad (Tell Malhata) wurde, wie sich herausstellte, genau wie Horma (Tell Masos), Lachisch und Debir (Tell Beit Mirsim?), Hebron und Hazor (eine sehr große Stadt mit vielen Tempeln für allerlei Götter) am Ende der Mittel-Bronze zerstört. Gibeon hingegen war nach der Mittel-Bronze IIc zwar nicht mehr bewohnt, ist jedoch nicht verwüstet worden, wie es auch bei Josua beschrieben wird. Megiddo dagegen, dessen König die Israeliten schlugen, aber ihn und seine Untertanen nicht vertrieben (siehe Ri 1,27), scheint in der Mittel-Bronze verwüstet worden zu sein, aber seine Kultur einfach in der Spät-Bronze fortgesetzt zu haben.

Die Verteilung des Landes

Als Josua ein beachtliches Alter erreicht hat, erhält er von Gott den Befehl, nun endlich das Land unter den Stämmen Israels zu verteilen. Jahwe deutet dabei sorgfältig an, welches Land noch immer nicht erobert wurde. Hierzu gehört namentlich das Land der Philister (Palästinenser), welche Israel das Leben denn auch arg schwermachen (Jos 13,1–7). Zuerst wird das Land an der Gegenseite des Jordan verteilt, das, wie gesagt, schon vorher den Rubenitern, den Gaditern und dem halben Stamm Manasse zugewiesen wurde (Jos 13,8–33). Kaleb, einer der zwölf Spione (siehe 4 Mose 13 + 14), mit Josua der einzige Überlebende unter den Erwachsenen, die aus Ägypten gezogen waren, erhält als Belohnung ein besonderes Erbteil im Zentrum des südlich gelegenen Territoriums des Stammes Juda (Jos 14 + 15). Dann folgen die zentral gelegenen Territorien von Ephraim und die andere Hälfte von Manasse, die als Söhne des erstgeborenen Joseph zusammen das doppelte Teil des Erstgeburtsrechts empfingen (Jos 16 + 17).

Danach werden die übrigen sieben Stämme in Silo (wo die Stiftshütte errichtet ist) angespornt, den Rest des Landes unter sich zu verteilen. Simeon bekommt einen Erbteil, der mitten aus dem Gebiet Judas genommen wird, Dan und Benjamin bekommen ein Gebiet, das eingeschlossen liegt zwischen dem des Juda und dem des Ephraim. Die Daniter suchen dann auch später einen neuen Stammesgrund im äußersten Norden, auf dem sie die Stadt Dan

Der Stamm Dan bekommt anfänglich ein Gebiet zwischen Juda und Ephraim angewiesen. Im Buch Richter wird erzählt, daß sie später auf der Suche nach einem neuen, geräumigeren Stammesgebiet in den Norden gelangt sind. Dort überfallen sie die Stadt Lais, bringen die Einwohner um und verbrennen die Stadt. Die Daniter lassen sich dort nieder und nennen die Stadt Dan. In Tell Dan wurden einige Ausgrabungen gemacht.

errichteten (siehe Ri 18). Die übrigen vier Stämme bekommen Territorien im Norden (das spätere Galiläa). Josua bekommt ein eigenes Erbteil innerhalb des Gebietes seines eigenen Stammes Ephraim (Jos 18 + 19). Anschließend werden in Kanaan noch drei Freistädte und 48 Levitenstädte angewiesen (Jos 20 + 21), so wie Mose es angeordnet hatte (siehe 4 Mose 35).

Die zweieinhalb Stämme, die dabei geholfen haben, das Land zu erobern, kehren nun zu ihren eigenen Territorien in dem Land auf der anderen Seite des Jordan zurück und richten dort einen Altar auf, nicht, um auf ihm zu opfern (das war außerhalb der Stiftshütte verboten), sondern als Zeugnis ihrer Verbundenheit mit der Gottesverehrung der anderen neuneinhalb Stämme (Jos 22).

Am Ende seines Lebens weist Josua in einer Rede die Stämme auf die Notwendigkeit hin, sich an Gottes Gesetz zu halten, wenn sie ihr Erbteil nicht verlieren wollen. Für eine zweite Abschiedsrede (Jos 24,1–28) versammelt Josua in Sichem das ganze Volk, weist nochmals hin auf Gottes Gesetz und Seine Treue, rekapituliert die Geschichte des Volkes und erneuert den Bund zwischen Jahwe und Israel. Das Buch endet mit dem Tode Josuas und Eleasars, des Hohepriesters, Sohn und Nachfolger Aarons (Jos 24,29–33). Nach dem Tode Josuas und den Ältesten Israels vergißt das Volk schon bald die ernsten Warnungen von Mose und Josua, wie es im Buch der Richter beschrieben wird. Nun folgen einige Jahrhunderte (vgl. Apg 13,20; 1 Kön 6,1), in denen „jeder tat, was ihm gefiel" (Ri 17,6; 21,25).

Der erste Verfall

Es finden weitere Eroberungen durch eine große Anzahl Stämme statt, doch mit zu wenig Durchsetzungsvermögen, so daß sich an vielen Orten kanaanitische Stämme durchzusetzen wissen und es ihnen hier und dort sogar gelingt, die Israeliten zurückzudrängen. Darum verläßt der Engel Jahwes Gilgal (wo das Volk Gottes so deutlich gelernt hatte, daß es nur in Seiner Kraft zu siegen vermag) und geht nach Bochim (d. i. „Weinen"), und zwar um den verlorenen Segen (Ri 1,1–2,5).

In einer speziellen Abhandlung legt der Autor des Buches der Richter auseinander, welch verderblichen Einfluß die Kanaaniter mit dem greulichen Götzendienst Baals und der Astarte auf Israel ausüben, wie Gott das Volk zur

Auf dieser Karte ist so genau wie möglich aufgezeichnet, wie das Land unter den Stämmen verteilt war. Es ist nicht immer möglich, dies mit Sicherheit anzugeben, da nicht von allen Orten, die genannt werden, bekannt ist, wo sie genau gelegen haben. Der Stamm Levi bekam statt einem eigenen Stammesland Freistädte zugewiesen. Einkommen erhielten die Leviten durch ihren Dienst an der Stiftshütte, später am Tempel. Josephs Söhne Manasse und Ephraim bekamen jeder einen Teil, so daß das Land letztlich in zwölf Stücke aufgeteilt war. Auch wird von verschiedenen Richtern angedeutet, wo sie auftreten. Daran ist auch zu erkennen, daß nicht jeder Richter die Führung über ganz Israel hatte. Manchmal hatten zwei oder mehrere Richter gleichzeitig die Führung in Händen.

Strafe immer wieder unter Fremdherrschaft bringt, wie das Volk lernt, bei Gott um Hilfe zu flehen und wie dieser dann in Seiner Gnade einen „Richter" (Richter, Erlöser, Volksführer) gibt, der es von den Feinden befreit und zu Jahwe zurückführt. Doch immer wieder wendet sich Israel von den Richtern ab, und das Elend beginnt von neuem (Ri 2,6–3,6).

Die ersten Richter

Die erste Fremdherrschaft über Israel geschieht unter Kuschan-Rischathaim, König von Mesopotamien (oder Aram), und dauert acht Jahre. *Othniel,* ein Neffe Kalebs, befreit das Volk, worauf es vierzig Jahre Ruhe hat (Ri 3,5–11). Die zweite Fremdherrschaft geschieht unter Eglon, dem König von Moab, sie

Nach dem Tode Josuas verfallen die Israeliten immer wieder dem Götzendienst. Gott läßt es dann zu, daß Feinde ins Land dringen, die sie bedrängen. So geschieht es auch zur Zeit Gideons. Die Midianiter fallen immer wieder in das Land ein und rauben, was sie nur finden. Als das Volk in seiner Not zu Gott ruft, erscheint Gideon ein Engel, der ihm den Auftrag gibt, die Midianiter zu schlagen. (Hier gemalt von Ferdinand Boll.)

dauert achtzehn Jahre, der Linkshänder *Ehud* aus dem Stamm Benjamin bringt Eglon heimlich um, die Moabiter werden geschlagen, und das Land hat achtzig Jahre Ruhe (Ri 3,12–30). Der dritte Richter ist *Schamgar* (Ri 3,31). Dieser erlöst Israel, indem er sechshundert Philister mit einem Ochsenstecken erschlägt. Der nächste Herrscher über Israel ist Jabin, König von Kanaan(!). Er knechtet das Volk zwanzig Jahre lang; seine Spezialität war der Umgang mit eisernen Streitwagen. Israel wendet sich an die Prophetin *Debora,* und diese befiehlt dem Naphtalit *Barak*, den Kampf aufzunehmen mit Jabins General Sisera. Doch Barak hat Angst und möchte, daß Deborah mitkommt. Sie sagt zu und kündigt an, daß der Sieg schließlich von einer Frau errungen werden wird. Sisera wird geschlagen und flüchtet in das Zelt des Keniters Heber (eines fernen Verwandten von Moses Frau Zippora), wo er von dessen Frau Jael im Schlaf umgebracht wird. Debora singt ein herrliches Erlösungslied, und das Land hat nun vierzig Jahre Ruhe (Ri 4 + 5).

Das Haus Gideon

Israel kommt nun sieben Jahre unter die Herrschaft Midians. Der Engel Jahwes beruft den Mannasit Gideon zum Richter; dieser zerstört nachts den Altar Baals und das Götzenbild der Aschera in seinem Dorf und ruft die nördlichen Stämme auf, sich ihm anzuschließen, obwohl er selber unsicher ist und Jahwe zweimal um ein Zeichen bittet. Jahwe erfüllt ihm diesen Wunsch und will ihm ferner zeigen, daß der Sieg ganz in Seiner Hand liegt. Darum muß

Gideon den größten Teil seines Heeres nach Hause schicken; mit nur dreihundert Mann versetzt er das riesige feindliche Heer in Panik und schlägt es in die Flucht. Viele von ihnen werden unterwegs durch Israeliten umgebracht, doch die Männer von Sukkoth, die sich weigern zu helfen, werden von Gideon bestraft. Nach seinem Sieg schlägt Gideon es ab, König zu werden, erlaubt aber leider, daß das Volk mit der Beute Götzendienst treibt; die Ruhe vor einer erneuten Fremdherrschaft dauert vierzig Jahre an. Nach dem Tode Gideons läßt sein Sohn Abimelech alle seine (Halb-)Brüder umbringen; nur Jotham entkommt. Abimelech läßt sich in Sichem zum König ausrufen, doch Jotham verspottet ihn am Berg Garizim mit seiner berühmten Fabel.
Nach drei Jahren läßt Gott Uneinigkeit zwischen Abimelech und Sichem

Gideon erlöst Israel von den Midianitern und ist vierzig Jahre lang Richter. Als er stirbt, hinterläßt er siebzig Söhne, unter ihnen ein gewisser Abimelech. Dieser Abimelech beansprucht die Macht für sich allein und ermordet deshalb, mit der Hilfe der Familie seiner Mutter, seine Halbbrüder bis auf einen, Jotham. Jotham hört, daß die Bürger von Sichem Abimelech zum König ausgerufen haben. Er stellt sich auf den Berg Garizim bei Sichem und erzählt den Sichemitern eine Fabel, in der die Bäume einen König wählen wollen. Zuerst bitten sie den Olivenbaum, ihr König zu werden, doch dieser weigert sich. Anschließend gehen sie zum Feigenbaum mit dem gleichen Resultat. Dann ist der Weinstock an der Reihe, doch auch dieser weigert sich. Zuletzt bitten sie den Dornenstrauch, der die Herrschaft gerne übernimmt.

entstehen; Abimelech erobert die Stadt und zerstört sie. Als er jedoch auch Tebez belagert, wirft ihm eine Frau, die auf der Stadtmauer steht, einen Mühlstein auf den Kopf. So werden der Brudermord und Sichems Mittäterschaft gerächt.

Spätere Richter

Der Issascharit *Tola* (Ri 10,1 ff.) richtet Israel während dreiundzwanzig Jahren. Der Gileaditer *Jair* (Ri 10,3–5) richtet Israel zweiundzwanzig Jahre. Danach wird Israel von den Ammonitern und anderen über einen Zeitraum von achtzehn Jahren unterdrückt; dann tut Israel Buße und ruft den Gileaditer *Jephthah* (der als Sohn einer Hure ins Ausland hatte flüchten müssen) zu Hilfe. Dieser stellt sich über Gilead (eine Gegend auf der anderen Jordanseite) und sendet Boten zum König von Ammon, um dessen Anspruch auf das Gebiet jenseits des Jordans zu widerlegen. Als dieser nicht hören will, besiegt ihn Jephthah, nachdem er Jahwe ein Gelöbnis abgelegt hat, demzufolge er das erste, das ihm nach seiner Rückkehr aus seinem Haus entgegenkommen würde, Jahwe opfern würde. Die erste, die ihm begegnet, ist jedoch seine eigene Tochter, an der er tiefergriffen tatsächlich sein Versprechen wahrmacht. Danach bestraft er die Ephraimiter, weil diese ihn belästigen und sagten, er hätte sie rufen sollen, und weil sie trotz des Aufrufs nicht mit in den Streit gezogen waren. Jephthah richtet das Volk sechs Jahre (Ri 10,6–12,7).

Der Bethlehemit *Ibzan* (Ri 12,8–10) richtet Israel sieben Jahre. Der Sebulonit *Elon* (Ri 12,11) richtet Israel zehn Jahre. Der Pirathoniter *Abdon* (Ri 12,13–15) richtet Israel acht Jahre.

Die Geschichte Simsons

Nun werden die Philister (Einwohner innerhalb des Gelobten Landes) zum ersten Mal die großen Herrscher über Israel; das währt vierzig Jahre lang. Der Engel Jahwes kündigt Manoah und seiner (unfruchtbaren) Frau die Geburt eines Sohnes an, der „Nasiräer" (ein Gottgeweihter; siehe 4 Mose 6) werden und Israel von den Philistern befreien soll. Als der Junge (Simson) jedoch heranwächst, verliebt er sich ausgerechnet in eine philistische Frau und wird dadurch in einen immer heftiger werdenden Streit mit den Philistern verwikkelt. Schließlich erschlägt er tausend Feinde mit einem Eselskinnbacken. Nun versuchen die Philister, ihn durch die Verführerin Delila mit einer List zu greifen; Delila gelingt es, Simson das Geheimnis seiner Kraft zu entlocken, und sie beraubt ihn seiner langen Haare: das Zeichen seiner Nasiräerschaft. Simson wird gefangengenommen und geblendet; doch während eines großen Opferfestes zu Ehren des Götzen Dagon, an dem er die Menge amüsieren soll, bekommt er noch einmal seine Kraft zurück und bringt den ganzen Tempel zum Einsturz, wobei 3000 Menschen umkommen. Simson war zwanzig Jahre Richter in Israel (Ri 13–16).

Jonathan und Benjamin

Die letzten beiden Episoden des Buches illustrieren das Gottlose und Chaotische der ganzen Richterzeit. Ein Ephraimit namens Micha baut einen Götzentempel und stellt darin den Levit Jonathan (einen Enkel des Mose) als Priester an. In dieser Zeit suchen gerade fünf Spione der Daniter ein neues Erbteil im Norden und begegnen dabei Jonathan im Götzentempel, der sie zu ihrem Vorhaben ermutigt. Als die fünf Daniter mit einem Heer zurückkommen, um die Stadt Lajisch im Norden zu erobern, nehmen sie Jonathan und die Götzenbilder mit, erobern Lajisch und nennen die Stadt fortan Dan. Dort richten sie das Götzenbild auf und machen Jonathan und seine Nachkommen für Jahrhunderte zu Götzenpriestern (Ri 17 + 18).

In der späteren Geschichte Israels treten hauptsächlich die Philister als Unterdrücker auf. Die Philister kommen ursprünglich aus Kreta, möglicherweise aus Zypern. Kennzeichnend für die Kultur auf Zypern sind u. a. die sog. Bichrome, zweifarbige Töpferware, die wir seit dem Auftreten der Philister in ihrer Wohngegend antreffen. Dieser Krater stammt aus Tell Nagile (Gath?) und ist bemalt mit einem Stier.
Als die Unterdrückung durch die Philister schwer wird, läßt Gott Simson auftreten. Dieser folgt seinen eigenen Gelüsten, wodurch er in ziemliche Bedrängnis kommt. Bekannt ist, daß er durch seine Schwäche für eine philistische Frau, Delila, gefangengenommen und von den Philistern geblendet wird. Dieser Moment wird hier von Rembrandt dargestellt.

Die zweite Episode zeigt uns, wie der Stamm Benjamin fast ausgerottet wird. Ein Levit ist mit seiner Nebenfrau auf Reisen und übernachtet unterwegs in der Stadt Gibea, die zu Benjamin gehört. Nachts wird er jedoch von den Einwohnern bedrängt, so daß er ihnen um der Selbsterhaltung willen seine Nebenfrau ausliefern muß. Diese wird so lange mißhandelt, bis sie stirbt. Der Levit ruft nun ganz Israel auf, Gibea zu strafen; die Benjaminiter jedoch stellen sich auf die Seite Gibeas. In einem aufreibenden Kampf werden sie von den anderen Stämmen besiegt, und fast ganz Benjamin wird ausgerottet. Nur sechshundert Männer bleiben übrig, und um den Stamm nicht ganz aussterben zu lassen, verschaffen die reumütigen Israeliten ihnen Frauen: Zuerst aus dem „neutral" gebliebenen Jabesch, danach, während des Jahresfestes in Silo, dürfen sich noch ledig gebliebene Benjaminiter ein Mädchen rauben.

Die Philister

Es lohnt sich, den Philistern ein wenig besondere Aufmerksamkeit zu widmen, weil sie eine überaus gewichtige Rolle in der Geschichte Israels gespielt haben. Nach ihnen wurde später sogar das ganze Land Kanaan Palästina genannt; Palästinenser bedeutet demnach dasselbe wie Philister. Schon im 1. Buch Mose (21,22–34; 26,1–15) begegnen wir Philistern in Kanaan, aber anscheinend handelte es sich damals noch um eine kleine Gruppe um die Stadt Gerar. Nach 5. Mose 2,23 hatten die Philister erst später die Gegend von Gaza auf dem Land der Awwiter erobert, dies ist die Gegend, wo wir sie in der weiteren Geschichte immer wieder antreffen (das Gebiet der

Während Eli Richter ist, bricht erneut ein Krieg mit den Philistern aus. Die Israeliten nehmen als eine Art Talisman die Bundeslade mit in die Schlacht. Die Philister siegen und erbeuten die Bundeslade. Als sie sie jedoch vor ihren Gott Dagon bringen, um ihn damit zu ehren, stellt sich am nächsten Tag heraus, daß es Dagon ist, der der Bundeslade huldigt. Oben ist eine Statuette von dieser Gottheit.

„fünf Fürsten der Philister": Jos 13,2 ff.; Ri 3,2). In 2. Mose 13,17 wird Israel davor gewarnt, den Weg zum Land der Philister zu nehmen, weil es dann Streit bekommen würde; ist das vielleicht ein Hinweis auf den Krieg zwischen Philistern und Awwitern? In diesem Fall war der Großteil der Philister vielleicht erst kurz vor dem Einzug Israels in Kanaan angekommen. Sie kamen aus Kaphtor (5 Mose 2,23; Jer 47,4; Am 9,7), das man oft mit Kreta, doch heutzutage auch mit Zypern, identifiziert hat. Das letztere könnte interessant sein, weil wir ab der Mittel-Bronze IIc tatsächlich zypriotische Kulturäußerungen in der südlichen Küstengegend Kanaans antreffen, die dort von den Philistern hingebracht sein könnten. Es handelt sich hier um zwei zypriotische Grabtypen und um die sogenannten bichromen Tonwaren, die in der Spät-Bronze I immer mehr vorkommen, was mit der zunehmenden Verbreitung und dem Einfluß der Philister übereinstimmen würde.

Ruth und 1. Samuel

Das Buch Ruth beschreibt uns eine liebliche Episode aus der Zeit der Richter und ist ein Übergang zum ersten Buch Samuel, in dem wir die Einführung von Davids Königtum sehen. Dieser David ist nämlich ein Urenkel von Ruth. Das Buch Ruth beschreibt uns die Geschichte dieser jungen moabitischen Frau, die Gott durch ihre fromme Schwiegermutter Naomi aus Bethlehem kennen- und dienen lernt. Der reiche Landbesitzer Boas in Bethlehem, Verwandter von Naomi, „löst" das Erbe von Ruths verstorbenem Mann (vgl. 3 Mose 25,23–28) und heiratet Ruth, die Braut, die mit dem Erbe verbunden ist (vgl. 5 Mose 25,5–10). Dadurch findet sie Aufnahme in den Stamm Juda und kommt in den Stammbaum des Messias (vgl. Mt 1,5).

Das erste Buch Samuel beschreibt uns die letzte Phase der Richterzeit; die letzten beiden Richter sind der Priester Eli und der Levit Samuel, der im Grunde gleichzeitig auch der erste echte Prophet in Israel ist (vgl. Apg 13,20). Samuel führt das Königtum in Israel ein, das mit dem König Saul seinen Anfang nimmt; davon handelt der größte Teil des Buches. In der späteren Phase von Sauls Königtum sehen wir jedoch gleichzeitig das Aufkommen Davids, zuerst Sauls Liebling, später sein größter Feind.

Die letzten Richter

Eigentlich geht es auch in den ersten Kapiteln des 1. Buches Samuel um Samuel. Während Elis Richteramt kommt die unfruchtbare Hanna, Frau des Leviten Elkana (vgl. 1 Chr 6,33–38), in die Stiftshütte zu Silo, um sich dort einen Sohn zu erbitten. Der Richter und Priester Eli verheißt ihr die Erhörung ihres Gebets, und tatsächlich wird Samuel geboren, den sie, sobald er entwöhnt ist (etwa vier Jahre alt?), Jahwe weiht und Eli als Helfer bringt. In einem prophetischen Lobgesang bringt Hanna Gott ihren Dank und macht sogar eine Andeutung auf das zukünftige davidische Königtum. Samuel wächst zu einem Jüngling heran, der Jahwe liebt, und das in einer schlechten Umgebung, denn die Priester, Elis Söhne, sind gottlose Männer. Durch einen Propheten wird Eli ernsthaft ermahnt. Später redet Jahwe jedoch in der Nacht persönlich zu Samuel und kündigt ihm das Urteil über Elis Haus an. Nach diesem Versagen innerhalb der Priesterschaft wird Samuel, der das Wort Jahwes dem Volk bekanntmacht (1 Sam 1–3), allmählich überall als Prophet anerkannt.

Nicht lange danach kommt das angekündigte Urteil. Israel gerät in einen Krieg mit den Philistern, wobei Elis Söhne den Übermut besitzen, die Bundeslade als Talisman mit in den Streit zu führen. Sie fallen jedoch, Israel wird geschlagen, und die Lade wird eine Beute der Philister. Als Eli diese Nachrichten hört, fällt er tot von seinem Stuhl. Inzwischen haben die Philister nicht viel

Freude mit der Lade Gottes; das Bild ihres Götzen Dagon fällt vor ihr in Stücken, und überall, wo die Bundeslade hinkommt, brechen Krankheiten aus. Schließlich lassen die Philister die Lade auf einem Wagen, gezogen von zwei säugenden Kühen, die durch eine unsichtbare Kraft von ihren Kälbern weggezogen werden, ins Land Israel zurückbringen. Die neugierigen Männer des Grenzortes Beth-Schemesch schauen in die zurückgekehrte Bundeslade und werden von Gott getötet; die Lade landet in einem Privathaus in Kirjath-Jearim und verbleibt dort zwanzig Jahre.

Israel seufzt inzwischen unter dem Joch der Philister; schließlich ruft Samuel das Volk in Mizpa zusammen, wo es seine Sünden bekennt und gegen die Philister in den Krieg zieht, die dann mit Jahwes Hilfe vernichtet werden (1 Sam 4–7).

U. a. in Beth-Schean wurden sog. philistische Särge aus Ton gefunden, auf denen ein Menschengesicht modelliert worden war. In der von uns vorgeschlagenen Chronologie stammen sie jedoch aus der Zeit nach dem Fall des Zehnstämmereiches und haben wahrscheinlich nichts mit den Philistern zu tun. Von Amose, der die Hyksos schlug, sind verschiedene Beile bekannt. Hier eines aus Bronze, geschmückt mit seinem Namen.

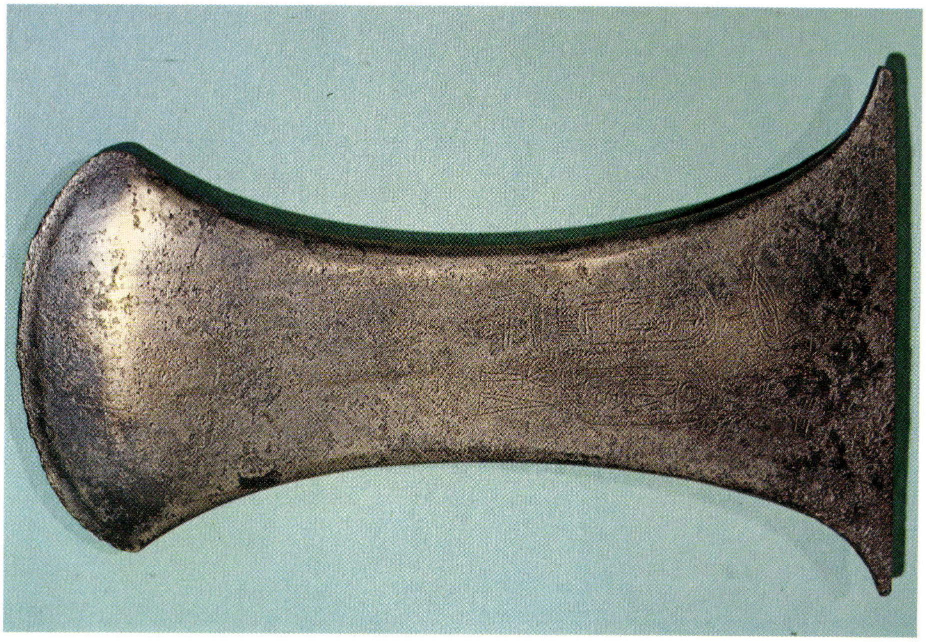

Der Anfang von Sauls Königtum

Als Samuel alt geworden und das Volk unzufrieden ist über seine beiden Söhne und „Nachfolger", erbittet es sich von ihm einen König. Samuel ist enttäuscht und klagt Jahwe sein Leid; dieser macht ihm jedoch deutlich, daß das Volk Gott als Regenten verworfen hat, und sagt, daß Samuel dem Wunsch des Volkes stattgeben soll. Das Volk soll einen König nach seinem Herzen bekommen, gleich wie auch Gott sich später einen König erwählen wird nach Seinem Herzen, nämlich David. Saul, der Benjaminiter ist die erste Wahl. Auf der Suche nach entlaufenen Eselinnen seines Vaters kommt er nach Rama, dem Wohnort Samuels, der ihn zu einem Opferfest einlädt und am nächsten Morgen heimlich zum König salbt; auf dem Rückweg gerät Saul in Verzückung. Danach ruft Samuel das ganze Volk in Mizpa zusammen und ruft Saul, auf den das Los gefallen war, öffentlich zum König aus. Dieser aber kehrt einfach zurück in seinen Bauernberuf. Als jedoch die Ammoniter Jabesch belagern, ruft Saul das Volk zusammen und vertreibt den Feind. Aus Respekt erneuert das Volk in Gilgal Sauls Königschaft. Der alte Samuel ruft dann die Israeliten zusammen, hält eine rührende Abschiedsrede und legt es dem Volk ans Herz, Jahwe zu dienen und nicht davon zu lassen (1 Sam 8–12).

Kriege

Schon im zweiten Jahr seiner Regierung gerät Saul mit den Philistern in Konflikt, weil sein Sohn Jonathan eine von den Philistern eroberte Stadt in

Aufruhr gebracht hatte. Saul ruft das Volk zusammen, doch als der Feind mit einer gewaltigen Heeresmacht aufzieht, kriegt es das Volk mit der Angst zu tun und versteckt sich in den Höhlen der Berge und auf der anderen Jordanseite. Bevor der Kampf beginnen kann, muß Saul noch auf Samuel warten, weil dieser das Opfer bringen muß; doch als Samuel ausbleibt und das Volk davonzulaufen beginnt, bringt Saul das Opfer selbst. Im gleichen Augenblick erscheint Samuel und teilt Saul mit, daß durch diesen Ungehorsam das Königtum von seinem Haus genommen wird!

Inzwischen ist der Zustand für das Volk hoffnungslos, denn die Übermacht der Philister ist so groß, daß praktisch alle Waffen aus dem Land entfernt sind. Doch während Saul unter einem Baum sitzt und schmollt, erklettern Jonathan und sein Waffenträger die Felsenklippen von Michmas, die von den Philistern besetzt sind, schlagen schnell zu und bringen die Übermacht in große Verwirrung. Nun bekommt das ganze Heer wieder Mut, und die Philister trifft während einer Großoffensive eine entscheidende Niederlage. Beinahe geht die Geschichte doch noch schlimm aus, denn das Volk ißt von den erbeuteten Tieren „über dem Blut“ (1 Sam 14,32 + 33). Die Strafe kann durch ein Opfer noch rechtzeitig abgewendet werden. Außerdem hätte Saul, wenn das Volk ihn nicht daran gehindert hätte, beinahe seinen eigenen Sohn Jonathan getötet, wegen eines dummen Eides, den er abgelegt hatte. Saul befestigt sein Königtum durch große Siege über alle umliegenden Völker (1 Sam 13 + 14).

Der nächste Krieg, nämlich gegen Amalek (1 Sam 15), bringt Sauls zweiten Ungehorsamsschritt, wodurch das Königtum nun endgültig von ihm genommen wird. Samuel erzählt, daß Saul auf Gottes Geheiß gegen Amalek kämpfen muß, welches seit dem verräterischen Angriff in der Wüste zu Raphidim (2 Mose 17) Israels Erzfeind ist, und daß er es ausrotten soll. Saul erobert die „Stadt Amaleks“ und besiegt die Amalekiter von Ägypten bis Nord-West-Arabien; entgegen Gottes Befehl verschont er König Agag und den besten Teil des Viehs. Samuel tritt ihm zornig entgegen, kündigt ihm Gottes Strafe an (das Königtum würde einem besseren Mann übergeben werden!) und tötet persönlich König Agag. Saul zeigt leider mehr Besorgnis um seinen Ruf, als um seine Sünde; Samuel wendet sich zornig von ihm ab, um ihn nie mehr wiederzusehen.

Die beiden Brüder Kamose und Amose werden verehrt als Befreier Ägyptens von dem Joch der Hyksos. Kamose ist in diesem Kampf gefallen. Seine Mumie zeigt Spuren davon. Oben ist ein Bild von ihm; sein Bruder Amose hat den Kampf mit Erfolg weitergeführt. Er wird Gründer der achtzehnten Dynastie und ist ein Zeitgenosse Sauls von Israel.

Wir haben schon gesehen, daß nach der vorgeschlagenen revidierten Chronologie Ägyptens die Amalekiter mit den Hyksos identisch sind, die während der ganzen Richterzeit die Herrschaft über Ägypten führten, also mehr als 400 Jahre. Diese Periode stimmt auch besser mit der Angabe von Manetho überein als die „nur“ hundert Jahre, die in der üblichen Chronologie für die Hyksosperiode eingeräumt werden. Nach einer ägyptischen Inschrift wurde Ägypten durch die ägyptischen Brüder Kamosis und Amosis von den Hyksos befreit. Der erste bekämpfte Apophis oder Apop (ist Agag, wie wir sahen), den Hyksos, jedoch noch ohne Erfolg. Amosis, der Gründer der achtzehnten Dynastie und erster Pharao des Neuen Reiches, besiegte die Hyksos und nahm die Stadt Awaris ein. Dies kann zusammen mit König Saul geschehen sein, der die „Stadt Amaleks“ besetzte. Beide Quellen sehen den Standort für die Stadt in der Nähe eines Wadi (Trockental), und zwar in 1. Samuel 15,5 der *Nachal*, d. i. gewöhnlich der Wadi El-Arisj, die Ostgrenze Ägyptens (vgl. auch Vers 7 ff.). Awaris war also möglicherweise identisch mit der Stadt El-Arisj.

Das Emporkommen Davids

Noch traurig über Sauls Untreue, wird Samuel von Jahwe zu dem Bethlehemiter Isai gesandt, um einen von dessen Söhnen zum König zu salben. Nicht die stattlichen ältesten Söhne Isais werden hier zu Gottes Favoriten, sondern der Jüngste (David), der noch nicht einmal zu Hause war beim Opferfest,

Die Steinschleuder ist nicht nur eine Waffe, mit der ein Hirte wilde Tiere auf Abstand hält, sondern auch eine Kriegswaffe, wie auf diesem assyrischen Relief. Jemand, der gut mit dieser Waffe umgehen kann, kann seinen Gegner mit großer Genauigkeit treffen. Das sehen wir auch in der Geschichte von David und Goliath. David wählt die Waffe, die er am besten beherrscht. Mit Gottes Hilfe tötet er Goliath.

sondern auf dem Feld bei den Schafen. David war, obwohl er Hirte war, bestimmt kein Sockenstricker, sondern ein tapferer Held (vgl. 1 Sam 17,34–36) und auch ein tiefgläubiger Dichter und Musikus (vgl. Ps 23). Durch Gottes Vorsehung kommt er auf zwei Arten mit König Saul in Berührung: Erstens beginnt Saul unter dämonischen Depressionen zu leiden, so daß David kommen muß, um ihn mit seinem Harfenspiel aufzumuntern. Zweitens besucht David mit einer Nachricht für seine älteren Brüder, die Soldaten sind, das Heer Sauls, das sich wieder mal im Kriegszustand mit den Philistern befindet. Die zwei Heere liegen einander auf den Berghöfen gegenüber, während jeden Tag der philistische Held Goliath, ein Riese von fast drei Metern Länge, ins Tal hinuntersteigt, um Jahwe und Israel herauszufordern und zu verspotten. Saul setzt zum einen seine Tochter und zum anderen viele Schätze zur Belohnung aus für den Israeliten, der den Riesen besiegt. Doch das ganze Heer zittert vor Goliath. Der junge David, der zu Besuch ist, kann das Gespött nicht mehr ertragen und meldet sich beim König. Trotz dessen Einwände tritt er dem Kämpfer im Namen Jahwes entgegen und tötet ihn mit seinem Hirtenwerkzeug: einer Steinschleuder. Nun wird das philistische Heer angegriffen und besiegt (1 Sam 16 + 17).

Der Sieg über Goliath erfüllt Jonathan nicht mit Neid, sondern mit Bewunderung, und er wird Davids Busenfreund. David hat nun auch Erfolge in anderen Feldzügen, aber gerade deswegen beginnt Saul zu ahnen, daß David möglicherweise sein Nachfolger sein könnte. Als er wieder einmal unter seinen

Depressionen leidet und David für ihn auf der Harfe spielt, versucht Saul zweimal, ihn mit seinem Speer zu töten. Auch enthält er ihm, trotz seines Versprechens, seine älteste Tochter vor und gibt ihm schließlich seine zweite Tochter Michal, die David liebgewonnen hat. Doch auch das erst nach einem schwierigen Auftrag, von dem Saul hoffte, daß David dabei umkommen würde. Jonathan hält zu seinem Freund, was anfänglich anerkannt wird, doch nach einem erneuten Zornausbruch will Saul David gefangennehmen lassen. Michal hilft David zu entfliehen, und dieser flüchtet zu Samuel; doch Saul schämt sich nicht, David sogar dort noch suchen zu lassen. David muß erneut flüchten; heimlich trifft er sich mit Jonathan, mit dem er einen innigen Bund gegenseitiger Treue schließt. Jonathan will bei Saul für David fürsprechen,

David kommt zum Hofe Sauls, um dessen Depressionen mit Musik zu vertreiben. Er spielt Zither, ein Instrument, das auch bei den Nachbarvölkern bekannt ist und oftmals abgebildet wurde. Oben ist ein altes Beispiel aus Ashnunna (Mesopotamien). Saul vermutet, daß David an seiner Stelle König werden wird und trachtet danach, ihn zu töten. David flüchtet und versteckt sich immer wieder in den Höhlen des Gebirges (rechts oben). Bei solch einer Gelegenheit bekommt David die Chance, Saul zu töten, als dieser sich – nicht ahnend, daß David und seine Männer sich dort aufhalten – in einer der Höhlen ausruht. David widersteht der Versuchung jedoch, weil er weiß, daß Saul von Gott gesalbt wurde. Ein anderes Mal dringt David in Sauls Heerlager vor bis zu dessen Zelt, aber er tötet ihn wieder nicht, sondern beweist ihm am nächsten Morgen aus einer sicheren Entfernung, daß er es gut mit ihm meint, indem er ihm einen entwendeten Krug und Speer zeigt (links).

doch das kostet ihn beinahe selbst das Leben; er muß David berichten, daß seine Sache hoffnungslos ist, so daß dieser zum vogelfreien Obdachlosen wird. Leider geht Jonathan nicht mit seinem Freund; das würde ihm (vgl. 1 Sam 31) das Leben gerettet haben. . . (1 Sam 18–20).

David in der Verbannung

David sucht nun Hilfe bei den Priestern in Nob, die ihm ahnungslos helfen; doch Saul läßt in einem Zornausbruch die ganze Priesterstadt ausrotten. Nur Abjathar kann entkommen und schließt sich David an, der Unterschlupf in den Höhlen der Berge findet. Dort stoßen viele Unzufriedene zu ihm, bis er ein Heer von vierhundert tapferen Männern zusammenhat. Saul verfolgt ihn hartnäckig, doch immer wieder entkommt David, so wie in der Stadt Kegila (durch ihn von den Philistern befreit) und auf dem „Sela Machlekoth“ (= Trennungsfelsen; 1 Sam 23,28).

David zeigt seine Liebe für Saul und seinen Respekt vor dem Gesalbten, indem er dessen Leben zweimal verschont: Einmal sucht Saul Ruhe in einer dunklen Bergspalte, wo David, der selbst in der Höhle anwesend ist, unbemerkt ein Stück von seinem Mantel abschneidet; ein anderes Mal dringt David nachts in Sauls Heerlager ein und entwendet den Krug und den Spieß vom Kopfende des schlafenden Saul. Beide Male zeigt er in sicherer Entfernung Saul die erbeuteten Gegenstände, um diesem zu zeigen, daß er es gut mit ihm meint, und beide Male verspricht Saul, sich zu bessern.

Sauls Tod. Als Saul merkt, daß er von den philistischen Schützen in die Enge getrieben wird, bittet er seinen Waffenträger, ihn zu töten. Als dieser sich weigert, stürzt sich Saul selbst in sein Schwert und stirbt (gemalt von Bruegel). Damit endet das Leben eines Mannes, der Ägypten von den Hyksos befreite und Israel als erster König ein Nationalbewußtsein gab.

Inzwischen hat David auch noch einen Disput mit dem reichen Karmeliter Nabal, dessen Herden er beschützt hat und wofür Nabal ihn nicht entlohnen will. David wird wütend und verspricht Rache, doch Abigail, die weise Frau Nabals, besänftigt ihn. Nabal erschrickt buchstäblich zu Tode, als er hinterher von Davids Zorn erfährt; David heiratet später dessen Witwe, denn Michal wurde ihm genommen (1 Sam 25,44).

Aufs neue entbrennt ein Krieg zwischen Israel und den Philistern. Dieser wird für Saul tragisch enden. Doch auch David ist in eine verzwickte Situation geraten, denn dummerweise hat er sich unter falschen Vorwänden den Philistern angeschlossen, die ihm die Stadt Ziklag geschenkt haben. Glücklicherweise sind die Philister noch mißtrauisch genug, ihn nicht in den Kampf gegen sein eigenes Volk ziehen zu lassen. Inzwischen ist Saul so weit heruntergekom-

men, daß er ein spiritistisches Medium befragt. Dort erfährt er von Samuel, der vor einiger Zeit gestorben war, daß seine Tage gezählt sind. Bevor uns von dieser Schlacht berichtet wird, hören wir noch, daß die Amalekiter Ziklag verbrannt und die Frauen und Kinder Davids gefangengenommen haben. David verfolgt die Amalekiter, holt sie ein und befreit die Gefangenen. Das 1. Buch Samuel endet mit der tragischen Schlacht auf dem Gebirge Gilboa, wo die Philister einen großen Sieg verzeichnen, drei Söhne Sauls (unter ihnen Jonathan) fallen und Saul sich selbst aus Verzweiflung in sein Schwert stürzt. Die jubelnden Philister hängen die vier Leichen der Männer an die Mauer der Stadt Beth-Schean; dort werden sie von den immer noch dankbaren Einwohnern Jabeschs (vgl. 1 Sam 11) weggenommen. So endet diese tieftragische Geschichte des ersten Königs von Israel (1 Sam 27–31).

VII. Das goldene Jahrhundert

Auf der Luftaufnahme vom Tempelplatz und einem Teil Jerusalems ist gut zu erkennen, daß der Tempel auf einem Hügel stand. Links unten sind die Terrassen gegen den Hügel zu sehen. Heute liegt der Tempelplatz in der südöstlichen Ecke Jerusalems. Zur Zeit der Könige jedoch lag er im äußersten Norden der Stadt. Es wurde viel um diese Stadt gekämpft, damals wie heute. Bekannt ist die Zerstörung der Stadt im Jahre 70 n. Chr. durch die Römer, unter der Leitung von dem Kaisersohn Titus. In Rom wurde ein Triumphbogen für Titus errichtet, auf dem die Eroberung Jerusalems, die Wegführung der Bevölkerung sowie die gemachte Beute abgebildet sind. Rechts wird der Leuchter aus dem herodianischen Tempel von römischen Soldaten weggetragen.

Jerusalem

- 70: Jerusalem wird durch die von Titus geführten Römer zerstört; die Juden werden gefangengenommen, getötet oder vertrieben.
- 132: Unter der Leitung von Bar Kochba haben die Juden für eine Periode von ein paar Jahren Jerusalem zurückerobert. Nach dieser Periode ist es den Juden jahrhundertelang bei Todesstrafe verboten, die Stadt zu betreten.
- 1948: Der jüdische Staat „Israel“ wird gegründet, der jedoch vorerst nur West-Jerusalem enthält, nicht die alte Stadt.
- 1967: Das alte, eigentliche Jerusalem wird während eines Sechstagekrieges erobert; die Juden erklären, daß sie die Stadt nie mehr hergeben werden.
- 1980: Israel erklärt in einem offiziellen Erlaß, daß das ganze Jerusalem zum Staate Israel gehört und für immer seine Hauptstadt sein wird.

Jerusalem wird nicht mehr, wie es 1800 Jahre lang geschah, von den Heiden mit den Füßen getreten; mancher fragt sich: „Ist die Zeit der Heiden erfüllt?“ (vgl. Lk 21,24). Jerusalem ist wieder die Hauptstadt eines unabhängigen Staates Israel! Das war sie schon vor sehr langer Zeit einmal gewesen, von dem Augenblick an, wo ein anderer Krieg um die Stadt geführt wurde: als der große König David die Stadt Jebus von den heidnischen Jebusitern eroberte und sie zu seiner Hauptstadt machte: Jerusalem, das bedeutet: „Stadt des Friedens“ – welch ein herausfordernder Name!

Jerusalem hat sich allmählich ausgebreitet. Ausgrabungen ermöglichen es, einigermaßen genau verschiedene Perioden zu rekonstruieren. Rechts ist eine Karte mit den Umrissen Jerusalems zur Zeit der Jebusiter, Davids (1), Salomos (2), zur Zeit späterer Könige (3) und schließlich zur Zeit der Makkabäer (4). Oben eine Nachbildung der Stadt Salomos. Seit dem 15. Jh. n. Chr. hat der Davidstern die Menora als jüdisches Symbol ersetzt. Im vorigen Jahrhundert wurde er mit dem aufkommenden Zionismus das Zeichen der jüdischen Einheit. Von den Nazis wurde er mißbraucht, um die Juden von den anderen Völkern zu unterscheiden. Bei der Gründung des Staates Israel entschied man sich für eine Fahne mit einem Davidstern und für ein Wappen mit dem siebenarmigen Leuchter.

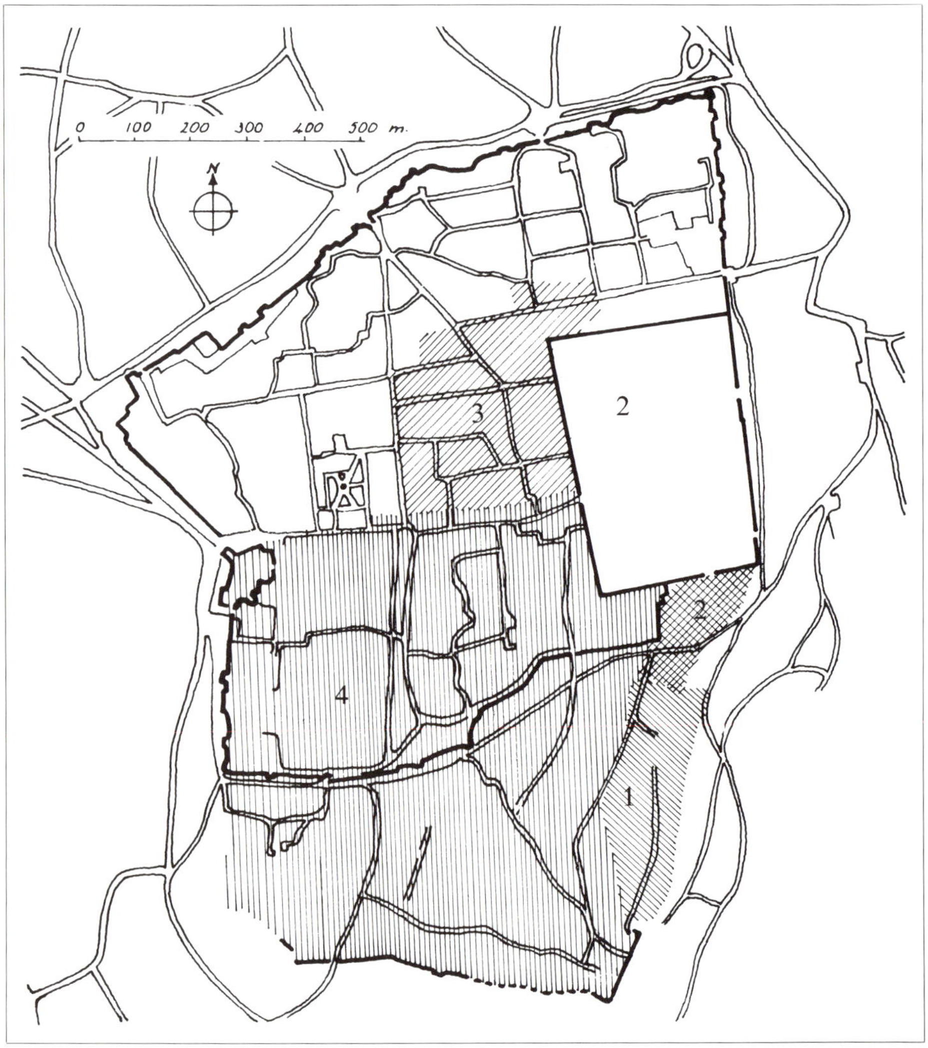

Jerusalem war auch die „Stadt Davids", des großen Königs, dessen Name so sehr in der Geschichte Israels weiterwirkt. Wird doch der Messias öfter als der Sohn Davids oder sogar schlicht als „David" angedeutet (Jer 30,9; Hes 34,22 + 24; 37,24 ff.; Hos 3,5), aus dem „Hause David". Der Name David steht in engem Zusammenhang mit der innigsten Hoffnung Israels, aber auch mit seinem größten Elend; vom Mittelalter angefangen bis in den zweiten Weltkrieg war der „Davidstern" das Zeichen ihrer Schande. Doch es war, seltsamerweise, auch wieder ein David, der den neuen Staat Israel proklamierte: David Ben Gurion.

David

Nach dem Tode Sauls kann der beliebte David sofort König werden über seinen eigenen Stamm Juda und nach einigen Reibereien mit dem Hause Saul auch über ganz Israel. Die Geschichte seiner Regierungszeit wird sowohl im zweiten Buch Samuel als auch im ersten Buch der Chronik beschrieben. Die Geschichten der ihm nachfolgenden Könige Israels werden sowohl in den beiden Büchern der Könige als auch im zweiten Buch der Chronik beschrieben. Die Bücher Samuel und Könige einerseits bilden also ein fortlaufendes geschichtliches Ganzes, während ebenso die Bücher der Chronik und anschließend die Bücher Esra und Nehemia ein fortlaufendes geschichtliches Ganzes bilden. Die vielen doppelten Berichte sind aber schon deshalb nicht überflüssig, weil die zwei Bücherreihen aus ganz unterschiedlichen historischen Perspektiven geschrieben wurden. Die Samuel-/Königereihe, geschrieben vor der babylonischen Gefangenschaft, zeigt uns mehr die objektiven Tatsachen, mehr den Menschen in seiner Verantwortung und mit all seinen Fehlern. So hören wir in 2. Samuel über Davids Ehebruch und Mord und über seine Flucht vor seinem Sohn Absalom; darüber schweigt die 1. Chronik; nach der Teilung des Reiches hören wir hauptsächlich über die Erlebnisse der zehn Stämme. Dagegen sind die Bücher der Chronik, die nach der Gefangenschaft geschrieben wurden, scheinbar gerade deshalb geschrieben, um den aus der Gefangenschaft zurückkehrenden Juden die schönen Seiten ihrer früheren Geschichte vor Augen zu halten: Zeiten, an die selbst Gott gerne zurückdachte. Darum hören wir hier über das Zehnstämmereich und über die Fehler Davids,

Von dem Tempel Salomos ist nichts zu finden. Wohl aber von dem Tempel, der von Herodes gebaut wurde, aus riesigen Steinblöcken. Die westliche Mauer vom Tempelplatz des Herodes bildet heute die Klagemauer, die Zeugnis von der Zerstörung des Tempels gibt. Nachts werden die Steine der Mauer mit Tautropfen bedeckt, von denen die Legende sagt, daß es Tränen sind, die die Klagemauer, mit ganz Israel weinend, vergießt.

Salomos und der folgenden Könige nur das, was unbedingt notwendig ist, um diese Linie göttlicher Gnade während der früheren Geschichte zu verstehen. So hören wir nichts über die genannten Fehler Davids, wohl aber ausführlich über den Einzug der Bundeslade nach Jerusalem, über Davids Helden und Heldentaten und über seine Vorbereitungen für den Tempelbau. Die Gottesherrschaft in Israel, repräsentiert durch das davidische Königtum und den Gottesdienst (Lade und Tempel), bildet den Kern des ersten Buches, und das zweite Buch verfolgt die gleiche Linie. Nach dieser notwendigen Beleuchtung der unterschiedlichen Charaktere der Bücher, die das Königtum Davids und Salomos beschreiben, werden wir nun der Geschichte in beiden Buchreihen nach ihrer historischen Ordnung folgen.

Die Festigung des davidischen Königtums

Wir beginnen mit der Festigung des davidischen Königtums (2 Sam 1–7; 1 Chr 10–20). Davids Treue gegenüber Saul äußert sich treffend bei der Nachricht von dessen Tod. David tötet den Mann, der ihm die Nachricht bringt und damit angibt, Saul getötet zu haben; ferner besingt er Saul und seinen Busenfreund Jonathan in einem herrlichen Trauergesang. Auf Befehl Jahwes geht David nun zu den Judäern, seinen Stammesgenossen, die ihn in Hebron zu ihrem König ausrufen lassen. Ehe er jedoch König über ganz Israel werden kann, muß er leider mit dem Hause Saul kämpfen. Sauls Hauptmann Abner hat nämlich dessen übriggebliebenen Sohn Isch-Boscheth zum König ausgerufen. Auch sieht Abner sich gezwungen, in dem Kampf Davids Neffen Asael zu töten. Dies erregt den Zorn Joabs, Asaels Bruder, Davids Neffen und späteren Feldhauptmann, der Abners Heer einen schweren Schlag versetzt und später, als Abner kommt, um mit David zu verhandeln, diesen verräterisch ermordet. David ist zutiefst empört über den Mord an diesem edlen Mann, und als außerdem zwei nichtsnutzige Leute Isch-Boscheth in seinem Bett ermorden, stellt er sie vor Gericht.

Übrigens ist dadurch wohl der Weg freigemacht, um David zum König über ganz Israel auszurufen. Davids Helden (deren Heldentaten aufgezählt werden; vgl. 2 Sam 23,8–39) bekommen wichtige Funktionen, und von allen Seiten kommen nun frühere Anhänger, um ihre Dienste anzubieten. Eine der ersten Taten in Davids Regierungszeit ist die Eroberung Jerusalems, das noch immer von dem kanaanitischen Stamm der Jebusiter bewohnt wird; Joab spielt in dieser Eroberung eine Hauptrolle, so daß er Davids General wird. David baut die Stadt wieder auf und macht sie zu seiner Hauptstadt; von nun an wird sie den Beinamen „Stadt Davids“ tragen. Und die Philister, die sofort versuchen, David kleinzukriegen, bekommen erst einmal eine ordentliche Abreibung.

Jerusalem soll nicht nur zum Zentrum der Regierung, sondern auch des Gottesdienstes werden; es ist der lang „gesuchte“ Ort, an welchem Jahwe Seinen Namen wohnen lassen will (vgl. 5 Mose 12!). Die Bundeslade ist in dem Gelobten Land bisher ganz schön herumgeschleppt worden: von Gilgal (Jos 7,6) nach Bethel (Ri 20,27) und von dort nach Silo (1 Sam 1,3; 3,3), wo schon vorher die Stiftshütte errichtet worden war (Jos 18,1). Nach der „Gefangenschaft“ der Lade im Land der Philister (1 Sam 4,6) ist sie im Haus vom Abinadab gelandet in Kirjath-Jearim, wo sie für zwanzig Jahre bleibt (vielleicht mit der Unterbrechung von 1 Sam 14,18). Aus diesem Haus läßt David die Lade Gottes holen, um sie in seine Stadt zu bringen, leider jedoch nicht auf die vorgeschriebene Weise, d. i. auf den Schultern der Leviten. Ist ein „neuer Wagen“ vielleicht besser? Als die Rinder ausgleiten und die Bundeslade zu rutschen beginnt, faßt Uzza zu und wird sofort getötet. David ist tief betrübt und läßt die Lade unterwegs zurück im Hause des Obed-Edom, wo sie für drei Monate bleibt.

Dann bekommt David wieder Mut, läßt die Bundeslade von den Leviten tragen und bringt sie in die Stadt, während er unterwegs viel Opfer bringt und in ausgelassener Freude vor der Lade hertanzt. Seine Frau Michal, die er wieder hat zurückbringen lassen, verachtet ihn wegen dieses Tanzes in einem einfachen Leibrock: Zur Strafe bleibt sie kinderlos. Zum ersten Mal läßt David nun die Leviten auch Gesang und Musik ausüben, wofür er selber einen herrlichen Lobgesang komponiert, der in Psalm 105,96 und 106 wiederzufinden ist, und trifft auch andere Maßnahmen für den Gottesdienst. Doch: David darf die Bundeslade auf dem Berg Zion nur in einem Zelt aufstellen. Wie gerne würde er einen Tempel für Jahwe bauen! Doch Jahwe läßt ihn durch den Propheten Nathan wissen, daß er das nicht tun darf; er hat als Kriegsmann zuviel Blut an seinen Händen (vgl. 1 Chr 28,3), aber sein Sohn Salomo wird Jahwe einen Tempel bauen. Angesichts dieses Sohnes gibt Gott herrliche Verheißungen, die nur teilweise in Salomo, dafür aber ganz in Christus erfüllt werden (Hebr 1,15; Lk 1,31–33; Apg 2,29–31; 13,22 ff.). David dankt dem Herrn von ganzem Herzen.

Davids Fall (2 Sam 8,12)

In der ersten Phase seiner Regierung hat David ein mächtiges Reich gefestigt, indem er sich alle umliegenden Völker, eins nach dem andern, untertänig macht (2 Sam 8; siehe auch 1 Chr 18,20): die Philister, die Moabiter, Zoba, Aram, Hamath, Ammon, Amalek und Edom; vor allem der Kampf

David hat bereits Kontakt zu den Phöniziern, vor allem mit denen von Tyrus. Der Kontakt wird von Salomo später fortgesetzt. Diese Phönizier haben eine reiche Kultur, wie dieser goldene Schlüssel zeigt. Bei dem Parlamentsgebäude, der Knesseth, steht eine riesige Menora in Bronze. Sie ist ein Geschenk der Briten. Auf jeder der Leuchterarme findet man Szenen und Personen aus der jüdischen Geschichte.

mit den Ammonitern – mit denen David zuerst Freundschaft suchte, die aber mit Schmach beantwortet wurde – ist lange und schwer, wird aber schließlich mit der Eroberung der Hauptstadt Rabba gekrönt (2 Sam 10–11,2; vgl. 2 Sam 12,26–31). So breitet David seinen Einfluß aus, vom Golf von Akaba und der ägyptischen Grenze bis an den Ober-Euphrat. Später hat David noch etliche Male gegen den Erzfeind, die Philister, kämpfen müssen (2 Sam 21,15–22). In diesem Licht gesehen ist es erstaunlich, daß Davids persönliche Leibwache, die Krether und die Plether, hauptsächlich aus Kriegern philistischer Herkunft bestanden. Krether (oder Kerethiter) bedeutet wahrscheinlich Kretenser, und Plether bedeutet wahrscheinlich Philister, die gleichfalls von Kreta stammen (vgl. 1 Sam 30,14; 2 Sam 8,18; Hes 25,16; Zef 2,5). Sie bleiben David unter allen Umständen treu (2 Sam 15,18; 20,7; 1 Kön 1,38 + 44). Wahrscheinlich stammt diese Leibwacht aus Davids Zeit in Gath (1 Sam 27).

Inmitten aller Kriege finden wir die schöne Geschichte von Mephiboscheth, dem Sohn Jonathans und Enkel Sauls. Ein an beiden Füßen gelähmter Mann, der von David, um Jonathans willen, begnadet wird und jeden Tag am Tisch des Königs essen darf. Es ist übrigens ein bedenkliches Zeichen, daß David bei dem geschilderten Kampf gegen die Ammoniter zu Hause bleibt in Jerusalem.

Er befindet sich in einem Zustand von Trägheit, als er an einem Abend von dem Dach seines Palastes aus eine Frau sieht, die dabei ist, sich zu baden: Bathseba, die Frau des Uria. Er läßt sie holen und schwängert sie. Zu dieser Sünde von Ehebruch gesellt sich zudem noch die des Mordes. David läßt den

Soldaten Uria aus dem Kampf zurückholen und nach Hause kommen, in der Hoffnung, daß dieser seiner Frau beiwohnen würde und das erwartete Kind ihm zugeschrieben werden könnte. Aber Uria will nicht zu Hause schlafen, während das Heer in Zelten schläft. Nun sieht David sich gezwungen, Uria mit einem Brief zurückzuschicken, der einen Befehl an Joab enthält; dieser soll Uria an die Front des Kampfes stellen, damit er dort falle. Das Verbrechen gelingt, und David kann jetzt Bathseba zur Frau nehmen (2 Sam 11).

Aber Gott schickt den Propheten Nathan zu David und läßt ihm, mittels einer erfundenen Geschichte, sein eigenes Urteil verkünden. David bereut seine große Sünde zutiefst (siehe Ps 51), wird aber dennoch die Folgen seiner Sünde tragen müssen: In Übereinstimmung mit Nathans illustrierender Geschichte wird er den Mord an Uria vierfältig bezahlen müssen, und so hat seine Sünde ihn tatsächlich vier Söhne gekostet. Das erste Kind von Bathseba, Amnon, Absalom und Adonia. Das schreckliche Leid, das sein Sohn Absalom über ihn bringen wird, der sogar seine Frauen nehmen würde, genau wie David mit Urias Frau vorgegangen ist, wird David angekündigt. David ist tief erschüttert über den Tod von Bathsebas Kind, aber er wird getröstet als sie wieder einen Sohn gebärt: Salomo... (2 Sam 12).

Absaloms Aufruhr (2 Sam 13,20)

Das Schwert weicht nicht mehr von Davids Haus (2 Sam 12,10); das Leid beginnt, als einer der Söhne Davids, Amnon, seine Halbschwester Thamar vergewaltigt und danach eine Abneigung zu ihr bekommt. Thamar weint sich bei ihrem richtigen Bruder Absalom aus, der eine Gelegenheit zur Rache abwartet, bis er zwei Jahre später, während eines Schafschurfestes, seinen Halbbruder Amnon von seinen Knechten töten lassen kann. Er flüchtet zu seinem Großvater, dem König von Geschur, doch David siecht dahin vor Traurigkeit, nicht so sehr wegen seines toten Sohnes Amnon als vielmehr wegen seines Lieblingssohnes Absalom... (2 Sam 13). Joab merkt das und läßt mittels einer „weisen Frau" den König überreden, Barmherzigkeit zu erweisen und Absalom zurückkehren zu lassen. David ist jedoch vorsichtig, sich allzu verträglich zu zeigen, und erst zwei Jahre nach Absaloms Rückkehr darf dieser ihm unter die Augen treten; Absalom hat dieses zustande gebracht, indem er Joab auf gemeine Art und Weise gezwungen hat, für ihn zu vermitteln (2 Sam 14). Der Königssohn ist ein Beispiel grober Durchtriebenheit und beeindruckender männlicher Schönheit; einer, der durch Schmeicheleien die Gunst des Volkes gewinnt. Vier Jahre später geht er unter einem Vorwand nach Hebron, wo er sich von seinen Anhängern zum König ausrufen läßt. David muß Hals über Kopf mit seinen Getreuen fliehen, aber andere, wie Mephiboscheth, bleiben zurück, und sogar Davids Ratgeber Ahithophel bleibt bei Absalom (2 Sam 15). Unterwegs wird David mit Schmach beladen und von Simei, einem Mann aus dem Hause Sauls, mit Steinen beworfen, aber David nimmt das alles geduldig hin, weil er weiß, daß dies alles Folgen seiner großen Sünde sind. Ahithophel rät Absalom, sein Königtum zu befestigen, indem er zu Davids Frauen geht (wodurch das Wort des Nathan in Erfüllung geht!), außerdem soll dieser sofort hinter David herjagen und ihn besiegen. Doch Gott führt es so, daß Absalom den Rat von Davids Freund Huschai bevorzugt. Dadurch bekommt David Gelegenheit zu flüchten und seine Getreuen an der Gegenseite des Jordans zu versammeln. Ahithopel kann seine Niederlage nicht verkraften und begeht Selbstmord (2 Sam 16–17).

Nun entbrennt schon bald der große Streit zwischen David und seinen Getreuen und den Anhängern Absaloms. David drängt darauf, seinen Sohn Absalom zu schonen, doch als dessen Heer flüchten muß, bleibt Absalom mit seinen Haaren in einem Baum hängen, wo er von Joab gefunden und ermordet wird. Das bedeutet zugleich die Niederlage für das Heer Absaloms. Doch als diese gute Nachricht David erreicht, ist er tief erschüttert über den Tod seines Sohnes (2 Sam 18). Das irritiert Joab, der Angst hat, daß das Volk unzufrieden wird und davonläuft, und er wäscht David ordentlich den Kopf. David gibt sich geschlagen, doch ist ihm Joab derart über, daß er Amasa an dessen Stelle zum General beruft. Nun kehrt der König im Triumph nach Jerusalem zurück, macht jedoch den Fehler, nur Juda zum Willkommensfest einzuladen, wodurch er die Spannung zwischen den Stämmen noch verschärft (2 Sam 19). Dadurch bricht ein neuer Aufruhr aus, nun unter der Leitung des Benjaminiters Scheba. Das Heer zieht gegen Scheba in den Kampf, wobei Joab die Gelegenheit benutzt, Amasa kaltblütig zu ermorden und sich einfach wieder

Im Kidrontal steht das sog. Grab Absaloms (aus der Zeit Herodes). Wenn David auch ein Mann nach dem Herzen Gottes ist, kann er schwer sündigen. Das tut er mit Bathseba; er gibt im Grunde sogar noch den Befehl dazu, Uria, ihren Mann, töten zu lassen. Rembrandt hält (links) den Moment fest, wo David die Nachricht über Urias Tod erhält und der Prophet Nathan zu ihm kommt mit der Anklage Gottes.

an die Spitze des Heeres zu stellen. Der große David kann nicht gegen seinen Neffen an. Der Aufstand wird übrigens schnell unterdrückt, und Scheba wird getötet (2 Sam 20). Nun folgt eine eigenartige Episode im Leben Davids: Das Land seufzt drei Jahre lang unter Hungersnot. David fragt Jahwe nach der Ursache und bekommt zur Antwort, daß Saul trotz des Bundes, den Josua mit ihnen geschlossen hatte, die Gibeoniter angegriffen hat (vgl. Jos 9,3,6 + 15). Die gemeinsame Verantwortung für die Einhaltung von Bündnissen fordert, daß das vergossene gibeonitische Blut durch den Tod von Männern aus dem Hause Saul gerächt wird. Insgesamt sind es sieben: zwei Söhne von Sauls Nebenfrau Rizpa und fünf Söhne von Sauls Tochter Merab. Rizpa breitet über die Leichen ein Zelt und beschützt sie gegen die Vögel. Von dieser Treue gerührt, läßt David die Leichname beerdigen, zusammen mit den Gebeinen von Saul und Jonathan, die sich noch in Jabesch befinden. Danach beendet Gott die Hungersnot (2 Sam 21,1–14).

Wir hören auch noch von einem herrlichen Danklied Davids, das wir im Buch der Psalmen wiederfinden (Ps 18); es wurde wahrscheinlich von David komponiert, als er den Thron Israels wieder eingenommen hatte. An dieses Danklied knüpfen sich die „letzten Worte" Davids an. Ein prächtiges Zeugnis, wie Gott Davids Mund gebraucht, um Seine Worte auszusprechen. David wird darin als der „Liebling der Lieder Israels" bezeichnet (2 Sam 23,1), und in der Tat hat er viele herrliche Psalmen (mindestens 73) und Lobgesänge hinterlassen, die noch heute von Millionen gesungen werden (2 Sam 22,1–23,7).

Die letzten Regierungsjahre Davids

Nun folgen die letzten Regierungsjahre Davids (2 Sam 24; 1 Kön 1; 1 Chr 21–29). Um David auf die Probe zu stellen, läßt Gott es zu, daß Satan ihn in Versuchung bringt, das Volk zählen zu lassen. David gibt sich trotz des berechtigten Protestes von Joab diesem Hochmut hin, und Joab, nicht nur ambitiös und gnadenlos, sondern auch intelligent, muß gegen seinen Willen diese Arbeit übernehmen. Sofort nach der Zählung bereut David jedoch und bekennt seine Sünde, noch vor dem Erscheinen des Propheten Gad. Dieser läßt ihn nach Gottes Befehl unter drei Strafen eine auswählen. David wählt die kürzeste Strafe, die ihn zudem in Gottes Hand und nicht in die der Menschen fallen läßt: drei Tage Pest. Durch die Hand eines Engels sterben Tausende, doch als der Engel bei Jerusalem angelangt ist, findet Jahwe, daß es jetzt genug ist. In dem Moment steht der Engel bei der Tenne des Jebusiters Arawna, wo auch David gerade eintrifft. Gott hat ihm befohlen, dort zu opfern. David kauft die Tenne und baut einen Altar, wo er Opfer bringt, die vom Feuer aus dem Himmel angezündet werden. Erst danach findet die Plage ihr Ende. Bemerkenswert ist, daß diese Tenne auf dem Berg Moria gelegen war (vgl. auch 1 Mose 22,2,8 + 14) und daß an demselben Ort später der Tempelplatz mit dem Brandopferaltar seinen Platz fand (siehe 1 Chr 22,1; 2 Chr 3,1). David hatte nie den Nachfolger seiner Wahl bekanntgegeben. Darum sieht sein Sohn Adonia, genauso anziehend wie Absalom und wahrscheinlich inzwischen der Älteste (vgl. 2 Sam 3,2–5), seine Gelegenheit gekommen. Unterstützt von Joab und Abjathar läßt er sich zum König ausrufen, nachdem David alt und schwach geworden ist. Nathan und Bathseba durchschauen diesen Komplott und bewegen David dazu, seine Wahl bekanntzumachen und Salomo als Nachfolger zu proklamieren. Adonia ist vollkommen überrascht von dieser schnellen Aktion, wird aber vorläufig begnadigt. Nun, da Salomo öffentlich als Nachfolger angewiesen ist, bespricht David mit ihm seine Pläne für den Tempelbau und legt es ihm ans Herz, alles genauso auszuführen. Auch werden die Familien der Leviten und Priester genau eingeteilt und die Aufgaben der ersteren umschrieben: Assistenten beim Opferdienst, Sänger und Musiker, Torwächter, Schatzmeister und Aufseher.

David regierte theokratisch, d. h. Gott regierte und David wurde von Gott angestellt. Er regierte nicht in einer Demokratie. Auch David brauchte Mitarbeiter. Deshalb stellte er Regenten und Ratsherren ein. Das moderne Israel ist auch hinsichtlich seiner Regierung „modern“. Es ist eine Republik mit einer Demokratie. Die gewählte Volksvertretung kommt in der Knesseth zusammen.

Ferner werden Regelungen für die zivile Verwaltung getroffen: die Verwaltung der Armeeabteilungen, der Stämme, der Ländereien Davids sowie die der Ratsherren Davids.

Schließlich ruft David alle Obersten des Volkes zusammen, um nun offiziell Salomo zu seinem Nachfolger zu machen. Er überreicht ihm öffentlich den Entwurf zum Tempelbau, stellt eine gewaltige Gabe aus seinem Privatvermögen für den Tempelbau zur Verfügung und ruft die Obersten auf, es ihm nachzutun. Das Echo ist gewaltig, und David singt ein dankbares Loblied. Am Ende der Zusammenkunft setzt Salomo sich auf den königlichen Thron („den Thron Jahwes"); nicht lange danach stirbt David im Alter von siebzig Jahren.

David hat das Reich während seiner Regierung enorm vergrößert. Er fing ganz bescheiden an; während der ersten sieben Jahre ist er nur König von Juda, danach von ganz Israel. Er hat ununterbrochen gegen umliegende Völker gekämpft, die entweder besiegt wurden oder Steuern zahlen mußten. Salomo erbte dieses große Reich, das bis zu seinem Tod zusammenbleibt, um dann auseinanderzufallen. Es ist nicht möglich, genau zu sagen, wie die Grenzen verliefen, weil zu viele Angaben unbekannter Orte gemacht werden und weil die Angaben manchmal vage und unbestimmt sind. So wird gesagt, daß das Reich sich bis zum Oberlauf des Euphrats erstreckte. Mutmaßenderweise wurde auf dieser Karte eine Grenze gezogen, sicher ist sie auf keinen Fall.

Salomo wurde berühmt wegen seiner Weisheit, die veranschaulicht wird in einer Geschichte von zwei Frauen, die sich um ein Kind streiten. Zu Salomos Schätzen gehörte auch Elfenbein. Oben steht ein etwas beschädigtes, beschnittenes Stück Elfenbein, das in Meggido gefunden wurde und etwa aus Salomos Zeit stammt. Es wird ein Fürst dargestellt, der auf einem Thron sitzt und aus einer Schale trinkt. Rechts steht entweder er selbst oder sein Diener auf einem Streitwagen. Bei dem Tempel werden die Maße in Ellen „nach dem alten Maß" angegeben. Man vermutet, daß diese „alte Elle" identisch ist mit der ägyptischen königlichen Elle (d. h. 0,525 m). Unten ist solch eine ägyptische königliche Elle abgebildet – in grauem Stein – von dem Hohenpriester des Ptah in Memphis, Ptahmes, aus der 18. oder 19. Dynastie.

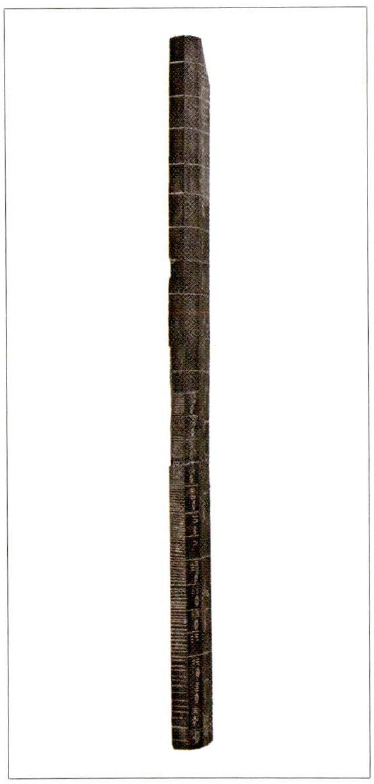

Salomo an der Regierung

Salomo hat schon sofort nach Beginn seiner Regierungszeit keine Zeit zu verschenken (1 Kön 2–4; 2 Chr 1). Der Aufstand von Adonia hat ihm etliche Gegner eingehandelt, denen er mit Macht entgegentritt. Zuerst wird Adonia, von dem Salomo meint, daß er noch immer nach der Krone strebt, selbst vor Gericht gestellt. Der Priester Abjathar wird wegen seiner Treue gegen David nicht vor Gericht gestellt, sondern in die Verbannung geschickt; damit endet auch die Linie Elis, so wie es vorhergesagt wurde (siehe 1 Sam 2,30). Auch der schlaue Fuchs Joab wird exekutiert, sogar im Heiligtum; doch als letzten Ehrenerweis setzt man ihn dann in seinem eigenen Familiengrab bei. Simei, der David auf dessen Flucht so verspottet hatte, bekommt lebenslänglichen Hausarrest; wenn er den Arrest nicht einhält, wird er auch umgebracht. Henker in allen diesen Fällen ist der Held Benaja (vgl. 2 Sam 23,20–23), Kommandeur der Leibwache Davids, der nun als Joabs Nachfolger General wird.

Während zur Zeit Davids die Bundeslade nach Zion gebracht wurde, war die Stiftshütte von Silo nach Gibon umgezogen. Dort organisiert Salomo einen zeremoniellen Gottesdienst, um mit vielem Opfern sein Königtum vor Gottes Angesicht zu befestigen. Nachts fragt Jahwe ihn in einem Traum, was er von ihm empfangen möchte. Salomo bittet nicht um Reichtum, Ehre oder ein langes Leben, sondern um Weisheit und Einsicht, um sein Volk gut regieren zu können. Gott gewährt ihm diese Bitte und verspricht Salomo, falls dieser Ihm treu dienen würde, ferner auch die Dinge, um die er nicht gebeten hat. Die Bibel überliefert uns ein treffendes Beispiel der ungewöhnlichen Weisheit Salomos in der Rechtsprechung. Zwei Frauen erscheinen vor dem König, eine mit einem toten und eine mit einem lebenden Sohn. Beide behaupten, der lebende Sohn sei der ihre. Um den Mutterinstinkt zu wecken, erläßt Salomo den Befehl, das lebende Kind in zwei Hälften zu zerteilen, für jede Frau eine Hälfte. Die eine Frau stimmt bösartig zu, doch die wahre Mutter will, daß das Kind dann doch lieber der anderen Frau gegeben werden soll. Nun weiß Salomo genug: Sie bekommt ihr Kind zurück.

Salomo ist der weiseste und mächtigste König, den Israel je gehabt hat; darin ist er der deutliche Typus für das Königtum Christi. Wir haben im 1. Königsbuch eine Aufzählung der Fürsten und Landvögte Salomos und, so sagt es der Verfasser: „Juda aber und Israel waren zahlreich wie der Sand am Meer, und sie aßen und tranken und waren fröhlich" (1 Kön 4,20). Salomo regierte auch über das größte Gebiet: vom Euphrat bis an das Land Ägypten, und das in völligem Frieden. Auch sammelte Salomo einen gigantischen Reiter- und Wagenpark. Von allen Seiten kamen die Menschen nach Jerusalem, um die Weisheit Salomos zu hören. Wie David der „Vater" von Israels Psalmen ist, so ist Salomo der „Vater" der israelischen Weisheitsliteratur

Der Tempel Salomos besteht aus einem Hauptgebäude, an dessen drei Seiten eine tieferliegende Umbauung anschließt. Das Hauptgebäude birgt drei Räume, den Vorhof, das Heilige und das Allerheiligste. An der Stelle des Vorhofs ist die Hauptbaumasse kleiner, so daß sich der Eingang zum Tempel deutlich abhebt. Das Untergeschoß des Tempels liegt etwas höher und seitlich der Treppe zum Vorhof stehen die Säulen Jachin und Boas. Der Eingang zum Vorhof, der als eine Art Außenkammer fungiert, wird von einem Durchgang aus zwei Säulen gebildet, deren Kapitelle lilienförmig sind. Hinter diesem Vorhof liegt das Heilige. Es ist der größte Raum des Tempels. Die Grundfläche mißt 10 × 20 Meter und die Höhe 15 Meter. Um die 10 Meter breite Dachüberspannung zu realisieren, sind vermutlich Verstrebungen unter den Mutterbalken angebracht worden, wodurch der Kräfteverlauf günstiger wird. Über diesen Mutterbalken liegen Querbalken und darauf eine Holzdecke, die von oben mit einer Lehmschicht bedeckt ist. Das Dach hat eine Brüstung mit eingekerbter Verzierung. Durch die Umbauung liegen die Fenster im Heiligen ziemlich hoch, so daß dieser Raum halbdunkel gewesen sein wird. Das Allerheiligste ist viel kleiner als das Heilige und ebenfalls ein dunkler Raum. Das einzige Licht, das hier eindringt, fällt durch die meist offenstehende Tür zum Heiligen. Die Umbauung umfaßt Holzgalerien in drei Bauschichten, die vom Eingang an der Südseite zu erreichen sind. Am Ende dieser Galerien liegen die Treppen. Oben ein Modell von dem salomonischen Tempel.

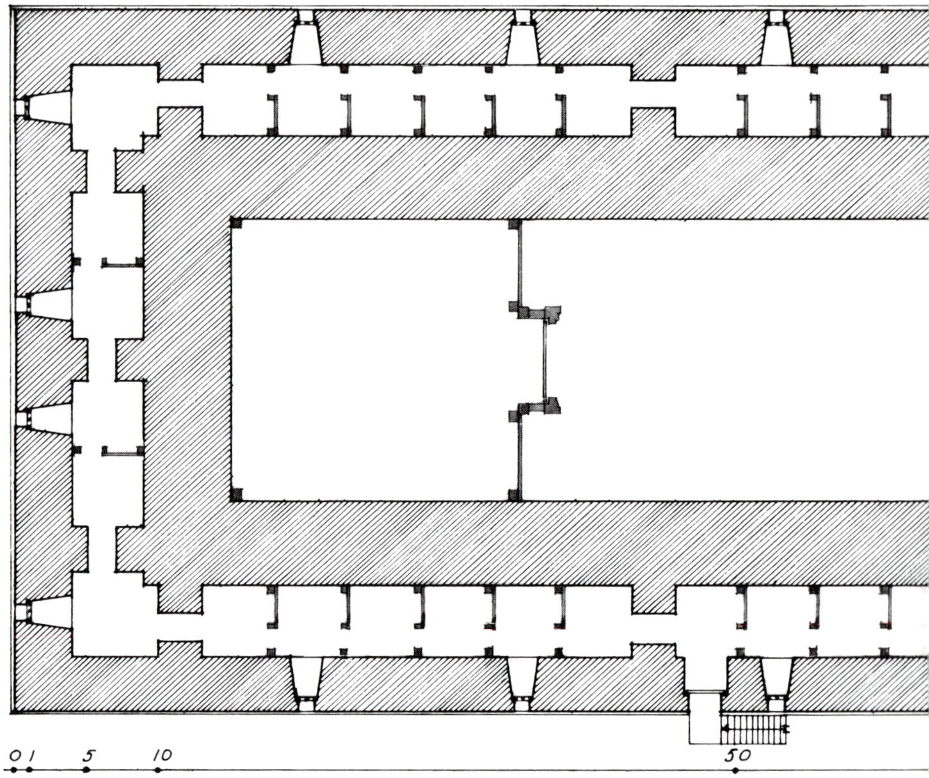

Grundriß

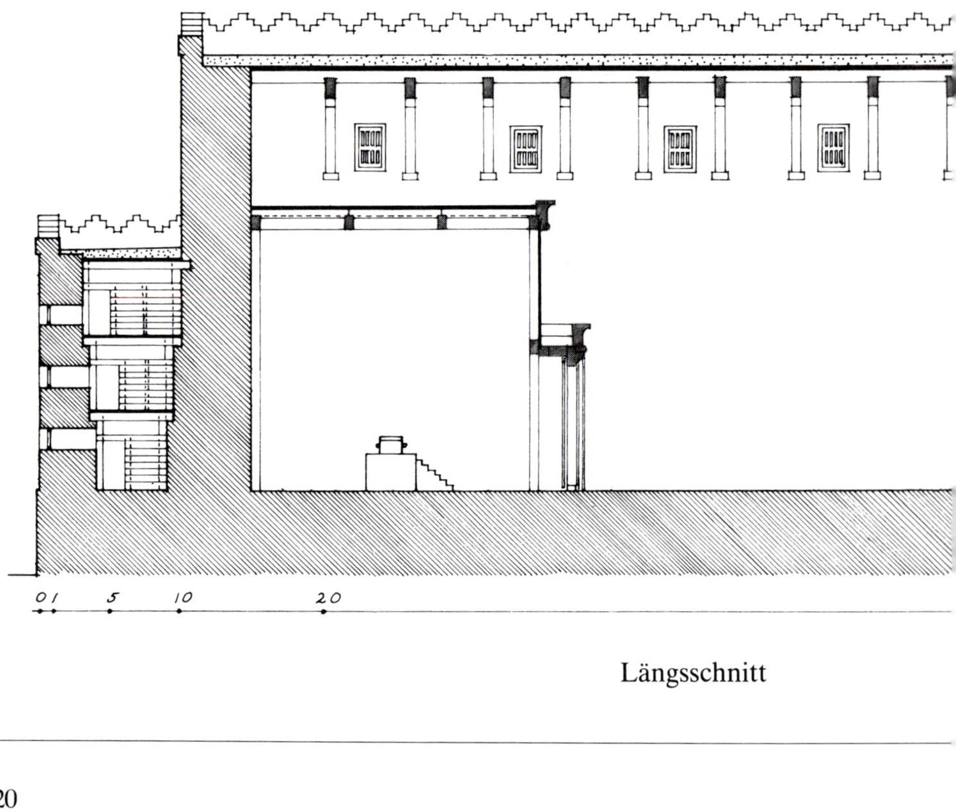

Längsschnitt

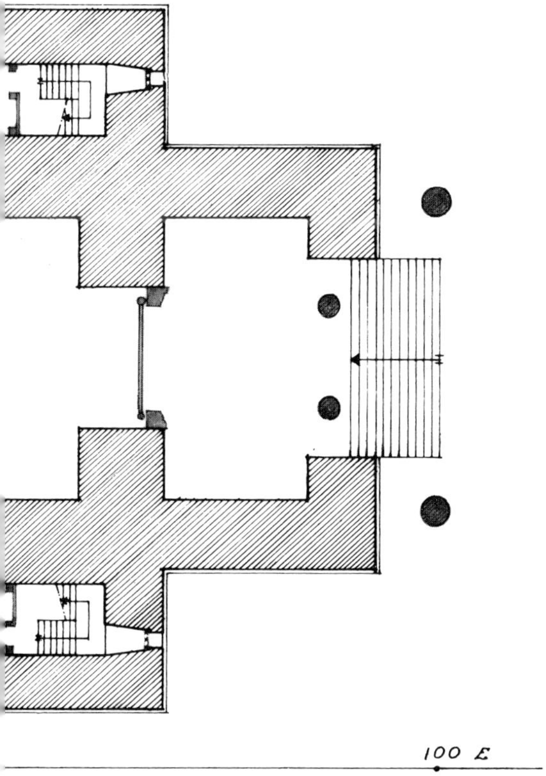

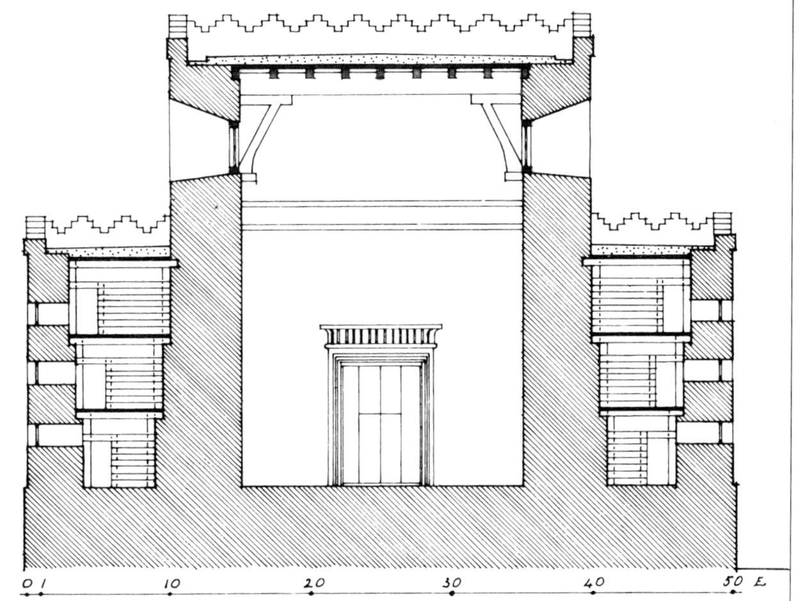

Querschnitt

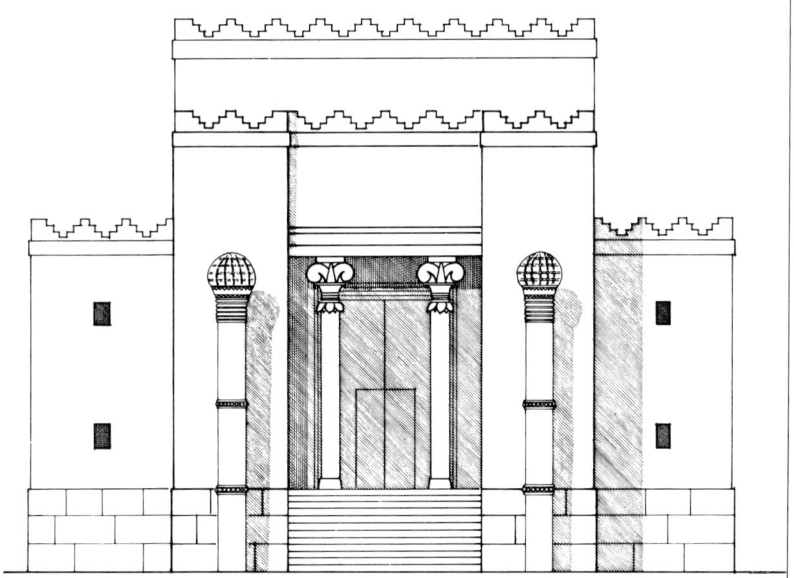

Vorderansicht

(Spr 1,1; 10,1; 25,1; 1,1; vgl. Pred 1,1 + 12; siehe auch Ps 72 + 127). Man findet auch kaum im Altertum einen Helden, über den so viele Volkserzählungen kursierten; die Zahl der jüdischen, äthiopischen und arabischen Geschichten über Salomos Weisheit und geheimen Kräfte gehen ins Unermeßliche.

Salomo als Bauherr

Bereits im vierten Jahr seiner Regierung (das 480. Jahr nach dem Auszug aus Ägypten) beginnt Salomo mit dem ihm von seinem Vater aufgetragenen Tempelbau (1 Kön 5–9; 2 Chr 2–8). Zuerst schließt er einen Kontrakt mit dem Freund seines Vaters, Hiram, König von Tyrus, und verspricht diesem Weizen und Öl im Tausch für Zedernholz vom Libanon. Ferner stellt Salomo Zehntausende von Steinmetzen an die Arbeit. Geräuschlos wird das Tempelgebäude zusammengesetzt, im Wesen dem Modell der Stiftshütte entsprechend, doch größer angelegt und bedeutend prunkvoller. So entstehen z. B. zehn Leuchter und zehn Tische für die Schaubrote. Es gibt aber auch Zeichen dafür, daß der alte Leuchter und Tisch weiterhin in Gebrauch blieben. Abgesehen von der Größe, der Verzierung und den Mengen gibt es zwischen dem Tempel und der Stiftshütte folgende, mehr prinzipielle Unterschiede:

a) Die Stiftshütte war ein zeitlich begrenzter und beweglicher Wohnort Jahwes; Gott war darin „umhergezogen" (2 Sam 7,6). Doch der Tempel war ein Wohnort der Ruhe für Gott: Ruhe an dem auserkorenen Ort für den Gottesdienst, in Verbindung mit der königlichen Familie „nach seinem Herzen" (Ps 78,65–72; vgl. 5 Mose 12,5–7).

b) In der Stiftshütte gab es für die Besucher nur „Stehplätze"; doch der Tempel war ein Haus, wo auch Menschen, nämlich Priester, wohnen konnten (vgl. Hes 42, siehe auch Ps 23,6; 27,4; 65,5; 84,5 + 11). Übrigens wird im Buch der Könige mehr dieses „Wohnen" betont, denn es fehlt der Hinweis auf Altar und Vorhang, den finden wir aber im Buche der Chronik, in dem es hauptsächlich um den „Gottesdienst" geht.

c) Im Gegensatz zur Stiftshütte war der Tempel ein Ort für Gesang (vgl. 1 Chr 25 – David; 2 Chr 5,12; 8,14 – Salomo; 29,25–30 – Hiskia; Esra 3,10 ff. – Serubabel).

Der Tempel Salomos ist nicht vollständig ohne seine Altäre für die verschiedenen Opfer: ein Altar aus Kupfer, ein Altar aus Zedernholz mit Gold überzogen. Oben sehen wir einen Altar aus Stein mit vier Hörnern, der in Meggido gefunden wurde. Am Sinai hat Gott den Israeliten verboten, Altäre aus gehauenem Stein zu machen; dieses abgebildete Exemplar stammt aus einer Zeit nach Salomo.

In groben Zügen sah der Tempel Salomos etwa so aus: Es gab wahrscheinlich einen äußeren und einen inneren Vorhof; in dem letzteren standen ein riesiger Brandopferaltar und ein gewaltig großes Waschbecken, das auf zwölf Rindern aus Kupfer ruhte. Eine Treppe führte zum Portal des eigentlichen Tempelgebäudes, vor dem zwei Säulen mit den Namen Jachin und Boas plaziert waren. Das Hauptgebäude war 20 Ellen breit und 40 Ellen lang und enthielt zehn Leuchter, zehn Tische mit Schaubroten und den goldenen Rauchopferaltar. Das Allerheiligste war ein Kubus von 20 Ellen, in dem zwei Cherubinen standen aus vergoldetem Oleanderholz, 10 Ellen hoch und mit Flügeln, je 5 Ellen breit, die einander und die Seitenwände berührten. Zwischen den drei Räumen befanden sich Türen; jeder Raum war mit geschnitztem Holz verkleidet, und alles war mit Gold überzogen. Um das Hauptgebäude lagen angrenzend die Seitenhäuser, die als Vorratskammer und Priesterwohnungen dienten.

So wie der Tempel in der Bibel beschrieben wird, ähnelt er ein wenig einem der vielen Tempel von Hazor, dem Tempel in Area II, Schicht Ib in der sog. Unterstadt. Der Grundriß dieses Tempels bestand aus drei hintereinanderliegenden Räumen; im Portal am Eingang zum großen Saal (ca. 13 × 6 Meter) stand links und rechts eine Säule. Der Tempel war anscheinend dem Wetter- oder Sturmgott Hadad geweiht. Angesichts der Situation im heutigen Jerusalem ist es natürlich unmöglich, daß man dort Ausgrabungen auf dem Tempelplatz vornehmen könnte.

Die Einweihung des Tempels geschieht in drei Phasen: Erstens wird die Lade des Bundes aus der „Stadt Davids“ geholt und von Priestern zum Tempel gebracht, wo sie im Allerheiligsten unter den Cherubim plaziert wird, die Tragbäume weit ausgezogen, als Zeichen dafür, daß die Bundeslade ihre Endbestimmung erreicht hat. Daraufhin erfüllt die Herrlichkeit des Herrn das Haus, sichtbar angedeutet durch eine Wolke. Danach beginnt die Einweihungszeremonie mit einer historischen Übersicht in einer Rede an das Volk. Ein langes und inniges Gebet zu Jahwe, ob dieser in diesem Haus sein Volk anhören will, und schließlich ein Lobpreis beschließen die zweite Phase. Dies alles geschieht beim Altar. Zuletzt wird die Einweihung mit einem riesigen Opfer und einem großen einwöchigen Fest besiegelt.

Oben eine Übersicht über einen Teil der Ausgrabungen in der Oberstadt von Hazor. Der obere Teil, u. a. die Überreste eines großen Vorratsgebäudes mit zwei Pfeilerreihen, stammt aus der Zeit nach der Wegführung des Zehnstämmereiches. Viel tiefer, hier noch nicht ausgegraben, liegen die Überreste von Hazor, das Salomo wiederaufgebaut hatte und wo er seine Reiterei und seine Wagen lagerte.

Salomo baute den Tempel in sieben Jahren, aber dreizehn Jahre benötigt er für seinen eigenen Palast. Das Ganze stellt einen gewaltigen Gebäudekomplex dar; an der Nordseite der Tempel mit seinem eigenen Vorhof, daneben der Palast mit dem Harem im Vorhof und an der Südseite, der Stadt am nächsten, bestimmte öffentliche Gebäude. Der ganze Komplex wird von einem großen Vorhof umrahmt.

Als alles fertig ist, erscheint Jahwe aufs neue dem Salomo und verheißt ihm seinen Segen, wenn er ihm treu dient; ansonsten würde der Tempel zerstört und Israel zerstreut werden (was sowohl unter Nebukadnezar als auch im Jahre 70 n. Chr. erfüllt wurde). Später baut Salomo auch noch Jerusalem und andere Städte aus, vor allem einen strategischen Ring mit Standorten an den Grenzen Israels. Des weiteren baut er Vorrats-, Wagen- und Reiterstädte und fördert die Entwicklung der Seefahrt. Der Handel ist eine seiner stärksten Seiten. Übrigens muß gesagt werden, daß Salomos Leistungen in der Architektur wohl zu Lasten seiner Popularität gegangen sind durch die schweren Belastungen, die Zwangsarbeit und das „Ausleihen“ galiläischer Städte an Hiram (1 Kön 4,7; 5,13–16; 9,11; vgl. 12,4 + 18).

Salomos Ruhm und Untergang

Die Reputation von Salomos Weisheit und Reichtum ist so groß, daß sogar die Königin von Scheba mit großem Gefolge nach Jerusalem kommt, um alles mit eigenen Augen zu sehen und Salomo mit Fragen auf die Probe zu stellen (1 Kön 10; 2 Chr 9). Sie wird vollkommen zufriedengestellt und was sie sieht, übertrifft ihre Erwartungen bei weitem. Aus den Geschenken, die sie mitbringt, zeigt sich übrigens auch, wie groß diese Fürstin selber ist. Aus Anlaß ihres Besuches wird noch aufgezählt, wieviel Reichtümer Salomo besitzt: unsagbar viel Gold, einen Thron aus Elfenbein, Spezereien, sogar Affen und Pfauen, vierzehnhundert Wagen und zwölfhundert Reiter. Seine Flotte fährt sogar nach Tarsis (wahrscheinlich in Spanien). Salomos vornehmste Frau ist die Tochter des ägyptischen Pharaos; daneben hat er Hunderte weiterer Frauen und Nebenfrauen.

Als Salomo alt geworden ist, kann er der Verführung der Götzen, die seine Nebenfrauen aus allerlei Länder mitgebracht haben, nicht länger widerstehen und beugt sich vor ihnen; er baut ihnen sogar einen Götzentempel (1 Kön 11).

Der Besuch der Königin von Scheba bei Salomo hat viele Künstler inspiriert. Das Fresco rechts stellt diesen Besuch dar. Diese Königin ist eine der vielen, aber anscheinend die Bedeutendste der Besucher, die von dem Ruhm Salomos angezogen werden. Salomos Weisheit übertrifft alle Größen seiner Welt. Die Großen der Erde kommen und besuchen ihn, um selber zu sehen und zu hören.
Das Ägypten, aus dem diese Fürstin stammt, ist selbst auch bekannt für seine Weisheit und Pracht. Aber Salomo übertrifft es. Unten zwei Beispiele von Toilettengegenständen. Beides Töpfchen für Augenschminke. Das obere trägt den Namen Amenhophis III und Königin Teje, das untere trägt keinen königlichen Namen.

Darum kündigt ihm Jahwe erzürnt an, daß er nach Salomos Tod das Königtum von seinem Haus wegnehmen wird; nur ein Stamm wird ihm treu bleiben, aber die anderen Stämme werden unter einen anderen König gestellt werden.

Durch Gottes Vorsehung wächst auch eine weitere Ursache für die Erniedrigung des Hauses Salomo heran; Jahwe läßt es zu, daß Feinde gegen Salomo aufstehen. Die ersten zwei sind Ausländer: die Edomiter Hadad und Reson aus Zoba. Aber der dritte ist gefährlicher: Er ist ein Israelit, Jerobeam, aus dem Stamm Ephraim, der schon immer eifersüchtig und Judas größter Rivale war (vgl. Jos 17,4; Ri 8,1; 12,1; 2 Sam 19,9–15 + 40–43). Jerobeam hat eine Vertrauensposition beim König. Eines Tages begegnet ihm der Prophet Ahia, der vor seinen Augen einen neuen Mantel in zwölf Stücke reißt, von denen er ihm zehn mit der Mitteilung überreicht, daß Jerobeam wegen Salomos Sünden König über zehn Stämme werden wird, aber erst nach dessen Tod. Jerobeam kann es jedoch nicht erwarten und macht einen Aufstand gegen Salomo; als Ergebnis muß er nach Ägypten flüchten, um dort zu warten, bis seine Zeit gekommen ist. Nicht lange danach stirbt Salomo nach einer Regierungszeit von 40 Jahren; sein Sohn Rehabeam wird König an seiner Stelle. So endet das glorreiche und ungeteilte Königreich von David und Salomo.

Salomo und seine Zeit

Nach der allgemein akzeptierten Chronologie der Könige Israels (im Detail folgen wir Thiele) regierte Salomo von 971/970–931/930 v. Chr.; sein Vater

David regierte vierzig Jahre vorher. Nach der revidierten ägyptischen Chronologie war dort in dieser Periode die achtzehnte Dynastie an der Regierung. In 1. Könige 11,18–20 lesen wir, daß es zur Zeit Davids einen Pharao gab, der eine Frau namens Tachpenes hatte; tatsächlich hatte der schon genannte Pharao Amosis (der Gründer der achtzehnten Dynastie) unter seinen Königinnen eine, deren Name als Tachpenes gelesen werden kann. Amosis ist Nachfolger von Amenhotep I (oder Amenophis) und dieser wiederum von Thutmosis I. Thutmosis I muß der Schwiegervater von Salomo gewesen sein, der ihm die Stadt Geser schenkte. Geser war den Ausgrabungen zufolge tatsächlich am Anfang der Spät-Bronze (die Richterzeit bis Salomo) bewohnt, doch sind uns nur wenige Einzelheiten bekannt; man fand dort Importe aus

Von der Königin von Scheba – Hatschepsut von Ägypten – sind verhältnismäßig wenig Bilder zurückgeblieben, weil ihr Neffe und Nachfolger Thutmose III aus Haß und Neid soviel wie möglich davon zerstörte. Oben ein Bild von ihr. Ihr Großvater, Amenophis I ist unten abgebildet. Sein Sohn, der Vater Hatschepsuts, Thutmose I, wird der Schwiegervater Salomos. Wie es üblich war in jener Zeit, gab er seiner Tochter eine Mitgift mit: die Stadt Geser, nachdem er sie erst erobert und verbrannt hatte. Salomo befestigte später diese Stadt, wie er es mit vielen anderen getan hat. Heutzutage ist von der Größe und Stärke dieser Stadt nicht mehr viel zu sehen (rechts).

Ägypten, Mykene und Zypern. In der Spät-Bronze IIa (die Zeit ab Salomo) wurden die Außenmauern Gesers wieder aufgebaut, und es gab vermutlich auch eine beeindruckende materielle Kultur. Über den Pharao Thutmosis I wissen wir ferner, daß er einen Feldzug gegen die „Asiaten" unternahm (in Philistäa) und sie schlug, wonach er einen Freundschaftsbesuch in Palästina abstattete (vgl. 1 Kön 9,16).

Wenn wir die Geschichte der achtzehnten Dynastie nach der vorgestellten revidierten Chronologie weiterverfolgen, sehen wir, daß die Regierungszeit Salomos zum großen Teil mit der der großen Königin Hatschepsut von Ägypten zusammengefallen sein muß: zwei mächtige, friedliebende Fürsten, die beide prächtige Tempel und Paläste bauten, beide eine Flotte auf dem Roten Meer hatten, beide gewaltige Schätze und Reichtümer sammelten. Es kann nicht anders sein, beide müssen miteinander in Verbindung gestanden haben und einander in ihren Annalen erwähnt haben. Und was haben wir gefunden? Salomo bekam Besuch von der Königin von Scheba, die ihm große Schätze brachte; und Königin Hatschepsut beschreibt in den Inschriften ihres Tempels in Deir el-Bahari ihren grandiosen Besuch (beladen mit großen Schätzen) im Lande Punt und in „Gottes Land". Die Königin von Scheba muß identisch sein mit der Königin Hatschepsut! Einige gewichtige Tatsachen unterstützen diese Annahme. Eine Überlieferung im Talmud besagt, daß mit Scheba nicht das Herkunftsland der Königin bezeichnet wird, sondern ihr Name (vergleiche das hebräische *Scheba* mit *Hatschepsut*). Mit gutem Grund erheben die Äthiopier Anspruch auf die Königin von Scheba; sie nennen sie Makeda, während Hatschepsuts königlicher Name Makera war. Außerdem ist Scheba oder Saba der Name der Hauptstadt des Äthiopiens jener Zeit. Der jüdische Geschichtsschreiber Flavius Josephus sagt ausdrücklich, daß die Fürstin, die Salomo besuchte, „Königin von Ägypten und Äthiopien" war. Es ist verständlich, daß manchmal Äthiopien betont wird, weil die Pharaonen der achtzehnten Dynastie ihren Sitz in Theben und möglicherweise äthiopisches Blut in ihren Adern hatten. In der ganzen antiken Geschichte Ägyptens gibt es auch im Grund keine andere vergleichbare Königin von Ägypten als Hatschepsut.

Oben eine Darstellung von Thutmose I. Er hält das sogenannte Lebenszeichen in beiden Händen. Nachdem Hatschepsut aus dem Heiligen Land zurückgekehrt ist, beeindruckt von allem, was sie gesehen und gehört hat, baut sie in Deir el-Bahara einen Tempel für Amon. Dieser Tempel ist ganz anders gelegen als der Tempel in Jerusalem, der auf einem Hügel liegt. Der Tempel für Amon ist mit Terrassen versehen, so daß der Eindruck geweckt wird, daß es noch höher hinaufgeht. Der Tempel ist schwer beschädigt; man ist heute damit beschäftigt, ihn zu restaurieren (ganz rechts). So ziemlich in allen Jahrhunderten hat Ägypten prächtige Kunstgegenstände hervorgebracht. Nicht nur während der achtzehnten Dynastie des Könighauses, zu der Hatschepsut gehört, wird das erkannt, sondern auch in späteren Jahrhunderten gibt es die prächtigsten Gegenstände zu entdecken, so wie dieser Ibis aus der späteren Periode (rechts).

Hatschepsut beschreibt ihre Reise nach Punt und „Gottes Land" in überschwenglicher Weise. Inschriften weisen darauf hin, daß Punt östlich von Ägypten lag und mit Byblos, der Hauptstadt von Phönizien, in Verbindung stand, daß Produkte aus Punt und „Gottes Land" in Palästina zu kaufen waren und daß ein Teil Palästinas „Gottes Land" genannt wurde. In diesem Fall würde Punt also Palästina-Phönizien sein, und „Gottes Land" ist höchstwahrscheinlich das Heilige Land um Jerusalem. Hatschepsut reiste über das Rote Meer und den Golf von Akaba nach Elath (Eloth, Aloth), wo sie von einem Hauptmann namens P'-r'-hw (Perehu oder Paruach) willkommen geheißen wird. Die Bibel sagt, daß eine Generation später in Elath ein Sohn Paruachs Landvogt war (1 Kön 4,16 ff.; „. . . und Bealoth; Josaphat, der Sohn von Paruachs . . .").

Es gibt treffende Übereinstimmungen zwischen den Beschreibungen von Hatschepsut und denen der Bibel, was die Schätze anbelangt, die Hatschepsut, alias Königin Scheba mitbrachte, und den Geschenken, die sie erhielt. Sie verließ Palästina an der Westküste und fand über das Meer und den Nil wieder zurück nach Theben. Als Dank für ihre erfolgreiche Reise errichtete sie in Deir el-Bahari einen dem Amon geweihten Tempel, der, abgesehen von der Umgebung, in der er stand, eine gewisse Ähnlichkeit mit dem Tempel Salomos aufweist; auch der Tempel- und Priesterdienst wurde von ihr erneuert und ähnelte sehr stark dem von Jerusalem.

VIII. Das Nordreich

Die Assyrer sind bekannt als ein kriegerisches und oft grausames Volk. In kriegslosen Zeiten gingen die Fürsten gerne auf die Jagd, wie links auf die Löwenjagd. Dies ist ein Detail von einer königlichen Jagd, die in Ninive dargestellt ist. In der Geschichte des heutigen Israels haben die Vereinten Nationen eine Rolle gespielt: in der Anerkennung des Staates im Jahre 1948 und in Resolutionen. Die Vereinten Nationen haben damals offiziell einen Text aus Jesaja (2,4) als Leitfaden (rechts) gewählt: „Da werden sie ihre Schwerter zu Pflugscharen und ihre Spieße zu Sicheln machen. Denn es wird kein Volk wider das andere das Schwert erheben, und sie werden hinfort nicht mehr lernen Krieg zu führen."

Israel inmitten der Weltmächte

Vollversammlung der Vereinten Nationen: Res. (Resolution) 186 (S–II): Der eigentliche Freibrief für die Gründung des Staates Israel (14. Mai 1948).

Vollversammlung Res. 273 (III): Der Staat Israel wird Mitglied der Vereinten Nationen (11. Mai 1949).

Vollversammlung Res. 1002 (ES–I): Israel wird aufgefordert, seine Streitkräfte von ägyptischem Gebiet zurückzuziehen (7. Nov. 1956).

Sicherheitsrat Res. 233–236: Aufforderung zu einem Waffenstillstand im Sechstagekrieg (6.–11. Juni 1967).

Vollversammlung Res. 2253 (ES–V): eine Resolution gegen Maßnahmen, die von Israel getroffen wurden, um den Status Jerusalem zu ändern (4. Juli 1967).

Sicherheitsrat Res. 242: Ausgangspunkte für einen gerechten und anhaltenden Frieden im Nahen Osten; u. a. eine Aufforderung an Israel, sich aus allen besetzten Gebieten zurückzuziehen (22. Nov. 1967)!

Vollversammlung Res. 3379: Der Zionismus wird offiziell als eine Art von Rassismus bezeichnet (10. Nov. 1975).

Vollversammlung Res. 31/20: Bekräftigung der Forderung an Israel, sich aus allen besetzten Gebieten zurückzuziehen (24. Nov. 1976).

Sicherheitsrat Res. 452 (1979): Ein Aufruf an Israel, keine Niederlassungen mehr in besetzten Gebieten zu errichten (20. Juli 1979).

In der heutigen Zeit gerät Israel mehr und mehr in die Zange der großen Mächte der Weltpolitik. Doch das geschieht nicht zum ersten Mal in seiner Geschichte. Unter Salomos Sohn Rehabeam wird das Reich geteilt, und es entstehen das Nord- und das Südreich. Beide suchen nun ihren eigenen Weg zwischen den Weltmächten, bei denen sie Bundesgenossen zu finden hoffen, bekommen aber des öfteren eins aufs Dach.

Beide Reiche werden schließlich von den Weltmächten unterdrückt und gehen zeitweise oder für immer unter. Wird es mit dem heutigen Israel genauso gehen? Das Nord- und das Südreich gingen unter aus einer ganz kleinen Ursache: Abfall von Gott. Will der heutige Staat Israel mitten unter den Weltmächten siegen, wird das schlußendlich nur auf eine Weise geschehen

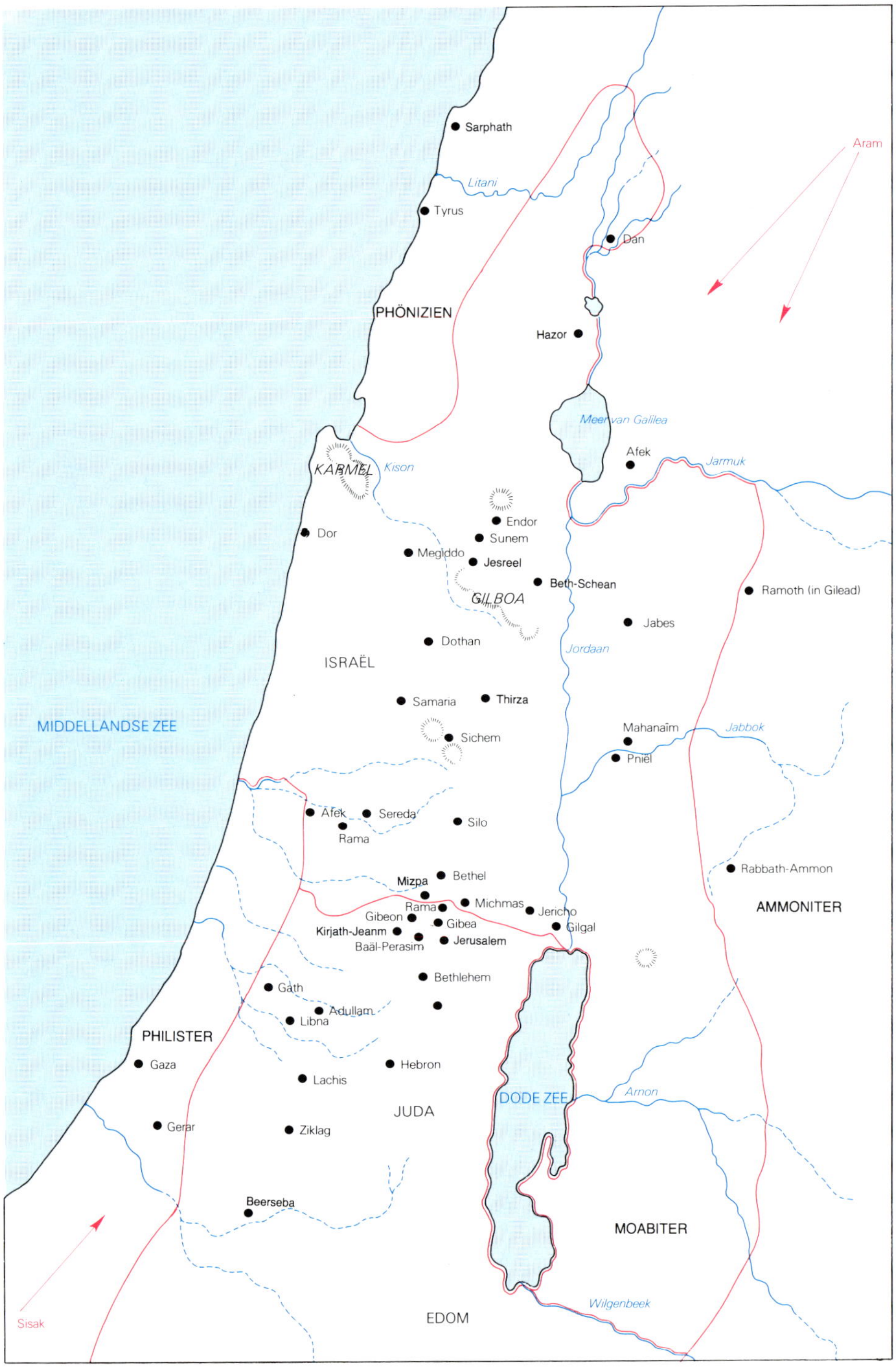

können: durch eine biblische Umkehr zu Gott und ein Anerkennen des Messias.

Rehabeam und Jerobeam

Rehabeam ist der närrische Sohn eines weisen Vaters (vgl. Pred 2,8 ff.). Durch seine eigene Torheit führt er nach Salomos Sünde und Jerobeams Prophetie und Aufstand noch eine dritte Ursache für die Teilung des Königreiches herbei (1 Kön 12,1–24; 2 Chr 10,1–11,4). Er will sich in Sichem zum König ausrufen lassen. Warum nicht in Jerusalem? Ist das schon Nachsicht gegenüber den nördlichen Stämmen (vgl. 1 Kön 12,25)? Dann ist er hier schwach, wo er hätte stark sein sollen, genau wie er später, als das Volk ihn um

Beim Tod des Salomo stellt sich heraus, daß seine Lasten zu schwer gewesen sind für das Volk. Es ist eingetroffen, wovor der Herr sie gewarnt hatte, als sie um einen König baten. Israels Söhne sind von dem König als Diener, Kutscher und Krieger gebraucht worden. Die Töchter sind Krämerinnen und Köchinnen geworden. Von jeder Art von Einkünften mußte der Zehnte bezahlt werden. Als Rehabeam so unklug ist anzukündigen, daß er die Lasten noch erschweren werde, zerfällt das Reich in zwei Teile (links). Über den größten Teil wird Jerobeam König, der in Bethel und Dan Heiligtümer aufrichtet. Dieses Dan liegt weit im Norden in einer Ebene (rechts), von wo aus es wichtige Handelswege beherrscht.

eine mildere Regierung als die seines Vaters bittet, stur sein wird, wo er nachgiebig hätte sein sollen. Er stellt den rohen Rat junger Hitzköpfe vor den nachsichtigen milden Ratschlag der alten Weisen und kündigt dem Volk ein hartes Regiment an.

Inzwischen hat das Volk Jerobeam aus Ägypten zurückgerufen, und dieser stellt sich an die Spitze einer Delegation, die wenig später zu Aufständischen werden. Rehabeam versucht die Situation noch zu retten, schickt aber dazu ungeschickterweise einen Steuerbeamten zu den Rebellen: Adoram (vgl. 2 Sam 20,24; 1 Kön 4,16; 5,14). Dieser wird von der wütenden Menge gesteinigt, und nun wird auch der König so zornig, daß er einen Bürgerkrieg anstrebt.

Doch der Prophet Schemaja warnt ihn und verkündet, daß Gott hier am wirken ist: Jahwe ist es, der das Königtum vom Hause Salomo wegnehmen wird, wie Er es vorhergesagt hatte. Nur die Stämme Juda und Benjamin bleiben Rehabeam treu; die anderen zehn Stämme berufen Jerobeam zum König über sich. Juda: letztlich Leas Erstgeborener geworden – Ephraim: letztlich Rahels Erstgeborener geworden; die Trennungslinie, die bereits durch die Familie von Jakob lief, spaltet nun die ganze Nation in zwei Reiche. Die Trennungslinie verläuft auch zwischen den beiden Söhnen Rahels: Benjamin bleibt bei Juda – doch das hatte schon früh angefangen (1 Mose 44).

Wir werden die Geschichten der beiden Reiche (das Nord- und das Südreich oder das Zehnstämmereich) nun jede für sich verfolgen. Wie gesagt, finden wir die Geschichte des Nordreichs fast ausschließlich im Buch der Könige; die Geschichte Judas hingegen wird zwar auch in Könige, aber doch hauptsächlich im Buch der Chronik behandelt. In Juda bleibt das Haus David bis zur babylonischen Gefangenschaft an der Regierung; aber in „Israel“ (d. i. normalerweise der biblische Name für das Zehnstämmereich) wechseln nicht weniger als neun Dynastien einander ab. Vier davon bestehen übrigens aus nur einem König.

Erste Dynastie: das Haus Jerobeams

Nachdem Jerobeam die politische Einheit Israels zerbrochen hat, zerbricht er auch die religiöse Einheit. Er befürchtet, daß er wegen des Tempeldienstes in Jerusalem, wohin die Treuen dreimal im Jahr pilgern, seine Leute wieder an den Enkel Davids verlieren könnte. Darum denkt er sich einen eigenen Gottesdienst aus mit zwei kultischen goldenen Kälbern, die er in Bethel, an der Südgrenze seines Reiches (also ganz nah bei Jerusalem), und in Dan, an die äußerste Nordgrenze, plaziert.

Ansonsten ist seine neue Religion soweit wie möglich eine Kopie des wahren Gottesdienstes in Jerusalem: ein nachgebildeter Tempel, ein imitierter Altar, eine imitierte Priesterschaft (siehe für diese „Scherzpriester“ 1 Kön 13,33; 2 Chr 11,5; 13,9; immer mehr echte Priester und Leviten ziehen fort nach Juda), ein imitiertes Laubhüttenfest (1 Kön 12,33) werden angeschafft, und Jerobeam selbst kopiert Salomo, wie dieser den Tempel eingeweiht hatte (1 Kön 12,33). So macht er sich zum politischen und religiösen Kopf seines Landes. Satan hat lieber eine Pseudoreligion als keine Religion. Die Idee mit dem goldenen Kalb wird Jerobeam in Ägypten, wo er jahrelang gewohnt hatte, aufgegangen sein. In Ägypten wurde die goldene Hathor-Kuh verehrt. Ein berühmtes Vorbild dafür finden wir in dem Schrein aus Hatschepsuts Tempel in Deir el-Bahari. Die Pharaonen der achtzehnten Dynastie waren feurige Anhänger von Hathor, der himmlischen Kuh, der großen Frau, der Meisterin Himmels und der Erde. Bemerkenswert ist, daß Jerobeam immer wieder der „Sohn Nebats“ (dieser Name kommt sonst nicht in der Bibel vor) genannt wird: In der ägyptischen Sprache bedeuten die Buchstaben Nbt nämlich Frau und sind eine Bezeichnung für Hathor. Sie wird als die eigentliche Mutter des Pharaos betrachtet. Das wichtigste Heiligtum baute Jerobeam in Bethel; nach den Ausgrabungen zu urteilen, hatte diese Stadt während der Spät-Bronze I (Richterzeit von Jerobeam bis Joahas) die schönste architektonische Struktur in ihrer ganzen Geschichte. In Bethel wurde tatsächlich ein Tempel aus jener Zeit freigelegt, in dem man unter anderem einen Griff von einer Säule mit einem Hathorkopf fand. Auch die Stadt Dan wurde ausgegraben, und es hat sich gezeigt, daß sie während der Spät-Bronze bewohnt war.

Jerobeam verachtet den wahren Gottesdienst und die von Gott erwählten Priester; ja, er will sogar selber das Opfer auf dem Altar anzünden. Darum schickt Gott einen Priester aus Juda zu ihm. Dieser „Mann Gottes“ redet nicht zum König oder zu dem Kalb, sondern zum Altar und sagt voraus, daß ein König mit Namen Josia aus dem Hause Davids, auf eben dem Altar die Priester der Höhen schlachten und dann den Altar zerstören würde. Jerobeam streckt seinen Arm aus, um den Propheten ergreifen zu lassen, doch im selben Augenblick wird sein Arm steif, und er wird erst nach einem Gebet des Gottesmannes wieder gesund. Dann versucht es der König mit Schmeicheleien, aber der Prophet kehrt auf Gottes Befehl um. Leider gelingt es einem alten falschen Propheten dort in Bethel, den Mann Gottes zu sich einzuladen, und dieser wird auf dem Rückweg aus Strafe von einem Löwen getötet.

Die Krankheit von Jerobeams Sohn Abia ist der Anlaß für den Propheten Ahia (derselbe Name, der ihm das Königtum angesagt hatte), nun Gottes

Gericht über das Haus Jerobeam anzukündigen. Der König schickt seine Frau verkleidet (als ob ein Prophet das nicht durchschauen würde, selbst wenn er blind wäre!) zu Ahia, wahrscheinlich aus einem heidnischen Aberglauben heraus, um von diesem eine günstige Vorhersage zu bekommen. Ahia läßt sich nicht betrügen und spricht das Urteil aus: Sobald die Königin in die Hauptstadt Tirza zurückgekehrt sein wird, wird das Kind sterben (Gott hat übrigens „etwas Gutes“ an dem Jungen gefunden, und darum wird er als einziger von seinem Haus ein ordentliches Begräbnis bekommen); das Haus Jerobeam wird ausgerottet werden, und sogar die Deportation nach Assyrien wird angekündigt.

Auch Staatsstreiche sind nichts neues unter der Sonne. Wie im Jahre 1973 hohe Heeresfunktionäre (Obersten) in Griechenland nach der Macht griffen (links), so geschah es in Israel schon einige Jahrhunderte zuvor. König Ela wird von seinem General Simri ermordet. Es gelingt diesem jedoch nicht, an die Regierung zu kommen, weil Omri die Gunst der Soldaten hat. General Omri, der Simri besiegt, festigt eine Dynastie, von der hauptsächlich Ahab bekannt ist. Diesem Ahab widerfährt ein Aufstand seines Vasallen Mesa von Moab. Unter Joram wird Mesa ganz abtrünnig, und Joram zieht ohne durchschlagenden Erfolg gegen ihn ins Feld. Mesa verzeichnet diese Geschehnisse auf der „Stele von Mesa“, von der Bruchstücke gefunden wurden.

Nach Jerobeams Tod regiert sein Sohn Nadab nur noch zwei Jahre. Er wird durch eine Verschwörung getötet, während er damit beschäftigt ist, die Levitenstadt Gibbethon (vgl. Jos 19,44; 21,23) von den Philistern abzukämpfen. Der Anführer des Aufstands, der Issascharit Baesa, wahrscheinlich Nadabs General, rottet das ganze Haus Jerobeam aus (1 Kön 12,25; 14,20; 15, 25–31; 2 Chr 11,13–16).

Zweite Dynastie: das Haus Baesa

Es gibt keinen schlimmeren Tyrannen als einen Knecht, der die Macht zu ergreifen weiß (vgl. Spr 30,22). Baesa ist der erste Königsmörder in Israel, an Bosheit stand er jedoch dem Hause Jerobeam in nichts nach. Darum kündigt der Prophet Jehu, der Sohn Hananis, der aus Juda stammt (vgl. 2 Chr 16,7; 19,2; 20,31), auch ihm und seinem Haus das Gericht Gottes an. Genau wie Jerobeam führt Baesa auch Krieg, indem er die Königreiche voneinander abschneidet (wie eine Art Berliner Mauer), so daß Rahels Kinder noch mehr zerteilt werden (vgl. Jer 31,15). Aber König Asa von Juda macht einen Bund mit Benhadad I (ca. 900–860 v. Chr.), dem König von Aram, der etliche Städte Israels erobert. Dieses Aram sollte nicht mit dem alten Paddan-Aram oder Mesopotamien verwechselt werden (siehe z. B. 1 Mose 24,10; 25,20), es ist vielmehr das Gebiet um Damaskus (vgl. 2 Sam 8,6), wo Salomos Gegner Reson einen Stadtstaat gegründet hatte (1 Kön 11,23–25). Später hat Hesjon, der Großvater Benhadads I (1 Kön 15,18) dort die Macht ergriffen und eine Dynastie gegründet. Wir werden diesem Aram noch etliche Male begegnen.

Ela, der Sohn Baesas, ist genau wie Nadab ein Königssohn, der nur zwei Jahre regiert und danach ermordet wird. Das einzige, was wir über Ela wissen, ist seine Trunksucht. Während (Flavius Josephus zufolge) Gibbethon seit Nadab noch immer belagert wird, ist Ela jedoch nicht bei dem Heer, sondern trinkt sich einen Rausch an in seiner Hauptstadt Tirza. Dort wird er von einem seiner Generäle, Simri, umgebracht, der gleichzeitig das ganze Haus Baesa ausrottet. Das muß jedoch sehr schnell gegangen sein, denn er regiert selber nur sieben Tage (1 Kön 15,32–16,14).

Ahab ist verheiratet mit Isebel von Tyrus. Diese Frau bringt ihre eigenen Götter mit, Astarte und Baal. Oben ist einer der vielen Baale dargestellt, er hat eine Keule in der einen Hand und in der anderen einen Blitzstrahl oder eine Lanze, deren Schaft in einem Zweig mit Blättern ausläuft. Diese Stele ist aus Ugarit und stammt etwa aus der Zeit des Einzugs.

Dritte Dynastie: Simri

Das ganze Heer Israels lagert vor Gibbethon. Dort erreicht es die Nachricht von dem Coup Simris. Dieser steht anscheinend in keinem guten Ruf beim Volk und hauptsächlich beim Heer, so daß das Heer nach Erhalt der Nachricht sofort einen anderen König ausruft: den General Omri, der dann von Gibbethon wegzieht, um die Hauptstadt Tirza zu belagern, in der sich Simri verbarrikadiert hat. Als die Stadt eingenommen ist, steckt Simri den Palast in Brand und verübt auf diese Weise Selbstmord. Sein Name scheint zum Sprichwort geworden zu sein in Israel (vgl. 2 Kön 9,31). Omri wird jetzt noch nicht sofort König; auch er genießt nicht die Gunst des ganzen Volkes. Es entsteht ein Bürgerkrieg zwischen den Anhängern Omris und den Sympathisanten eines neuen Gegenkönigs: Tibni. Wahrscheinlich kommt es durch den plötzlichen Tod Tibnis zu einem Ende des Bürgerkrieges, so daß Omri nun definitiv König wird (1 Kön 16,15–22).

Vierte Dynastie: das Haus Omri

Omri (1 Kön 16,23–28). Mit diesem König beginnt eine Dynastie, die vier Könige hervorgebracht hat (das ist ein König weniger als das darauffolgende Haus Jehu aufweisen kann) und gleichzeitig die berüchtigte Dynastie geworden ist. Dies nicht so sehr wegen Omris Sohn Ahab – obwohl seine Geschichte sehr ausführlich beschrieben wird, geht es dabei mehr um den Propheten Elia als um Ahab –, sondern wegen Omri selbst. Die Assyrer nannten Samarien,

Ahab bleibt standhaft in seinem Götzendienst trotz aller Mahnungen von Seiten des Propheten Elia, aber nicht allein das, er verfolgt auch diejenigen, die dem Herrn dienen wollen. Als das Maß voll ist, kündigt der Prophet ihm eine große Dürre an, die solange dauern soll, bis Elia sie beendet. Und tatsächlich, das Land verdorrt. Elia muß zum Bach Krith gehen, wo er noch Wasser findet und die Raben ihn füttern.

die neue, von Omri gebaute Hauptstadt (militärisch gesehen als Bollwerk gegen Aram und Assur besser geeignet als Tirza) „Beth-Omri". Omri muß ein großer Stratege und Staatsmann gewesen sein. Weil er sehr wahrscheinlich einen Erbteil in Jesreel hatte (vgl. 1 Kön 21,1), gehörte er vermutlich genau wie Baesa zum Stamm Issaschar. Auch gibt es archäologische Hinweise dafür, daß er bereits unter Baesa Befehlshaber war (Stele von Mesa). Er wurde vom Heer als Gegenkönig über Simri ausgerufen, doch viele aus dem „Volk" (1 Kön 16,21) wählen lieber Tibni; vielleicht ein „Bürger"? Vielleicht ein Gegenkandidat aus Ephraim, um die zunehmende Übermacht Issaschars zu unterbinden? Auf jeden Fall war Omri so klug, seine neue Residenz (Samarien) in Ephraim zu festigen. Auch Omri ist ein gottloser König; das Schlimmste, was er tut, ist wohl, daß er zuläßt, daß sein Sohn Ahab die bösartige sidonitische Prinzessin Isebel heiratet und mit ihr den phönizischen Götzendienst einführt; doch auch der Kälberdienst Jerobeams existiert noch weiter.

Das Haus Ahab (1 Kön 16,29–22,40). Nach dem verschleierten Götzendienst mit Kälbern entsteht nun der allgemeine öffentliche Götzendienst der kanaanitischen Baale und Astarten in Israel. Dieser Kult war in Israel schon lange bekannt (siehe z. B. Ri 6), doch wird er nun offiziell eingeführt und allgemein anerkannt. Meistens redet man von dem Baal, denn es ist eigentlich eine Artbezeichnung und bedeutet „Herr", nämlich Herr eines bestimmten Ortes (z. B. Baal-Gad, Baal-Hamom, Baal-Hermon). Hier handelt es sich nun um den Baal von Tyrus: Melkart, der Hauptgott der Phönizier, der Sonnengott, so wie Astarte die Mondgöttin ist. Sie war auch Fruchtbarkeitsgöttin, wodurch der „Gottesdienst“ der Phönizier äußerst unmoralisch gestaltet war. Flavius Josephus erzählt, daß Ethbaal, der Vater Isebels, zuerst ein Astartenpriester war, danach den König von Tyrus tötete, um so selber König von Tyrus und Sidon zu werden. Der Kronprinz Ahab reist nach Tyrus, um seine Frau dort abzuholen, und beugt sich dort auch vor dem Baal nieder. Zurückgekommen baut er selber einen Tempel, um seiner Frau Isebel zu gefallen. In der Geschichte kristallisiert er sich als eine äußerst schlappe und Isebel als eine sehr starke Persönlichkeit heraus.

Erstaunlich ist, daß Ahab den Namen Gottes in die Namen von dreien seiner Kinder aufnimmt (Ahasja, Joram, Athalja); deutet es vielleicht darauf

Auch der Bach, durch den Elia mit Wasser versorgt wird, trocknet aus. In ganz Israel ist kein Wasser mehr zu finden. Es fällt kein Regen und kein Tau mehr. Alles liegt verdorrt und ausgebrannt da. Hungersnot ist die Folge und auch der König selbst kommt in Schwierigkeiten. Er wird verzweifelt und will wieder mit Elia reden, ohne ihm nach dem Leben zu trachten.

hin, daß er doch nicht ganz loskommt von dem Gott seiner Väter, oder ist es mehr eine Art „Standesbewußtsein“?

Die Zeit Ahabs und seiner Söhne ist auch die Zeit eines der größten israelitischen Propheten: Elia, der Thisbiter. Sein Prophetenamt besteht nicht so sehr in Worten – wie unter den zwei Stämmen, wo die Propheten dann auch Bibelbücher geschrieben haben –, sondern in prophetischen Taten, vor allem Wundertaten, wie es später auch bei seinem Nachfolger Elisa der Fall war. In Juda hatte man nämlich noch Ehrfurcht vor dem Wort – hier hingegen sind Zeichen notwendig. Elia steht gegen Ahab und Isebel und deren 450 Propheten auf einsamem Posten. Dennoch gibt es Getreue: siebentausend Dienstknechte Jahwes, unter ihnen hundert Propheten, die sich aber aus Furcht versteckt halten. Elia tritt jedoch kraftvoll und freimütig auf; nach Jakobus 5,17 bat er zuerst, daß der Regen aufhören möchte – Baal war doch Sturm- und Regengott – und tritt dann voller Glaubensmut vor Ahab, um diesem im Namen Jahwes (!) anzukündigen, daß es keinen Tau oder Regen mehr geben werde, es sei denn, daß er es befehle. Dann geht er auf Gottes Befehl davon und versteckt sich am Bach Krith, wo er genügend Wasser hat und wo ihn die Raben mit Brot und Fleisch versorgen. Als der Bach austrocknet, zieht er zu dem heidnischen Zarpath (ganz nah bei Sidon!), wo er von einer Witwe, deren Mehl und Öl durch Gottes Wunderkraft nicht ausgehen, versorgt wird; der Prophet erweckt sogar ihren Sohn von den Toten! So etwas war noch nie vorher in Israel geschehen und zeigt, welch ein Gottesmann Elia ist.

Das Land trocknet völlig aus, und das Volk leidet unter einer Hungersnot. Nach drei Jahren jedoch bekommt Elia Befehl von Gott, zu Ahab zurückzukehren und Regen anzukündigen. Elia macht sich auf den Weg und begegnet dem gottesfürchtigen Obadja. Dieser ist Hofmeister Ahabs und heimlich Versorger der hundert versteckten Propheten. Obadja geht hin, um Ahab zu rufen, der daraufhin von Elia den Auftrag bekommt, Israel auf dem Berg Karmel zusammenzurufen. Der König ist durch den Hunger so verzweifelt, daß er sofort zustimmt. Das ebenso verzagte Volk kommt in Massen zusammen. Nun, sagt Elia, wird es sich endlich herausstellen, wer Gott ist: Jahwe oder Baal. Sowohl die Baalspriester als auch Elia bauen einen Altar und bereiten darauf ein Opfertier; nun soll der wahre Gott sich dadurch zu

Die Jagd ist nicht nur bei den assyrischen Fürsten eine beliebte Tätigkeit. Auch bei anderen Völkern sind Jagdszenen dargestellt worden. Bei den Hethitern war es ein königliches Vergnügen, nach assyrischer Weise in einem Wagen auf die Hirschjagd zu gehen. Wir können uns ungefähr den Streitwagen vorstellen, mit dem Ahab in seinen letzten Kampf zieht und dabei getötet wird.

erkennen geben, daß er Feuer vom Himmel auf sein Opfertier fallen läßt. Die Baalspriester bemühen sich den ganzen Tag und lassen sich dabei von Elia verspotten, ja sie versuchen sogar Baals Mitleid zu erregen, indem sie sich selbst kasteien, doch es nützt alles nichts: Der Donnergott ist machtlos. Dann kommt Elia an die Reihe. Er tränkt den Altar und das Opfer mit Wasser (um Betrug auszuschließen) und betet ein schlichtes Gebet. Feuer kommt vom Himmel, verzehrt das Opfer und „verspeist" sogar das Wasser. Das ganze Volk ruft aus: Jahwe ist Gott! Alle Baalspriester werden umgebracht, und schon bald (schon wieder nach Elias Gebet) wird der Himmel schwarz vor Wolken, und es bricht ein Sturzregen los.

Doch Elia hat nicht mit Isebel gerechnet. Sie läßt ihm lakonisch mitteilen, daß er am nächsten Tag genauso tot sein wird wie die Baalspriester. Und nun flüchtet ein Held wie Elia, der den Kampf mit dem ganzen Volk aufgenommen hatte, vor einer Frau! Er flüchtet in die Wüste und bittet Gott, total entmutigt, dort sterben zu dürfen. Doch ein Engel bringt ihm Nahrung, und durch die daraus gewonnene Kraft zieht Elia quer durch die Wüste, ca. 500 km weit, zum Berg Horeb, auf dem Mose damals das Gesetz empfangen hatte.
Dort ruft Jahwe ihn zur Verantwortung und als Elia sich über Israel beklagt, zeigt Gott ihm, daß er nicht mit Gericht (Sturm und Erdbeben) gegen Israel auftritt, sondern in Gnade; es gibt außerdem noch siebentausend Getreue in Israel, so daß Elia nicht meinen muß, er sei allein übriggeblieben (vgl. Röm 11,2–4). Mit seiner Klage hat Elia sich eigentlich selbst ausrangiert. Sein

Elia bekommt den Auftrag, Elisa zu seinem Nachfolger zu salben. Daraufhin ziehen beide durch den Jordan und Elia fährt vor den Augen Elisas auf einem feurigen Wagen mit feurigen Pferden in den Himmel. Elisa nimmt den zurückbleibenden Prophetenmantel Elias und trägt ihn fortan. Um eine Vorstellung von Ahabs „Elfenbeinpalast“ zu bekommen, müssen wir uns Elfenbein anschauen, das in jüngeren Schichten Samariens und in Assyrien gefunden wurde. Hier sind ein paar Stückchen Elfenbein abgebildet, die aus Samarien stammen. Anscheinend und verständlicherweise ist das kostbare Material beim Wiederaufbau immer wieder mitgenommen und in den neuen Palast gebracht worden. Als schließlich Samarien durch die Assyrer geplündert und zerstört wird, bleiben in den Ruinen nur Bruchstücke übrig.

öffentlicher Dienst ist abgelaufen, und er soll Elisa zu seinem Nachfolger berufen. Auch soll er Jehu zum König über Israel und Hasael zum König über Aram salben, doch sogar diese Aufgaben werden erst von Elisa ausgeführt.

Aram gehört mit zu diesen Aufgaben, weil es immer mehr zum großen Feind Israels wird; 1. Könige 20 beschreibt ausführlich den Krieg zwischen Israel und Aram. Darin hätte Ahab den König Benhadad II (ca. 860–843, der Sohn von Benhadad I; vgl. 1 Kön 20,34; 15,18) töten müssen, ist aber nachsichtig und bekommt deshalb von einem Propheten die Ankündigung, daß er selbst sterben müsse. Ehe es soweit ist, vergreift sich Ahab an dem Weingarten seines Nachbarn Naboth; letzterer wird auf Geheiß Isebels vom Volk gesteinigt, auf Grund falscher Beschuldigungen. Nun tritt Elia noch einmal gegen Ahab auf und verkündet diesem das schreckliche Gottesgericht über sein Haus. Ahab bereut alles, und das ist dem barmherzigen Gott schon genug, um das schlimmste Urteil auf die Tage von Ahabs Sohn (Joram) zu verschieben. Nicht lange danach bricht ein neuer Krieg mit Aram aus; die Götzenpriester versprechen Ahab den Sieg; doch der Prophet Micha ist der dritte Prophet Jahwes, der Ahab das Gericht ankündigt. Tatsächlich fällt Ahab in dem Kampf, und zwar durch einen verirrten Pfeil, der genau die ungeschützte Stelle in seinem Panzer trifft. Nach dem Wort Jahwes lecken die Hunde sein Blut. Sein Sohn Ahasja wird sein Thronfolger.

Ahab und seine Zeit

Ausgrabungen haben bis heute sehr wenig von dem Samarien der Zeit Ahabs hervorgebracht. Wir wissen, daß er einen Palast aus Elfenbein bauen ließ (1 Kön 23,39); viel von diesem kostbaren Elfenbein ist in jüngeren Schichten in Samarien gefunden worden und weist ägyptischen Einfluß auf sowie ägyptische Verzierungen und Götzenabbildungen. Ähnliche Gegenstände aus Elfenbein hat man u. a. auch im Palast zu Nimrod gefunden. Ahab wird bereits in den assyrischen Annalen Salmanassers III in der sog. Monolit-Inschrift erwähnt, wo dieser sagt, daß er in der Schlacht bei Karkar u. a. Ahab mit zweitausend Wagen und zehntausend Soldaten zum Gegner hatte; als Bundesgenosse von u. a. Adad-idz von Damaskus, d. i. sehr wahrscheinlich Benhadad II (ca. 853 v. Chr.). Dieser Bund muß einer der Anlässe gewesen sein für die späteren Aktionen Assyriens gegen Israel.

Ahasja (1 Kön 22,52; 2 Kön 1,18)

Dieser König ist gleichgültig wie sein Vater, götzendienerisch wie seine Mutter, ein Kälberdienerlein wie Jerobeam. Er regiert nur kurz, denn ein Sturz bringt ihn aufs Sterbelager. Darum schickt er Boten nach Baal-Sebub (d. i. „Herr der Fliegen“; ein Spottname; eigentlich war der Name Baal-Zebul, vergleichbar mit dem neutestamentlichen Beelzebul, d. i. „Herr der Höhe“), um von ihm Heilungskräfte zu empfangen. Die Boten begegnen Elia, der sie zurückschickt, um Ahasja seinen Tod anzukündigen. Dieser will Elia ergreifen lassen, doch zweimal wird ein Regiment von fünfzig Soldaten mit ihrem Obersten durch Feuer vom Himmel getötet. Ein dritter Oberster kommt mit einem demütigen Geist zu Elia und bleibt verschont. Elia geht mit ihm und wiederholt seine Gerichtsbotschaft persönlich. Ahasja stirbt tatsächlich nicht lange danach und findet seinen Nachfolger in seinem Bruder Joram.

Joram (2 Kön 2,17–10,17). Ehe wir Jorams eigentliche Geschichte vernehmen, hören wir zuerst über die Himmelfahrt des Elia. Dieser führt zuerst seinen Nachfolger Elisa durch die Zentren der Gottlosigkeit: Gilgal, Bethel und Jericho (vgl. Am 4,4; 7,13; Hos 9,15; 1 Kön 16,34) und bringt ihn dann durch den Jordan auf dieselbe wunderbare Art, wie das Volk einst in Kanaan eingezogen war, außerhalb von Israels Hoheitsgebiet. Etwas später wird Elia

vor Elisas Augen auf feurigen Wagen und Pferden in den Himmel getragen: Sein Mantel fällt auf Elisa, der in der Kraft Elias zurückkehrt und trockenen Fußes den Jordan überquert und im Land durch die Prophetenschulen als Elias Nachfolger anerkannt wird.

So wie Elias Dienst mehr von Gerichtszeichen gekennzeichnet war, finden wir in Elisas Dienst mehr Wunder von Barmherzigkeit: Er macht das Wasser in Jericho gesund und hilft Joram in seinem Feldzug gegen das Heer Moabs, das in göttlicher Vorsehung durch optischen Betrug in die Flucht geschlagen wird.

Dieser Konflikt wird durch den berühmten Mesastein des Königs Mesa von Moab veranschaulicht, der in Dibon gefunden wurde und beschreibt, wie

Obwohl Elisas Auftreten mehr von Wundern und Barmherzigkeit gekennzeichnet ist, kann man ihn nicht verspotten. Auch er ist ein Diener des Herrn und muß als solcher behandelt werden. Als Elisa einmal von Jungen in Bethel verspottet wird, nimmt es ein schreckliches Ende mit ihnen. Sie werden von zwei Bären verschlungen (von D. Colijns, 1627).

Omri das Land Moab überwältigt hatte, aber wie Mesa zur Zeit Ahabs in Aufstand gekommen war. Nach Ahabs Tod fiel Moab nach 2. Könige 1,1 ganz von Ahab ab, wurde aber durch Joram besiegt, doch sein Land wurde nicht mehr von Israel überwältigt.

Elisa verhilft einer armen Witwe zu einem großen Ölvorrat, gibt einer sunamitischen Frau (die ihm geholfen hat) ihren einzigen toten Sohn zurück (ein zweites Erweckungswunder!) und verhilft der Prophetenschule während einer Hungersnot auf wunderbare Weise zu Nahrung.

Besonders bemerkenswert ist auch die wunderbare Genesung Naëmans, Hauptmann des feindlichen aramäischen Heeres. Dieser ist aussätzig und hört von einer israelitischen Sklavin von Elisa, worauf er sich mit einem Empfehlungsschreiben Benhadads II an Joram wendet. Dieser ist geschockt, doch Elisa läßt Naëman zu sich kommen und tut ihm durch einen Knecht kund, daß er sich siebenmal im Jordan waschen soll. Naëman ist zuerst beleidigt, versucht es dann aber auf Anraten seines Knechtes doch und wird geheilt. Elisas Knecht Gehasi jedoch bekommt wegen seiner Geldsucht die Aussätzigkeit Naëmans. Diese Strafe und das Gericht über die zweiundvierzig Jünglinge Bethels (2 Kön 2,23–25) und ferner das Gericht über den Hauptmann von Samaria (2 Kön 7,2) sind die einzigen Gerichtstaten Elisas.

Es entsteht ein neuer Krieg zwischen Israel und Aram. Elisa (beschützt von Engelmächten) betet um eine Verblendung der Feinde und bringt das Heer Arams anschließend bis in die Mitte Samariens; jedoch nicht um es zu töten,

Die beiden Könige Joram von Israel und Juda haben Briefkontakt (Tontafeln) mit Amenophis III und IV von Ägypten. Hier wird Amenophis III dargestellt auf einer Wandmalerei aus einem Grab in Thebe. Er sitzt und hinter ihm steht seine Mutter Mutemua. Er trägt einige Zeichen königlicher Würde: die blaue Krone, die Kobra, den Stab, die Peitsche und die Keule.

sondern um ihm mit Brot und Wasser Gnade zu erweisen. Die Lektion ist schnell vergessen, denn später kehrt Benhadad II zurück und belagert Samarien. Die Hungersnot dort wird unerträglich, und Jorams Wut wendet sich gegen Elisa. Dieser kündigt jedoch die baldige Erlösung an, die sich dadurch erfüllt, daß Gott durch einen großen Lärm die Belagerer in die Flucht schlägt. Vier aussätzige Männer, die außerhalb der Stadt herumstreichen, entdecken die Flucht zuerst und melden dieses in der Stadt. Als sich der Bericht bestätigt, ziehen die glücklichen Einwohner vor die Stadt, um im aramäischen Heereslager Nahrung zu suchen; dabei zertrampeln sie den Hauptmann, der über Elisas Vorhersage gespottet hatte.

Nach einem Intermezzo, in dem wir erneut von der Sunamiterin hören, finden wir Elisa nun persönlich in Damaskus, um dort einen Auftrag zu erfüllen, der schon Elia aufgetragen war: den Knecht Hasaël als Nachfolger Benhadads anzuweisen. Dies bewegt Elisa zutiefst, denn seine Zeit als Gnadenprophet geht nun zu Ende; sein Wirken ist anscheinend zum größten Teil vergeblich gewesen, jetzt ist die Zeit des Gerichtes über Israel gekommen. Er selber muß die Werkzeuge des Gerichts anweisen: Hasael von Aram wird schreckliche Kriege mit Israel führen (siehe 2 Kön 9,14 ff.; 10,32 ff.; 13,3–7,22) und Jehu, König über Israel, wird das Haus Ahab ausrotten müssen. Übrigens werden es beide zu weit treiben und damit Gottes Gericht über sich selbst heraufbeschwören (Hos 1,4; Am 1,3).

Amenophis IV ist eher bekannt unter dem Namen Echnaton, der König, der nur Aton verehren will und Amon beiseite schiebt, auch Ketzer-König genannt. Von ihm kennen wir viele Porträts, von denen wir hier zwei sehen können. Echnaton hat aus Abscheu vor Amon und seinen Priestern seinen Hauptsitz von Theben in eine neugegründete Stadt Achet-Aton (Tell el-Amarna) verlegt. Da diese Stadt nur kurz bewohnt wurde – sein Nachfolger kehrt wieder zurück nach Theben – blieb nicht viel von ihr übrig (ganz rechts), zumal die Stadt noch nicht fertiggebaut war. In diesem Amarna wurde ein Teil der Korrespondenz (Originale und Kopien) von Echnaton und seinem Vater Amenophis III mit Fürsten in Vorder-Asien gefunden (rechts).

Joram und seine Zeit

Der König Joram von Israel und sein Namensvetter und Zeitgenosse Joram, der König von Juda, korrespondierten mit dem damaligen ägyptischen Pharao, das ist nach der vorgeschlagenen revidierten Chronologie Pharao Amenhotep III und oder Amenhotep IV (auch Echnaton genannt). In den Briefen, den berühmten El-Amarna-Tontafeln, heißen sie respektive Rib-Addi von Gubla und Sumur (d. i. Jesreel und Samarien) und Abdi-Hiba von Urusalim (d. i. Jerusalem). Andere Entsprechungen waren u. a. Abdi-Asirta und sein Nachfolger Azaru von Amurru, das sind Benhadad und Hasael von Aram. In den Briefen von Rib-Addi-Joram wird unter anderem über Adbi-Asjirta/ Benhadad geklagt, der ihn mit einem Heer angegriffen und Samarien belagert hat. Er bittet den Pharao um Hilfstruppen, die aber auf sich warten lassen. In einem der Briefe wird auch auf die Tatsache hingewiesen, daß früher der Vater (= Vorgänger) (Benhadad) von dem Vater Jorams (Ahab) gefangen genommen war (vgl. 1 Kön 20,31–34). Außerdem berichten die Briefe über Benhadads Anschläge gegen Joram, einen mißlungenen Anschlag auf Joram, die Krankheit und den Tod Benhadads, die Hungersnot in Samarien und den Aufstand der Moabiter, die die „plündernden Truppen des (Königs) Mesa“ genannt werden.

Die Zeit Jorams und seines Nachfolgers Jahu ist gleichzeitig die Zeit einiger der berühmtesten Pharaonen Ägyptens (18. Dynastie): Echnaton, Smemchare, Tutenchamon und Eje.

An der anderen Seite des Zehnstämmereiches wuchs zur selben Zeit allmählich eine andere Weltmacht heran, der wir langsam auch Beachtung schenken sollten: Assyrien.

Assyrien

Das Land der Assyrer befand sich am Fluß Tigris, nördlich von Babylonien und östlich der syrischen Wüste, in dem höher gelegenen Teil der Ebene von Mesopotamien an den Hügeln Armeniens und Persiens. Es ist das Gebiet um die antiken Städte Assur, Ninive und Kalah; siehe 1. Mose 10,11 ff., wo Assur das Land des Hamiters Nimrod ist, aber der Stammvater war Assur, der Sohn Sems (siehe 1 Mose 10,22). Die Assyrer waren also Semiten, doch müssen sie

sich schon früh mit den (Hamitischen?) Sumerern aus Babel vermischt haben. Eine alte assyrische Königsliste auf Tontafeln ist erhalten geblieben, die uns in Verbindung mit anderen alten Annalen einen Eindruck von den fortwährenden Beziehungen und vor allem von Konflikten mit Babylonien vermitteln. Anfänglich war Assyrien Babylon unterstellt, aber zwischen 2000 und 1000 v. Chr. wurde die Macht Assyriens immer größer, bis es zur ersten Kriegsmacht heranwuchs und zum ersten umfangreichen internationalen Reich in der Weltgeschichte im 9. und 8. Jh. v. Chr. Schon vorher wurde ein Höhepunkt erreicht unter Thiglath-Pileser I (um 1100), doch nach seinem Tode fiel sein Reich zusammen; in den anschließenden zwei Jahrhunderten hatten die Assyrer alle Hände voll mit internen Problemen zu tun, während Israel unter David und Salomo eine goldene Zeit erlebte.

Um 890 v. Chr. kam in Assyrien eine neue Familie an die Regierung. Von 883–859 v. Chr. regierte Assurnasirpal II, der eine Reihe brillianter Feldzüge in alle Richtungen führte und das alte Kalah wieder zu einer prächtigen Hauptstadt aufbaute. Das war zur Zeit des Königs Omri; vielleicht baute dieser seine starke Festung Samaria hauptsächlich wegen der Eroberungszüge von Assurnasirpal II. Sein Sohn Salmanasser III (859–824) verwickelte sich in einen Krieg mit den Königen von Hamath und Damaskus in der Schlacht bei Karkar in der Nähe des Flußes Orontes in Syrien. Nach den assyrischen Annalen beschaffte „Ahab der Israelit (sirla 'aia)" seinem Bundesgenossen 2000 Wagen und 10 000 Soldaten.

Im Jahre 841, nachdem Damaskus unter König Hasal gegen Salmanasser eine Niederlage erlitten hatte, erhielt dieser Steuern von den Königen von Tyrus und Sidon und von „Jehu, dem Sohn des Omri“. Spätere Aktionen der assyrischen Könige gegen Aram dienten dem Zehnstämmereich öfters dazu, verlorenes Gebiet zurückzuerobern (2 Kön 13,25; 14,25–28). Der erste assyrische König, der in der Bibel genannt wird, ist der große Thiglath-Pileser III; von dem Zeitpunkt seiner Regierung an sind die Geschichten Israels und Assyriens aufs Engste miteinander verknüpft, bis zum Untergang des nördlichen Zehnstämmereiches (siehe die siebente Dynastie: das Haus des Menahem). Wir werden uns nun zuerst Jehu zuwenden.

Der Nachfolger Echnatons, der nur kurz regierte, ist der wegen seines Grabes berühmt gewordene, sonst jedoch unwichtige Tutenchamon. Ihm gehört der Fächer von Straußenfedern mit dem Relief eines Streitwagens. Zur Zeit Omris regiert der Assyrer Assurnasirpal II, der das Reich nach allen Seiten ausbreitet. Auch dieser König läßt sich gerne auf der Jagd darstellen, wie hier auf der Löwenjagd. Darunter steht er abgebildet mit dem Lebensbaum. Jehu bekommt es mit Salmanasser III zu tun. Der König empfängt die Unterwerfung Jehus –, zu sehen auf dem Schwarzen Obelisken, wo Jehu vor dem assyrischen Fürst auf den Knien liegt. Unter diesem Relief steht: „Die Schätzung Jehus, Sohn Omris; ich bekam von ihm Silber, Gold, eine goldene Saplu-Schüssel, eine goldene Vase mit spitzem Boden, goldene Becher, goldene Fässer, Zinn, einen Königsstab, einen hölzernen Uruchtu.“

Fünfte Dynastie: das Haus Jehu

Hasael ist, wenn wir den Text sorgfältig lesen, wahrscheinlich durch einen Mord zum König über Aram geworden. Joram von Israel und Ahasja von Juda ziehen gegen ihn in den Kampf; Joram wird dabei verwundet und sucht Heilung in Jesreel, wo Ahasja von Juda (durch seine Mutter Athalja ein Enkel von Ahab, also ein Neffe von Joram) ihn besuchen kommt. Zu diesem Zeitpunkt sind die Heeresobersten noch in Ramoth (vgl. 2 Kön 8,28), wo ein durch Elisa gesandter Prophet einen von ihnen, Jehu, zum König über Israel salbt (2 Kön 9–10). Dieser Jehu ist der einzige auf Befehl von Jahwe gesalbte König im Zehnstämmereich! Jehu ist ein Mann, der von Gott gebraucht werden kann, wegen seiner Energie, und weil er die Bosheit des Götzendienstes erkennt: Aber ansonsten wird Jehu mehr durch persönliche Ambitionen und Herrschsucht geleitet (vgl. 2 Kön 10,22 + 30).

Jehus Freunde erkennen sein Königtum sofort an, und dieser läßt sie Ramoth abschirmen, damit niemand Joram vorzeitig warnen kann. Nun reitet Jehu mit seinen Männern wie ein Besessener nach Jesreel. Joram sieht ihn kommen und reitet ihm entgegen, wahrscheinlich begierig nach Neuigkeiten von der Front. Er wird begleitet von seinem Neffen Ahasja. Durch Gottes Vorsehung begegnen sich die drei Könige genau auf dem Acker von Naboth: Dort, wo die Söhne Naboths getötet wurden, stirbt auch der Sohn ihres Mörders (2 Kön 10,26; 1 Kön 21,13 + 19 + 24). Jehu tötet ihn nämlich mit einem Pfeil und läßt ihn auf den Acker werfen; auch tötet er nach einer wilden

Verfolgungsjagd Ahasja von Juda, den Enkel Ahabs (vgl. 2 Chr 22,7–9). Danach hastet Jehu zurück nach Jesreel, um Isebel vor Gericht zu stellen. Diese weiß inzwischen, was ihr begegnen wird und schmückt ihr Äußeres (aber nicht ihre Seele). Spöttelnd schaut sie aus dem Torgebäude auf den nahenden Jehu herab; doch ihre Zofen stehen auf der Seite Jehus und stoßen sie aus dem Fenster. Jehu reitet über sie hinweg. Pferdehufe zermalmen ihren Körper, die bösartige Hexe wird von den Hunden zerfleischt (vgl. 1 Kön 21,23).

Sofort überredet Jehu den Obersten Samariens dazu, die dort anwesenden Söhne und Enkel Ahabs umzubringen, und noch vor dem nächsten Morgen-

grauen liegen die Häupter dieser siebzig Nachkommen in zwei Haufen bei der Pforte Jesreels. Als die bäuerliche Bevölkerung nach draußen kommt, kann Jehu den Unschuldigen spielen und auf die Mitschuld Samariens hinweisen. Doch schon bald geht Jehu viel weiter, als es Gott befohlen hatte und tötet auch die Regierungsbeamten Ahabs und sogar die Blutsverwandten Ahasjas, die wahrscheinlich nicht einmal Nachkommen von Ahab waren. Es ist zwar richtig, daß er alle Baalspriester umbringen läßt, doch warum mit Lüge und Betrug? So zerstörte Jehu wohl den ganzen Baalsdienst in Israel, doch anscheinend nur um des Thrones willen, denn den Kälberdienst setzte er fort. Darum ist sein Lohn begrenzt: Vier Geschlechter aus seinem Haus werden das Königsamt erhalten, aber Gott peinigt ihn auch durch feindliche Angriffe: das ist nicht nur Hasael von Aram, denn dem schwarzen Obelisken von Salmanasser III (841 v. Chr.) zufolge unterwirft sich ihm Jehu innerhalb eines Jahres. Jehu wird auf dem Obelisk abgebildet, während er Salmanasser Ehre erweist.

Die Geschichte von *Joahas* (2 Kön 13,1–9) ist eine kurze Geschichte, aber doch ist er ein ungewöhnlicher Mann! Er beginnt schon wie seine Vorgänger: gottlos und darum gibt Gott ihn in die Hand Hasaels. Aber Joahas wird der einzige König des Zehnstämmereiches, von dem wir lesen, daß er zu Gott gebetet hat. Darum schafft Gott auch einen Ausweg durch einen „Erlöser“, vermutlich Joahas Sohn Joas oder sogar sein Enkel Jerobeam II (siehe 2 Kön 14,27), aber es kann auch ein Hinweis auf die Angriffe des assyrischen Königs Adad-Nirari III auf Aram sein.

Aus dem Leben *Joas* (2 Kön 13,10–25) ist, abgesehen von seinem Krieg mit Amazja von Juda (2 Kön 14,8–17), nur ein einziger wichtiger Vorfall bekannt, und zwar sein Besuch bei dem sterbenden Elisa, über den wir fünfundvierzig Jahre nichts gehört haben! Joas hat Respekt vor Elisa, aber wenig Glauben: Elisa kündigt den Sieg über Aram an und prüft Joas' Glauben, der mit seinem Pfeilbündel auf den Boden schlagen soll. Das wird zu einer lustlosen Angelegenheit und darum wird Joas Hasael und dessen Sohn Benhadad III auch keine definitive Niederlage beibringen können. Übrigens endet, genau wie bei Elia, auch Elisas Leben mit einem Wunder: Ein toter Mann, der auf der Flucht hastig in Elisas Grab geworfen wird, wird wieder lebendig: eine dritte Erwekkung!

Zur Zeit Jerobeams II lebte der Prophet Jona, der auf Gottes Geheiß in Ninive predigen mußte (links). Oben ist ein Siegel, auf dem steht: „von Schema, Diener Jerobeams." Es wird im allgemeinen angenommen, daß damit Jerobeam II gemeint ist.
Möglicherweise symbolisch für den assyrischen Charakter ist die Darstellung unten. Neben kriegerischen Geschäften kannten die Assyrer auch andere Unternehmungen. Nebenan ist etwas davon zu sehen. Dies ist der Teil eines Reliefs aus Khorsabad, auf dem eine Meeresexpedition wiedergegeben wird. Holz aus dem Libanon wird per Schiff an der phönizischen Küste entlang transportiert. Im Meer sind allerlei Meeresbewohner abgebildet. Die Schiffe haben einen Vor- und Hintersteven und besitzen keine Segel.

Jerobeam II (2 Kön 14,23–29) hat die längste und erfolgreichste Regierungszeit im Zehnstämmereich gehabt. Aufgrund einer Verheißung durch den Propheten Jona, von dem wir auch ein Bibelbuch haben, erobert Jerobeam ein großes Gebiet im Norden des Landes: die langgestreckte Ebene zwischen dem Libanon und dem Anti-Libanon, wodurch er den Zugang für eine eventuelle (assyrische) Invasion blockiert. Durch Jonas Predigten in Assurs Hauptstadt werden die Assyrer sowieso vorläufig zurückgehalten (siehe auch das Buch Jona).

Sogar Damaskus wird erobert (vgl. 2 Sam 8,3–11). Groß sind der Reichtum und der dekadente Luxus in Samarien, gegen den das Herz des ehrlichen Schafzüchters Amos aufbegehrt (Am 6,1–7). Er kommt nach Bethel, um Jerobeam und das Volk zu warnen (Am 7,10–17) wegen ihrer abscheulichen Sünden (Am 2,6; 5,27) und um die Verschwörung von Schallum (siehe unten) vorherzusagen (Am 7,9). Amos wird durch den Priester Amazja ausgewiesen, aber seine Worte erfüllen sich bald, nicht nur das Wort über den Untergang des Hauses Jerobeam, sondern auch über den Untergang des ganzen Nordreichs (Am 2,13–16; 3,11–4,3; 5,1–3). Die schwachen assyrischen Könige werden bald das Feld räumen für den kriegerischen Thiglath-Pileser III.

Gott beeilt sich seine Verheißungen an Jehu (2 Kön 10,30) wahrzumachen: Der vierte König nach Jehu *Sacharja* (2 Kön 15,8–12) regiert nur sechs Monate. Gott hat genug vom Hause Jehu (vgl. Hos 1,4; 7,7). Kaltblütig wird Sacharja durch Schallum vor den Augen des Volkes ermordet.

Sechste Dynastie: Schallum

So wie Hosea 1–3 sich auf die Zeit von Jerobeam II und Sacharja bezieht, so haben wir in Hosea 4 und 5 die Zeit von Schallum und Menahem, die Zeit der drei Königsmorde innerhalb von zehn Jahren (Hos 4,2 – „Blutbad folgt auf Blutbad"). Schallum (2 Kön 15,13–15) regiert nur einen Monat lang; er ist genau wie Simri eine Zwischenfigur, die als Königsmörder schon sehr bald selbst ermordet wird.

Siebte Dynastie: das Haus Menahem

Der Mörder Schallums ist Menahem (2 Kön 15,16–22); Josephus Flavius zufolge ist er ein General Sacharjas und demnach möglicherweise jemand, der sich an Sacharjas Mörder rächen will. Nach seinem Staatsstreich unterdrückt Menahem schnell einen Aufstand in der Stadt Tifsah, anscheinend mit unnötiger Grausamkeit. Während seiner Regierungszeit hören wir zum ersten Mal in der Bibel von den Assyrern; Menahem selber wird auf den assyrischen Monumenten von Thiglath Pileser III erwähnt (wahrscheinlich Phul in 2 Kön 15,19), an den er eine hohe Steuer zahlen muß, wodurch jedoch sein Königtum befestigt wird (vgl. Hos 5,13). Die Steuer zeigt, daß es mindestens 60000 bis 70000 wohlhabende Leute zur Zeit Menahems gegeben hat; sie werden wohl noch aus der erfolgreichen Zeit Jerobeams II gestammt haben.

Menahems Sohn *Pekachja* (2 Kön 15,23–26) wird schon nach zwei Jahren durch Pekach, wahrscheinlich ein Hauptmann der Leibwache, ermordet. Nach seiner späteren Politik zu urteilen, ist er hinsichtlich der Assyrer anscheinend nicht einverstanden mit der Führung von Menahems Haus (vgl. 2 Kön 15,29). Man hat angenommen, daß es sich bei diesen Königsmördern um einen fortwährenden Konflikt handelt zwischen der Ephraim-Partei (die Häuser Jehus und Menahems) und der Manasse-Partei Schallum (aus Jabesch) und Pekachja (aus Gilead); die erste wäre dann pro-assyrisch und die zweite pro-aramäisch. Hosea 7,3–7 bezieht sich möglicherweise auf Vers 25 (den heimlichen Mord an Pekachja).

Achte Dynastie: Pekach

Die Regierungsjahre Pekachs (2 Kön 15,27–31) verweisen darauf, daß während der ganzen Regierungszeit des Hauses Menahem die eigentliche Macht hinter dem Thron war. Pekach schließt wieder einen Bund mit Aram (siehe 2 Kön 16,5), hauptsächlich gegen Ahas von Juda, der sich Hilfe bei dem Assyrer Thiglath-Pileser III holt. Pekachs pro-aramäische und anti-assyrische Politik wird zu einem großen Fiasko: Der Assyrer erobert das ganze Land hinter dem Jordan und die Spitze des Westjordanlandes; dies war gleichzeitig der Beginn der assyrischen Deportation. Es ist der Anfang vom Ende (vgl. Jes 7,4–9). Hosea 5,10–6,3 beschreibt wahrscheinlich die Zeit nach Menahems Steuerpflicht bis zum Feldzug von Pekach; Hosea 6,4–7 + 16 ist dann die Zeit Pekachs und Hosea 8–14 die Zeit Hoseas: ein Mörder, möglicherweise von den Assyrern aufgehetzt und Nachfolger von Pekach, nicht zu verwechseln mit dem Propheten Hosea!

Neunte Dynastie: Hosea

Hosea (2 Kön 17) ist wieder pro-assyrisch; er wird dann auch sofort, nach den assyrischen Monumenten zu urteilen, von Thiglath-Pileser III anerkannt. Hosea ist nicht so übel wie seine Vorgänger, doch das vor allem, weil die goldenen Kälber erbeutet wurden (vgl. Hos 10,5 ff.). Er muß eine schwere Steuer zahlen und übt darum Verrat, indem er heimlich einen Bund mit Pharao So von Ägypten schließt (möglicherweise Seti II von der 19. Dynastie oder einer seiner Nachfolger oder Asarkan II von der 23. Dynastie, vgl. Hos 11,5; 12,2). Sofort zieht der König von Assur Salmanasser V gegen ihn in den Kampf und belagert Samaria drei Jahre lang (vgl. Hos 14,1; Mi 1,16 ff.). Diese Belagerung ist auch auf assyrischen Monumenten beschrieben; danach wird ersichtlich, daß 27 290 Verbannte aus der Stadt Samarien deportiert werden. Übrigens bleiben viele vor der Deportation verschont, weil sie rechtzeitig ins Zweistämmereich ausweichen. (2 Chr 11,16; vgl. Lk 2,36; Apg 26,7; Jak 1,1). Die Bibel macht ganz deutlich, daß die zehn Stämme wegen ihres abscheulichen Götzendienstes nach Assur weggeführt werden und daß ihr Reich für immer zu Ende geht. Samarien fällt um 722 v. Chr. unter dem assyrischen König Sargon II; der in 2. Könige 17,24 genannte König ist wahrscheinlich Asar-Haddon (vgl. Esra 4,2). Dieser letzte bringt allerlei Menschen aus den umliegenden Ländern in das Land Samaria, die sich mit den zurückgebliebenen Israeliten vermischen; so entsteht ein Volk, das bis heute „Samariter" genannt wird. Ihr Gottesdienst wird eine Mischung sein zwischen dem Dienst Jahwes und den vielen Götzen der umliegenden Völker.

Sargon II (links) ist der assyrische König, der schließlich dem Zehnstämmereich ein Ende setzt. Im Jahre 722 fällt Samarien. Daraufhin findet eine Auswechslung von Völkern statt. Dies war eine assyrische Taktik, um so wenig wie möglich Ärger mit Aufständischen zu haben. Darum ist auch unbekannt, wo die Zehn Stämme als Ganzes geblieben sind. In der Hälfte des siebten Jahrhunderts regiert Assurbanipal (unten), mit dem es die Judäer zu tun bekommen. Er steht hier in seinem Streitwagen unter einem Baldachin, wiedergegeben in seinem Feldzug gegen Elam. Um eine Übersicht zu haben, steht rechts eine Liste der Könige der beiden israelischen Königreiche und von den Königen von Assur und Babylon, soweit sie mit Israel und Juda zu tun hatten.

Regierungsjahre der Könige von Juda und Israel (und einiger Könige von Assur und Babylonien)

Israel		**Juda**		**Assur**	
Jerobeam I	930–909	Rehabeam	930–913		
Nadab	909–908	Abia(m)	913–910		
Baësa	908–886	Asa	910–869		
Ela	886–885				
Simri	885–				
(Tibni	895–880)				
Omri	885–874				
Ahab	874–853	Josaphat	972–848		
Ahasja	853–852	Joram	853–841	Salmanasser III	859–824
Joram	852–841	Ahasja	841		
Jehu	841–814	Athalja	841–835	Schamschi-Adad V	823–810
Joahas	814–798	Joas	835–796	Adad-Nirari III	810–782
Joas	798–782	Amazja	796–767		
Jerobeam II	793–753	Asarja	792–740	Salmanasser IV	782–772
Sacharja	753				
Schallum	752				
Menahem	752–742	Jotham	750–732	Tighlath-Pileser III	745–727
Pekachja	742–740				
Pekach	752–732				
Hosea	732–723	Ahas	735–715	Salmanasser V	727–722
		Hiskia	715–686	Sargon II	722–705
		Manasse	697–642	Sanherib	705–681
		Amon	642–640	Asar-Haddon	681–669
		Josia	640–609	Assurbanipal	669–627
		Joahas	609		
		Jojakim	609–598	**Babylon**	
		Jojachin	598–597	Nabopolasser	626–605
		Zedekia	597–586	Nebukadnezar II	605–562
				Evil-Merodach	562–560
				Nergal-Sarezer	560–556
				Nabunaid/Belsazer	556–539

Einige aufeinanderfolgende Könige haben gleichzeitig regiert!

IX. Das Südreich

Das Südreich wurde von den Babyloniern weggeführt. Die Hauptstadt des letzten Volkes war Babel. Diese Stadt wurde teilweise ausgegraben, wobei sehr viele Dinge offenbar wurden. In Chicago hat man Babel als Modell nachgebaut. Man sieht die Brücke über den Euphrat, dahinter die doppelte Stadtmauer, links den großen Ziggurat und rechts den Marduktempel. Palästina hat damals wie heute eine schwierige Lage zwischen Mesopotamien und Ägypten. Auch Ägypten läßt manchmal von sich hören, wie in der Zeit Rehabeams. Er muß einen Angriff Schischaks, Thutmose III, ertragen. Rechts Thutmose III, dargestellt auf der Mauer seines Tempels in Karnak. Unten ein goldenes Armband dieses Königs.

Rehabeam

Salomos Sohn Rehabeam (2 Chr 10–12; 1 Kön 14,21–31) erkennt, nachdem er sich mit der Teilung des Reiches abgefunden hat, daß er sein reduziertes Reich verstärken muß. Dies geschah eigentlich auch schon von selbst, weil viele Priester, Leviten und andere Israeliten aus dem Zehnstämmereich nach Juda übersiedelten. Rehabeam hat eine sehr große Familie; er befestigt sein Königtum, indem er viele seiner Söhne als Statthalter in den Gegenden von Juda und Benjamin einsetzt. Sein Lieblingssohn ist Abia, der Sohn seiner Lieblingsfrau Michaja (oder Maacha), eine Enkelin von Absalom (vgl. 2 Chr 13,2). Leider verfällt Rehabeam dem Götzendienst. Er läßt geweihte Steine und Säulen aufrichten (die die männlichen resp. weiblichen kanaanitischen Götzen vertreten: die Baale und Ascheras) und erlaubt die rituale Prostitution. Darum läßt Gott Pharao Schischak von Ägypten gegen ihn aufziehen. Dieser kommt mit einem riesigen Heer, nimmt die jüdischen Festungsstädte ein, dringt in Jerusalem ein und raubt alle Schätze aus dem Tempel und dem Palast, sogar die goldenen Schilde Salomos. Der Prophet Schemaja erklärt dem König, daß dies eine Strafe Gottes sei, worauf der König und die Obersten sich vor Gott demütigen. Daraufhin bewirkt Jahwe, daß Schischak wieder abzieht, obwohl Juda ihm unterworfen bleibt. So bleibt in Juda trotz vieler götzendienerischer Einflüsse der Dienst Jahwes bestehen. Solange das so ist, bekommt das Zehnstämmereich nie Macht über Juda.

Wer war Schischak?

Während in Israel Salomo regierte, war Hatschepsut Königin in Ägypten. Ihr Gemahl Thutmose III, der unter Hatschepsut eine unbedeutende zweite Rolle spielte, wurde ihr Nachfolger und war ein gewaltiger Eroberer, vor allem in Palästina und Syrien. Er verzeichnete die mächtige Beute, die er dort machte, in den Inschriften seines großen Amontempels in Karnah. Der vorgeschlagenen revidierten Chronologie zufolge muß Thutmose III identisch sein mit Schischak.

In den Reliefs steht ein Feldzug des Königs verzeichnet: Das Heer zog von Gaza herauf und neun Tage später hielt der König Kriegsrat. Der Feind von Kades war mit Truppen nach Maktä gekommen. Kades bedeutet „heilig“ und Jerusalem wird in der Bibel sehr oft als die „Heilige Stadt“ bezeichnet. Maktä ist identisch mit Mikdasch, „Heiligtum“, ein Name für den Tempel und später auch für ganz Jerusalem (1 Chr 22,19; Jer 17,12).

Thutmose III ist der Neffe und Ehegatte Hatschepsuts. Solange sie regiert, ist er eine unbedeutende Person. Doch sobald Thutmose König ist, läßt er soviel wie möglich Erinnerungen an sie entfernen. In Ägypten tut er das, indem er ihren Namen diskriminiert und ihre Abbildungen zerstört, und in der Politik, indem er ihre Freunde angreift, er zieht z. B. sofort gegen Juda auf.

Thutmose wählte den schwierigen, schmalen Weg nach Jerusalem: den Weg von der Küstenebene östlich von Jaffa nach Arauna, an Unter- und Ober-Beth-Horon vorbei, nicht viel mehr als ein „Ziegenweg“. Dieser Weg ging durch das Hoheitsgebiet Jerobeams, doch dieser war ein Freund Schischaks/Thutmoses und sogar dessen Schwager (nach der Septuaginta gab Schischak dem Jerobeam seine Schwägerin Ano zur Frau, und aus der Zeit des Thutmose III ist ein Krug erhalten geblieben, in welchem der Name der Prinzessin Anu verzeichnet ist). Jerobeam wird Schischak demnach gerne Durchlaß gewährt haben, um so mehr weil Rehabeam sein Erzfeind war.

Doch war dieser Weg dem Pharao anscheinend nicht ganz geheuer, denn das Bild des Götzen Amon wurde im Zug vor ihm her getragen; soweit uns bekannt ist, ist dies das einzige Mal, daß solches in ägyptischen Berichten gemeldet wird. Vielleicht erinnerte sich der Pharao daran, wie die Amoriter in derselben Gegend einmal von Meteoriten getroffen wurden (Jos 10,22); Amon ist nämlich ein Meteoritengott! Nach einem erfolgreichen Marsch zelten die Ägypter bei Gibeon und erscheinen danach vor Maktä, das ist Jerusalem. Die Stadt wird belagert bis der König (Rehabeam) die Tore öffnet und sich vor den Ägyptern demütigt.

Die Inschriften in Karnak geben eine ausführliche Aufzählung der Beute, die aus Palästina mitgeführt wurde; die Aufzählung stimmt treffend überein mit der biblischen Beschreibung der Schätze des Tempels und des Palastes in Jerusalem. Im Grunde wird jeder heilige Gegenstand aus dem Tempel Salomos in diesen Inschriften genau abgebildet. Auch findet man dort eine lange Liste der unterworfenen Städte (angefangen mit Kades), in der auch Festungsstädte Rehabeams wie Etam, Beth-Zur und Socho (2 Chr 11,6 ff.) wiedergefunden werden. Viele Orte kann man jedoch nicht identifizieren. Wir finden auch Gefangene aus dem Nordreich verzeichnet, möglicherweise Immigranten, die Rehabeams Reich unterstützen wollten (2 Chr 11,16 ff.).

Abia

Der Sohn Rehabeams Abia (oder Abiam; 2 Chr 13; 1 Kön 15,1–8) wandelte in den Sünden seines Vaters; aber Gott gedenkt seines Urgroßvaters David, und außerdem wird der Dienst Jahwes aufrechterhalten. Darum gelingt es Jerobeam weder Rehabeam noch dessen Sohn Abia zu besiegen, trotz seiner Übermacht. Auf einem Berg stehend hält Abia eine Rede an das Heer Israels und weist darauf hin, daß die wahre, von Gott gegebene Priesterschaft (trotz seiner eigenen Sünden) bei Juda ruht. Als Jerobeam angreift, ruft Juda Jahwe an und verpaßt Israel eine gewaltige Niederlage; es erobert einige Grenzorte, die jedoch bald wieder verloren gehen (vgl. 1 Kön 15,16–22).

Asa

Asa (2 Chr 16–16; 1 Kön 15,9–24) ist nach Salomo der erste König, der Jahwe treu dient. Er räumt mit dem Götzendienst auf und befestigt das Land, so daß es lange Zeit Ruhe hat. Als der Kuschiter Serach mit einem riesigen Heer gegen ihn in den Kampf zieht, ruft Asa zu Jahwe. Der Herr gibt ihm nicht nur einen großen Sieg über Serach, sondern auch über das philistische Gerar, welches Serach wahrscheinlich geholfen hat. Auf Grund dieses Sieges ruft der Prophet Asarja den König und das Volk auf, die Reformation noch strenger durchzuführen. Dies geschieht dann auch, und die Reinigung wird während des Pfingsfestes besiegelt, auf dem sogar viele aus den Zehn Stämmen anwesend sind. Hier erneuert das Volk seinen Bund mit Jahwe.

In der ägyptischen Geschichte wurden des öfteren Semiten gefangengenommen. Oben eine Darstellung aus einer etwas späteren Zeit, der 19. Dynastie, die einen gefangenen Semit zeigt. Schischak (Thutmose III) hat Berichte über seinen Feldzug auf den Mauern des Amontempels in Karnak abbilden lassen (unten). Auch ließ er darstellen, was er erbaute. So kann man in der obersten Reihe Leuchter mit Lampen sehen, eine davon (links) mit je drei lilienförmigen Lampen links und rechts. Die beiden in der Mitte haben jede acht Lampen links und rechts. In der vierten Reihe stehen links goldene Fässer, unter denen die Zahl 95 steht. Rechts davon steht eine größere goldene Schüssel mit der Zahl sechs. In der zweiten Reihe links sind „Kragen“ abgebildet.

Leider bleibt Asa nicht auf dieser Glaubenshöhe. Als Baesa von Israel ihm in die Quere kommt, weil er die Grenze verriegelt, vertraut Asa nicht auf Jahwe, sondern sucht – sogar mit Hilfe der Tempelschätze – die Unterstützung des Königs Benhadad I von Aram. Der Seher Hanani hält Asa einen Vortrag und erklärt ihm, daß er selbst nun seine Gelegenheit verpaßt hat, Aram zu schlagen. Asa wird böse und wirft den Propheten ins Gefängnis. Am Ende seines Lebens wird Asa krank, doch auch dann vertraut er leider nicht auf Jahwe, sondern nur auf die Kunst der Ärzte (wahrscheinlich ausländische Magier). Dennoch ist Asa ein großer König, und als er stirbt, wird er sehr ehrenvoll begraben.

Wer war Serach?

In der vorgeschlagenen revidierten Chronologie kommt die Regierungszeit Asas überein mit der Zeit des Pharaos Amenophis II, dem Nachfolger von Thutmoses III von Ägypten. Amenophis, ein bärenstarker Riese inszeniert einen Feldzug gegen Palästina. Später stellte er es so hin, als hätte er gesiegt, doch in Wahrheit lassen die Inschriften durchscheinen, daß er eine große Niederlage erlitten hat und sofort nach Ägypten zurückflüchtete. Es scheint also, daß der Kuschiter Serach entweder Serach oder Amenophis II oder ein General/Vizekönig von ihm ist, Kusch ist identisch mit Äthiopien, das in jener Zeit zu Ägypten gehörte. Außerdem kann ein äthiopischer Anführer mit einem Heer aus Bewohnern der südlichen und westlichen Grenzgebiete Ägyp-

tens, die durch das Nildelta durch ganz Ägypten ziehen mußten um nach Palästina zu kommen, niemand anders sein als der Herrscher Ägyptens selbst. Amenophis II war berühmt für die Kraft, mit der er seinen Bogen spannte, eine Geschichte, die in anderen alten Quellen dem König Äthiopiens zugeschrieben wird. Es gibt noch andere Hinweise dafür, daß Amenophis ein äthiopischer Fürst war, der den ägyptischen Thron innehatte, wie es auch mit Hatschepsut der Fall war: Einer äthiopischen Legende zufolge wird Menelik, der sogenannte Sohn Salomos und der Königin von Scheba, König von Äthiopien und Stammvater der äthiopischen Herrscher. Er war auch derjenige, der den Tempel Jerusalems ausraubte, aber gleichzeitig geschlagen wurde. Es scheint, daß dies eine Vermischung des Tempelraubs durch Schi-

In Ägypten wird Thutmose III von Amenophis II abgelöst, in Juda folgt Asa auf Rehabeam. Amenophis II ist, genau wie sein Vorgänger, gegen Palästina in den Krieg gezogen, doch mit sehr viel weniger Erfolg. Er ist es jedoch seiner Position schuldig, seine Heldentaten so gut wie möglich allgemein bekanntzumachen, und so finden wir sie an den Wänden des Amontempels in Karnak. Er ist vor allem stolz auf seine Fertigkeit als Bogenschütze, so läßt er sich auch abbilden in seinem Streitwagen. Der Sarkophag dieses Königs wurde gefunden. An der kurzen Seite ist die Göttin Isis zu sehen, sie hat auf ihrem Kopf die Hieroglyphen ihres Namens. Sie kniet auf dem Zeichen für Gold – was Ewigkeit andeutet – und streckt ihre Hände über einen Siegelstempel aus. Sie bewacht den Körper Amenophis.

schak/Thutmose III (der Nachfolger von Scheba/Hatschepsut) und der Niederlage Serachs/Amenophis II (der Nachfolger Schischaks) ist. Asa besiegt Serach bei Marescha (2 Chr 14,9–15) oder Morescheth-Gath (Mi 1,14 ff.); das stimmt mit der Beschreibung Amenophis II überein, der Mu-Areset überquerte.

Josaphat

Josaphat (2 Chr 17–20; 1 Kön 22,41–51) ist ein treuer und gläubiger König. Er stellt das wieder her, was seit Asas Reformation verlorengegangen war, und sendet Oberste und Leviten im ganzen Land herum, die das Volk über Gottes Gesetz unterrichten. Umliegende Völker zittern vor ihm, und sein Heer erreicht ein ungekanntes Ausmaß. Auch von seiten Israels hat er nichts schlimmes zu befürchten. Im Gegenteil, er verschwägert sich leider mit Ahab (weil sein Sohn Joram dessen Tochter Athalja heiratet) und knüpft Beziehungen zu den Königen Ahab, Ahasja und Joram von Israel. Die Beziehung zu Ahab beinhaltet einen Bund mit diesem gegen die Aramäer (siehe 1 Kön 22), wobei Ahab fällt und selbst Josaphat beinahe sein Leben lassen muß. Der Prophet Jehu, Sohn des Hananis, kommt, um Josaphat wegen dessen falschem Bündnis Strafe anzukündigen: eine Invasion des Feindes. Bevor wir jedoch darüber hören, sehen wir, wie Josaphat die religiöse und zivile Rechtsprechung im ganzen Lande regelt und als oberste Richter den Hohenpriester Amarja und den jüdischen Fürsten Sebadja einsetzt.

Danach fällt Moab mit seinen Verbündeten ins Land ein – Josaphat bekommt es mit der Angst zu tun, denn er weiß, daß dies Gottes Strafe ist; er ruft im ganzen Land ein Fasten aus und das Volk kommt zusammen. Nun spricht Josaphat im Tempel ein herrliches Gebet, worin er Gott an dessen Verheißung und an frühere Errettungen erinnert. Der Prophet Jahasiel teilt nun mit, daß Jahwe, der den Feind gebracht hat, ihn auch selbst besiegen wird. Am nächsten Morgen zieht das Heer jubelnd aus im Vertrauen auf Jahwe. Dieser wendet die Feinde gegeneinander, so daß sie sich selbst vernichten. Als Josaphat auf dem Schlachtfeld angekommen ist, sieht er nur Leichen; drei ganze Tage dauert es, bis alle Beute weggeschleppt ist. Das Volk lobt Jahwe im Lobetal, und alle umliegenden Völker zittern vor der Macht Jahwes.

Leider verbündet Josaphat sich später mit Ahabs Sohn Ahasja in einem Seehandelsabkommen, doch Jahwe läßt es im wahrsten Sinne Schiffbruch erleiden. (Josaphat ist der Schwiegervater von Athalja, der Schwester von Ahasja und Joram von Israel, und diese ungesunde Verwandschaftsbeziehung ist die Ursache der falschen Bündnisse.) Sofort danach bietet Ahasja an, es noch einmal mit seinen Schiffsleuten zu versuchen, aber Josaphat hat seine Lektion gelernt. Auch mit Joram von Israel schließt Josaphat ein Bündnis, und zwar gegen Moab, gegen das Jahwe ihm gerade solch einen großen Sieg gegeben hat! Durch dieses Bündnis wird er Bundesgenosse des Königs von Edom; welch ein Abstieg! Doch ist das Urteil der Bibel im allgemeinen gesehen günstig über diesen großen König aus dem Hause Davids.

Der obere Teil einer großen Statue Amenophis III. Von ihm ist, genau wie von seinem Sohn, ein Teil der Korrespondenz mit Vasallenfürsten erhalten geblieben. Unter ihm ist das Reich auf den Höhepunkt seiner Macht, doch unter Echnaton, der mehr Interesse für religiös-politische Sachen hat, beginnt es auseinanderzufallen, und die Bitten um Hilfe aus Palästina sind vergebens.

Joram

Joram (2 Chr 21; 2 Kön 8,16–24) ist der gottlose Sohn eines frommen Vaters mit einer gottlosen Frau. Als er sich stark genug fühlt, ermordet er seine sechs Brüder. Edom greift ihn an und lockt ihn in einen Hinterhalt. Doch es gelingt Joram, sich mit seinem Streitwagen freizukämpfen. In Jerusalem ist er Wegbereiter für die Einführung des Baalsdienstes (vgl. 2 Chr 23,17). Er verführt das Volk zum Götzendienst trotz eines warnenden Briefes des alten Elia aus Israel, der ihm ankündigt, daß er an einer schrecklichen Bauchkrankheit sterben wird. Bevor das dann auch tatsächlich in Erfüllung geht, dringen die Philister und Araber ins Land, plündern den Palast und führen, bis auf Athalja und ihren Sohn Ahasja, Jorams Familie weg. Joram stirbt ruhmlos und unbeweint; er wird nicht einmal zu seinen Vätern versammelt...

Wir sahen bereits, daß Joram den El-Amarna-Tontafeln zufolge (in der revidierten Chronologie) mit Amenophis III und/oder IV korrespondierte und daß er in dieser Korrespondenz Abdi-Hiba genannt wird. Es sind etwa sechzig Briefe von ihm erhalten geblieben, von denen die meisten an den Pharao gerichtet sind. Er klagt über die Chapiru, das sind die Philister, die unter Josaphat noch Steuern zahlten, aber gegen Joram kämpften und sogar in Juda einfielen, seine Familie entführten und seinen Palast plünderten! Er bittet den Pharao um Truppen, weil ihm sein Land entwendet wurde; auch Seir (= Edom) hat sich gegen ihn erhoben. Die „Araber" in der biblischen Geschichte, die neben den Kuschitern wohnen, sind die Araber, die um das Jahr 1000 v. Chr. aus dem Jemen nach Äthiopien übergesiedelt sind, dem sie schließlich den Namen ihres Heimatlandes gaben: Saba oder Scheba. Es ist bekannt, daß Amenophis III auch über Äthiopien regierte und Truppen aus Äthiopien in Palästina einsetzte; anscheinend gingen diese Truppen unter Joram ihren eigenen Weg und gehorchten dem Pharao nicht mehr.

Ahasja

Ahasja (2 Chr 22, 10–23; 2 Kön 11) ist der jüngste Sohn Jorams, der einzig Übriggebliebene nach dem Raubüberfall der Araber. Die Einwohner Jerusalems machen ihn zum König (hätten die ländlichen Bewohner vielleicht lieber einen weniger gottlosen Zweig vom Hause David gewollt?), doch Ahasjas Regentschaft währt nur ein paar Jahre. Anscheinend steht er total unter dem Pantoffel seiner Mutter, der Hexe Athalja. Mit seinem Onkel Joram von Israel zieht Ahasja in den Kampf gegen Hasael von Aram; Joram zieht sich verwundet nach Jesreel zurück, wo Ahasja seinen Onkel besucht. Dort werden beide von Jehu getötet. Jehu tötet außerdem auch die Blutsverwandten Ahasjas, die zu Besuch sind. Wer soll nun König werden?

Athalja

Athalja (2 Chr 22,10–23,21; 2 Kön 11), die gottlose Tochter der gottlosen Isebel, durch die Ehe mit Josaphats Sohn Joram Königin von Juda geworden,

hat nur den einen Wunsch: die Politik ihrer Mutter auch in Juda einzuführen. Um die Vorherrschaft ihres Hauses auch in Juda zu sichern, läßt sie alles was noch vom königlichen Haus übrig ist (einschließlich ihrer eigenen Enkel!) kaltblütig ermorden. Es ist Gottes vorhersehende Gnade, daß Joas, Ahasjas kleiner Sohn noch einmal ungeschoren davon kommt, indem seine Tante Joschabath das Baby rettet und sieben Jahre lang versteckt hält. Diese Tante ist die Frau des frommen Priesters Jojada. Nach sieben Jahren stiftet Jojada eine Verschwörung an, zuerst unter den Leviten, dann unter den Bewohnern des Landes und schließlich zieht er auch die Leibwache und das Militär auf seine Seite, während die Stadtobersten ebenfalls für die Revolution rüsten. Der Aufstand wird auf dem Tempelplatz organisiert, wo die Leviten und die Hauptleute den kleinen Joas zum König ausrufen. Athalja kommt aus dem Palast, um nachzusehen, was der Jubel zu bedeuten hat und entdeckt zu ihrer Bestürzung die Staatsaktion; sie wird bei ihrem Palast getötet. Der Tempel des Baal wird zerstört, der Gottesdienst im Tempel Jahwes wiederhergestellt, und das Volk erneuert den Bund mit Jahwe.

Joas

Jojada wird der Lehrer und Führer des jungen Königs Joas (2 Chr 24; 2 Kön 12). Die wichtigste Regierungshandlung zu Lebzeiten Jojadas ist die große Sammlung unter dem Volk zur Reinigung und Wiederherstellung des Tempels. Nach dem Tode Jojadas jedoch bekommt Joas falsche Ratgeber zur Seite, und das Volk kehrt zum alten Götzendienst zurück, trotz der Warnun-

Amenophis IV wurde abgelöst von seinem Schwiegersohn, dem jungen Tutenchamon. Dieser Fürst bricht schon bald mit dem Brauch, nur Aton zu verehren. Links steht Tutenchamon, während er dem General (später König) Horemheb Audienz gewährt: Horemheb hat besiegte Stammesführer aus Vorder-Asien in seinem Gefolge. Etwa zur gleichen Zeit herrscht auf der Insel Kreta eine hochstehende Kultur, die mit verschiedenen Ländern Kontakte unterhält. In der Bibel lesen wir, daß schon David und Salomo eine Leibwache hatten, die „Krethi und Plethi", die wahrscheinlich aus Kretern und Philistern bestand. Auf Kreta kannte man eine Schrift, die sog. Linear B, die genau wie in Mesopotamien, auf Tontafeln geschrieben wurde (rechts).

gen der Propheten. Einer von ihnen, Jojadas Sohn Sacharja, wird sogar im Vorhof des Tempels gesteinigt – eine außergewöhnlich unverschämte Tat, die nach der rabbinischen Tradition eine der Hauptursachen für die spätere Zerstörung des Tempels wird (vgl. auch Mt 23,25); als sofortige Strafe bringt Jahwe ein Eliteheer von Hasael über Juda, das tief nach Juda eindringt und sogar Jerusalem bedroht. Joas kauft sich mittels aller Tempelschätze frei und bleibt anscheinend selbst verwundet zurück; schließlich wird er in seinem Lager vom eigenen Diener ermordet.

Amasja

Joas Sohn Amasja (2 Chr 25; 2 Kön 14,1–22) ist ein guter König, aber wohl mehr in Joas Sinn als in Davids. Als erstes läßt er den Mörder seines Vaters umbringen. Anschließend will er gegen das abtrünnige Edom aufziehen (vgl. 2 Kön 8,22), mustert zu diesem Zweck sein Heer, gebraucht aber leider auch Legionäre aus dem Zehnstämmereich. Durch einen Propheten wird er ernsthaft davor gewarnt, so daß Amasja die Mietsoldaten wieder zurückschickt, ohne den fälligen Sold zu bezahlen. Er erringt einen großen Sieg über Edom, doch in seiner Abwesenheit veranstalten die wütenden Legionäre einen Raubzug durch Juda.

Nach seinem Sieg über Edom nimmt Amazja die edomitischen Götzen mit, die er anscheinend anerkennend respektiert und sogar mit Opfern verehrt. Dem Propheten, der zu ihm kommt, um ihn zu warnen, behandelt er verächtlich. In seinem Übermut fordert er (wegen des genannten Raubzugs) sogar Joas von Israel heraus, der ihn mit der Erzählung einer Fabel davon abzubringen versucht. Aber Jahwe will Amazja kasteien, so daß dieser seinem Unglück schließlich doch entgegengeht und gegen Joas eine schwere Niederlage erleidet. Dies ist gleichzeitig das erste Mal, daß ein davidischer König gefangen genommen und die Mauer Jerusalems angetastet wird! Wieder werden Palast und Tempel geplündert.

Amaszja, ein guter und gläubiger König, leider mit vielen Fehlern. Aus diesem Grunde muß das Volk, wenn man die Regierungsjahre nachrechnet, schon sehr bald seinen Sohn Usia neben ihm ins Amt zum König berufen haben. Als Amazja sich dennoch durchsetzen will, schmiedet man einen Komplott gegen ihn; er flüchtet nach Lachisch, wird dort jedoch eingeholt und getötet.

Usia

Genau wie sein Großvater ist Usia (oder Asarja; 2 Chr 26; 2 Kön 15,1–7) ein guter König, solange sein geistlicher Führer lebt. Er erfindet eine neue Art von Kriegswerkzeug, kämpft mit Erfolg gegen verschiedene Nachbarvölker, verstärkt Jerusalem, breitet den Ackerbau und die Viehzucht aus und erlangt großen Ruhm und Macht unter dem Segen Jahwes. Als er aber auf dem

Höhepunkt seiner Macht angelangt ist, wird er hochmütig und will den Priesterdienst im Tempel ausüben. Sein Namensgenosse, der Priester Asarja, warnt ihn davor und muß mit ansehen, wie der König vor seinen Augen aussätzig wird. Er wird ausgestoßen und wohnt bis zu seinem Tod abgesondert; sein Sohn Jotham wird König an seiner Statt.

Jotham

Jotham (2 Chr 27; 2 Kön 15,32–38) ist endlich ein guter König, über den es nichts gottloses zu berichten gibt; aber leider geht das Volk nicht den Weg Jahwes, wie aus Jesaja 2–5 ersichtlich wird, wo Jothams Tage beschrieben werden. Jotham befestigt seine Städte und unterwirft die Ammoniter.

Von Hiskia wird am Ende seiner Geschichte erzählt, wie er das Wasser von Gihon durch einen Tunnel umgeleitet hat. Dieser Wassertunnel wurde gefunden, und vor mehr als einem Jahrhundert entdeckte man darin den Teil einer Inschrift, welche berichtet, wie sich die Gruppen von Arbeitern – eine hatte von der einen Seite, die andere von der entgegengesetzten Seite angefangen zu graben – einander näherten. Sie hörten einander schon ... und dann kam der Durchbruch.

Ahas

Ahas (2 Chr 28; 2 Kön 16) kennzeichnet einen Tiefpunkt! Jothams Sohn führt den Baalsdienst wieder ein. Er verbrennt sogar seinen Sohn als Opfergabe, möglicherweise während der Belagerung Jerusalems. Diese Belagerung geschieht wie folgt: Jahwe bewegt den neuen aramäischen König Resin und König Pekach von Israel, gegen Ahas in den Kampf zu ziehen (der sogenannte syro-ephraimitische Krieg). Ahas und das Volk fürchten sich sehr. Der Prophet Jesaja geht dem König entgegen und sagt ihm, daß er sich ruhig verhalten soll; dann werden die Feinde nichts ausrichten können, im Gegenteil: Israel und Aram werden bald ganz zu Fall kommen. Ahas darf um ein Zeichen bitten, doch als er sich weigert, gibt der Prophet das Zeichen von sich aus und verspricht dem Hause David, daß eine Magd schwanger werden wird und einen Immanuel (den Messias) gebären wird. Ahas verwirft den Rat und zieht auf offenem Feld in den Kampf, er erleidet jedoch eine schwere Niederlage; die Belagerung Jerusalems mißlingt. Nun sucht der törichte Ahas Hilfe beim König von Assur, Thiglath-Pileser III, obwohl Jesaja davor gewarnt hatte. Der Assyrer hilft ihm ganz und gar nicht, sondern wird der Dritte, der sich ins Fäustchen lacht: Er erobert nicht nur Damaskus und einen Großteil von Pekachs Reich, sondern unterwirft auch Juda. Juda wird zum Vasallenstaat von Assur, und das bleibt mit einigen Unterbrechungen bis in die Tage Josias so.

Ahas meint zu erkennen, daß die Götter Assurs größer sind als Jahwe, so daß er das Tempelgebäude schließen läßt und in den Vorhöfen eine Art Jahwedienst auf einem nachgebauten assyrischen Altar verrichtet. In der Zeit der Deportation von Israel nach Assur ist auch Juda auf dem tiefsten Punkt seiner Geschichte angelangt.

Hiskia

Die Schlußphase des Königreiches Juda wird noch einmal aufgehellt von zwei großen Erweckungen, nämlich unter Hiskia und unter Josia. Hiskia (oder Jehiskia; 2 Chr 29–31; 2 Kön 18–20; Jes 36–39) reinigt das Land vom Götzendienst und vernichtet sogar die Kupferschlange (siehe 4 Mose 21,9), die ein Gegenstand von Abgötterei geworden war. Hiskia öffnet den Tempel wieder, repariert dessen Pforte und fordert die Leviten auf, sich selbst und den Tempel zu reinigen und den Bund mit Jahwe zu erneuern. Auch ruft Hiskia das ganze Volk auf, in Jerusalem das Passah zu feiern, obwohl schon der zweite Monat ist (vgl. 4 Mose 9,10 ff.). Das begeisterte Volk reinigt die ganze Stadt von den Götzen und beschämt mit seinem Eifer sogar die Priester und Leviten. Angesichts der Umstände kann man es verzeihen, daß viele im Volk kultisch unrein sind; ihre Begeisterung ist so groß, daß nach der Passahwoche und dem Fest der ungesäuerten Brote das gewaltige Feiern um noch einmal eine Woche verlängert wird. Solch ein Fest hat es seit Salomo nicht mehr gegeben!

Taharka aus der 25. Dynastie Ägyptens ist mit ziemlicher Sicherheit Tirhaka, der in der Geschichte von Hiskia genannt wird. Als Sanherib Jerusalem belagert, zieht Tirhaka gegen ihn auf. Sanherib traut der Sache nicht und versucht Hiskia zu einer schnellen Übergabe zu bewegen. Doch weil Gott ihn beruhigt, geht Hiskia nicht darauf ein. Taharka steht hier unter der Obhut eines dem Amon geweihten Widders.

Wie gesagt, ist Juda zu dieser Zeit Vasallenstaat von Assur; König Sargon II nennt sich „der Unterwerfer des Landes Juda". In seinen Tagen wollen die Philister Hiskia dazu überreden, das assyrische Joch mit Hilfe Ägyptens abzuschütteln. Aber Sargon II unterdrückt diese Aktion, indem er in einem schnellen Schachzug Asdod und Gath einnimmt. Jesaja warnt Hiskia davor, mit der Hilfe Ägyptens zu rechnen (Jes 20,30 + 31). Nach dem Tod von Sargon versucht Hiskia sich von neuem der assyrischen Macht zu entziehen und bezahlt keine Steuern mehr. Daraufhin zieht Sanherib, der Sohn von Sargon II gegen ihn auf und besetzt die befestigten Städte Judas. Jerusalem bereitet sich hastig auf eine Belagerung vor, während Sanherib noch vor Lachisch liegt. Demütig bietet Hiskia seine Enschuldigung an und bezahlt die Steuer.

Doch Sanherib schickt eine große Heeresmacht mit drei hohen Offizieren nach Jerusalem. Einer von ihnen, der Marschall (im Assyrischen: der Rabschake („Obermundschenk"), ruft laut in der hebräischen Sprache – obwohl man ihn gebeten hatte, aramäisch zu reden –, daß sie Hiskia nicht trauen sollen, da er der Meinung war, die Stadt mit Gottes Hilfe verteidigen zu können. Kein einziger Gott könne es gegen die Assyrer aufnehmen; außerdem habe Jahwe Assur geschickt, um Juda zu zerstören, also wäre es besser, wenn die Juden sich gleich ergeben würden. Hiskia ist verzweifelt; aber der Prophet Jesaja versichert ihm, daß die Assyrer nur angeben wollen und daß Gerüchte über Kriege genügen, um Sanherib mit seinem ganzen Heer wegziehen zu lassen.

Tatsächlich zieht Tirhaka, der König von Äthiopien, gegen ihn auf; vermutlich ist es Pharao Taharka von Ägypten, aus der 24. Dynastie. Sanherib hält es für zu gefährlich, Tirhaka entgegenzuziehen, ohne daß Jerusalem in seiner Macht ist, und schickt deshalb Boten mit einem schockierenden Brief zu Hiskia, um diesen zur Übergabe zu bewegen; Hiskia breitet im Tempel den Brief vor Jahwe aus und betet um Errettung, damit ein jeder sehen kann, daß die Götter Assurs nichts sind gegen Jahwe. Nun schickt der Prophet Jesaja eine zweite Nachricht zu Hiskia mit einem glänzenden Spottlied auf Assur und der Vorhersage der Befreiung Jerusalems.

In derselben Nacht schlägt der Engel Jahwes das Heer von Assur mit einer gigantischen Plage, der 185 000 Mann zum Opfer fallen! Sanherib muß nach Ninive zurückkehren, wo er später von zweien seiner Söhne ermordet wird. Die Geschichte dieses Feldzuges wird uns teilweise auch in den Inschriften von Sanherib, wo er Hiskia „einen Vogel in einem Käfig in Jerusalem" nennt, und in der Geschichtsschreibung von Herodot überliefert.

Die Bibel beschreibt auch eine ernste Krankheit Hiskias, von der dieser wahrscheinlich bereits vor dem Einfall Sanheribs befallen war. Nach seiner Bitte um Genesung prophezeit Jesaja, daß er noch fünfzehn Jahre leben wird; als Zeichen dafür geht der Schatten auf der Sonnenuhr des Ahas zehn Striche zurück. In Jesaja 38,9–20 ist das Danklied Hiskias aufgezeichnet. Anläßlich seiner Krankheit bekommt Hiskia eine Gesandtschaft zu Besuch, gesandt von

Rechts Tarhaka, nun vor dem Falkengott Hemen. Tarhaka ist aus Bronze, der Falke aus mit Gold überzogenem Schiefer; der Fuß ist aus Holz und mit Blattsilber bedeckt. Von Sanherib ist Jerusalems Belagerung auf dem sog. „Taylorprisma" (unten) beschrieben. Sanherib wird abgelöst von Asar-Haddon, später von Assurbanipal. Mit diesem König bekommen Manasse, Amon und Josia Schwierigkeiten. Ganz rechts unten ist eine Stele, auf der Asar-Haddon abgebildet ist, wie er zwei königliche Gefangene am Saumzeug hält. Darüber ein Relief, auf dem Assurbanipal, das Leben genießend, wiedergegeben ist. Er hält mit seiner Königin ein Bankett: Diener und Musikanten umgeben ihn, und der Kopf eines Feindes hängt in einem Baum.

Merodach-Baladan, dem König von Babel, ein lästiger Kunde für die Assyrer. Josephus Flavius zufolge will dieser mit Hiskia ein Bündnis gegen Assur schließen. Hiskia fühlt sich sehr geehrt und zeigt der Gesandtschaft alle Schätze seines Palastes. Doch Jesaja traut mit Recht weder Assur noch Babel, und er sagt zum ersten Mal voraus, daß alle Schätze Judas und sogar die Prinzen aus Davids Haus einmal nach Babel weggeführt werden sollen! Der fromme König Hiskia beugt sich diesem Urteil.

Manasse

Nach dem frommen Hiskia regiert nun der gottlose Manasse (2 Chr 33, 1–20; 2 Kön 21,1–18). Er führt den Baalsdienst wieder ein, vermischt mit assyrischer Abgötterei, und aus Babel importiert er Spiritismus, Wahrsagerei und Magie; mindestens einmal opfert er einen Sohn. Der Prophet kündigt danach das zweite Mal den Untergang Judas an; die späteren Reformationen haben die Folgen von Manasses Sünden nie mehr ganz auswischen können. Auch machte Manasse sich des Massenmordes an seinen (wahrscheinlich religiösen) Gegnern schuldig. Als Vasall von Assur ist Manasse den assyrischen Inschriften zufolge ein loyaler Mittelsmann in den Tagen der Könige Asar-Haddon und Assurbanipal; einmal muß er den letzteren in einem Feldzug gegen Ägypten begleiten. Im Jahre 660 v. Chr. wird Thebe (= Mo-Ammon; siehe Nah 3,8–10) von den Assyrern zerstört, was der Prophet Nahum Ninive als Beispiel vorhält.

Später entsteht ein Aufstand gegen Assurbanipal; ob Manasse damit etwas zu tun hat oder nur verdächtig erscheint: Auf jeden Fall wird er von Assurs Hauptleuten mit Haken ergriffen und mit kupfernen Ketten nach Babel geführt. Manasse demütigt sich tief vor Jahwe und beichtet alle seine Sünden, woraufhin Gott ihn nach Jerusalem zurückkehren läßt. Manasse reinigt das Land vom Götzendienst, aber wir lesen nicht, daß er auch die assyrischen Altäre entfernt.

Amon

Die Demütigung Manasses kann kaum zu einer bleibenden Reformation geführt haben. Seinen Sohn Amon (2 Chr 33,21–25; 2 Kön 21,19–26) sehen

wir in denselben Sünden wandeln. Er wird von seinen eigenen Dienern ermordet, vielleicht weil sie von seiner pro-assyrischen Haltung genug hatten und sich wieder auf Ägypten stützen wollten; Manasse hatte nämlich mit Assur gegen Ägypten geheult (Ägypten wurde im Jahre 671 v. Chr. sogar eine Kolonie von Assur). Wie dem auch sei, die Landbewohner sind nicht mit den Hofleuten einverstanden und bringen ihrerseits nun wieder alle Verschwörer um.

Josia

Josia (2 Chr 34 + 35; 2 Kön 22,1–23,30) ist der letzte fromme König von Juda. Er bringt die letzte Reformation zustande. Er ist erst acht Jahre, als er König von Juda wird, und als Zwanzigjähriger beginnt er mit der großen Reformation: Er vernichtet alle (hauptsächlich assyrischen) Götzen, die Tempel, die Prostituiertengemächer und die Altäre und erfüllt die Prophetie von 1. Könige 13,2 ff. Die levitischen Priester, die beim Götzendienst mitgemacht haben, werden abgesetzt und die falschen Bethel-Priester vor Gericht gestellt. Die ganze Reformation erstreckt sich zum großen Teil über Josias Regierung. Sie wird vereinfacht, weil die Macht Assyriens inzwischen zu schwinden beginnt; noch während Josias Jugend stirbt Assyriens letzter großer König Assurbanipal.

Während seines achtzehnten Regierungsjahres sammelt Josia Geld, um das Tempelgebäude wiederherzustellen. Bei den Reparaturarbeiten findet der

Von Babylon sind, obwohl es eine Ruine ist, dennoch gigantische Überreste erhalten. Das berühmte Ischtartor war geschmückt mit Reliefs in glasierten Ziegeln. Eine Rekonstruktion davon ist rechts zu sehen. Details von der Wirklichkeit sind unten zu sehen. Von den babylonischen Fürsten gehört der alt-babylonische König Hammurabi wohl zu den bekanntesten, wegen seinem Gesetzbuch. Rechts unten ist ein Teil davon in der akkadischen Sprache abgebildet. Die späteren jüdischen Könige hatten Schwierigkeiten mit den neu-babylonischen Fürsten. Diese hatten oft mit lästigen Untertanen und Rivalen alle Hände voll zu tun. Einer von ihnen war Merodach-Baladan, der einen Anspruch geltend machte auf den babylonischen Thron: Rechts oben steht er auf einem Grenzstein. Vor ihm ein Diener, der ihm Ehre erweist.

Hohepriester Hiskia „das Gesetzbuch" (5 Mose? vgl. 5 Mose 31,24–26) und läßt es durch den Sekretär Schapan zum König bringen. Als dieser den Inhalt vernimmt, zerreißt er seine Kleider als Zeichen der Reue und erkennt nun in ihrem ganzen Umfang die Schuld, die durch den Abfall unter Manasse und Amon entstanden ist. Er bittet Hiskia, Jahwe zu befragen, und dieser wendet sich an die Prophetin Hulda. Hulda gibt jedoch keinen Anlaß zur Hoffnung: Die Schuld Judas ist zu groß geworden, trotz der Reformation. Nach Hiskia und Manasse erhält Josia nun die dritte Vorhersage über den Fall Judas; er wird jedoch nicht geschehen solange Josia lebt. Daraufhin verliest Josia das Gesetzbuch dem ganzen Volk und schließt zusammen mit ihm ein Treuebündnis mit Jahwe.

Genau wie sein Urgroßvater Hiskia bringt auch Josia das Passahfest wieder in Anwendung. Die Bundeslade wird wieder in den Tempel gebracht. Der Levitendienst wird nach den Vorschriften wiederhergestellt, und die Fürsten stellen freiwillig Zehntausende von Opfertieren zur Verfügung. Bei Hiskia hören wir, daß es solch ein Passahfest seit Salomo nicht gegeben hat; aber solch ein Passahfest wie jetzt bei Josia gab es sogar nicht mehr seit Samuel! Dennoch gibt es unter dem Volk hinter der frommen Fassade viel Treulosigkeit wie Jeremia zu derselben Zeit prophezeit (Jer 3,10).

Josia hat ein aufrichtiges Herz, das ganz Jahwe geweiht ist, aber leider begeht er eine Torheit, die ihn das Leben kostet. Das geschieht, als Necho II, gerade eben Pharao über Ägypten geworden (26. Dynastie), hinaufzieht an den Euphrat nach Karkemisch, um dem schwachen König Assurubalit von Assur zu helfen. Ninive ist bereits vor drei Jahren im Jahr 612 v. Chr. gefallen, und es handelt sich nur noch um Reste des assyrischen Reiches. Statt auf Gottes Verheißungen zu verharren, daß er Frieden hält, hat Josia anscheinend Angst, seine Unabhängigkeit zu verlieren; außerdem will er dem Zehnstämmereich seine Loyalität beweisen. Darum stellt er sich dem Pharao Necho bei Meggido, also im hohen Norden, in den Weg. Wahrscheinlich hat Jeremia den König vor dieser Torheit gewarnt, denn Josia zieht getarnt in den Streit. Auch warnt Jahwe ihn sogar durch den Mund von Nechos selbst. Josia wird im Kampf verwundet und erliegt in Jerusalem seinen Wunden. Necho erleidet ein paar Jahre später bei Karkemisch gegen Nebukadnezar eine Niederlage (siehe Jer 46,2).

Babylon

Das Land der Babylonier lag südlich von Assyrien im Süden des heutigen Irak um die beiden Flüsse Euphrat und Tigris. In den ältesten Zeiten hieß es Sinear (1 Mose 10,10; 11,2; Jes 11,11) und umfaßte Akkan und Sumer. In der alten Zeit wurde es auch das „Land der Chaldäer" genannt (Jes 24,5; Hes 12,13; 23,15 + 17 + 23), wo Abraham möglicherweise herkam, wo also eine der ältesten Kulturen, die sumerische Kultur, ihre Blütezeit hatte und wo der berühmte amoritische König Hammurabi (18. Jh. v. Chr.) regierte. Der gebräuchlichste Name wurde schließlich Babylonien nach der wichtigsten Stadt Babel oder Babylon. Aber es dauerte lange, bis Babylonien große internationale Bedeutung gewann und zu einem Weltreich heranwuchs. Etwa tausend Jahre lang wurde das Land durch umliegende Völker beherrscht, vor allem von Assyrern.

Im 8. Jh. v. Chr. jedoch änderte sich das langsam. Während Salmanasser V und Sargon II sich mit dem Fall Samariens und des Nordreiches beschäftigen mußten, sah der babylonische Scheich Merodach-Baladan seine Chance zur Intrige. Er besetzte den Thron Babylons zehn Jahre lang (721–710), wurde aber schließlich doch wieder von den Assyrern verstoßen; Sargon II war jedoch so schlau, ihn als Vasall in Babylon zu behalten. Nach dem Tode Sargons versuchte Merodach-Baladan jedoch von neuem, sich unabhängig zu machen und suchte dazu u. a. die Hilfe von König Hiskia (2 Kön 20,12–19; Jes 39). Er wird jedoch von König Sanherib besiegt, der seinen Sohn Asar-Haddon zum Vizekönig über Babylonien machte, ehe dieser seinem Vater als König von Assyrien nachfolgte. Unter seinem Sohn Assurbanipal wird Manasse nach Babylon geführt. Assurbanipal hatte soviel Probleme mit Babylonien und auch mit Elam (Persien) im Osten, daß er seinen Vasallen im Westen nur wenig Aufmerksamkeit schenken konnte. Wir sahen schon, wie sich aus diesem Grund der junge König Josia politisch und geistlich unabhängig von Assyrien machen konnte.

Assurbanipal war der letzte große König von Assyrien. Als dieser im Jahre 627 v. Chr. gestorben war, besetzte der Chaldäer Nabopolasser (Statthalter über das Gebiet um den persischen Golf) den Thron von Babel im Jahre 626, schloß Frieden mit Elam und besiegte die Assyrer. Er erhielt Unterstützung von den Medern, und gemeinsam vertrieben sie die Assyrer aus Babylonien und besetzten im Jahre 612 sogar Ninive. So entstand das Chaldäische oder Neubabylonische Reich. Bei der Verteilung der eroberten Gebiete forderte Nabopolasser Syrien und Palästina für sich. Da er schon alt geworden war, überließ er es seinem Sohn Nebukadnezar, diese Gebiete unter Kontrolle zu bekommen. Er kam dabei auch mit den Ägyptern in Konflikt, die er, wie gesagt, im Jahre 605 bei Karkemisch besiegte. In demselben Jahr hörte Nebukadnezar die Nachricht, daß sein Vater gestorben war, und eilte nach

Oben ist ein Teil eines Reliefs von Sanherib, auf dem die Belagerung Lachis dargestellt wird. Ungefähr in der Mitte steht die Stadtmauer mit Verteidigern. Angriffe werden von Belagerungsmaschinen, Bogenschützen, Speerträgern und Schleuderern unternommen. Das untenstehende Siegel ist von Joahas, Sohn des Königs. Dieses „Sohn" kann auch „Diener" bedeuten.

Babel, um das Reich für sich zu fordern. Er wurde der bedeutsamste König des babylonischen Reiches und regierte 43 Jahre.

Joahas

Josia hatte vier Söhne: Johanan (anscheinend bereits gestorben), Jojakim, Zedekia und Schallum. Nachdem Josia im Kampf gegen Pharao Necho gefallen ist, ist Juda im Grunde erobertes Gebiet der Ägypter geworden. Zwar krönen die Landbewohner den jüngsten Sohn Joahas sofort zum König (2 Kön 23,31–34; 2 Chr 36,1–4), doch schon nach drei Monaten macht Pharao Necho dieses wieder rückgängig, setzt Joahas im Land Hamath gefangen, macht dessen Halbbruder Eljakim zum König und zeigt seine Überlegenheit auch darin, daß er dessen Namen in Jojakim umändert und dem Land eine schwere Steuer auferlegt. Er nimmt Joahas mit nach Ägypten, wo dieser stirbt, wie Jeremia es vorhergesagt hat (Jer 22,10–12).

Jojakim

Dieser zweite Sohn Josias hält sich als König elf Jahre (2 Kön 23,35; 24,7; 2 Chr 36,5–8). Moralisch gesehen ist er einer der schlechtesten Könige Judas: materialistisch, ungerecht und die Propheten Uria und Jeremia hassend (Jer 22,13–19; 26,20–23; 36,21–26). Der Götzendienst wird wieder eingeführt (Jer 7,16–20; 13,27; 17,1). Er legt dem Land schwere Lasten auf, um die Steuer an Ägypten zahlen zu können. Während seines vierten Regierungsjahres wird Pharao Necho von Nebukadnezar besiegt (siehe Jer 46,1–12), so daß die Macht des ägyptischen Reiches gebrochen wird. Ein Jahr zuvor hatte Nebukadnezar bereits einen ersten Feldzug gegen Jerusalem unternommen (Dan 1,18), dabei einen Teil der Tempelgerätschaften erbeutet und eine erste Deportation von Judäern weggeführt, junge Leute aus den Reihen der Edlen und Prinzen. Jojakim, der an dem besiegten Necho keine Stütze mehr hat, wird Vasall des inzwischen zum König gewordenen Nebukadnezar (Jer 36, 9–29). Aber nach drei Jahren versucht er, anscheinend ermutigt durch die Niederlage der Babylonier gegen die Ägypter (601), das Joch wieder abzuwerfen. Der König von Babel schickt eine Besatzungsmacht, um den Aufstand Jojakims zu brechen; verstärkt durch Banden aus Judas Nachbarländern

König Zedekia, der Vasall ist von Nebukadnezar, legt einen Treueid ab und macht gegen ihn einen Aufstand. Er sendet heimlich Boten nach Apries oder Hophra von Ägypten (rechts), um bei ihm Unterstützung zu finden. Nebukadnezar sendet daraufhin eine Strafexpedition nach Juda. Die Propheten Jeremia und Hesekiel lassen beide wissen, daß die von Hophra erwartete Hilfe nichts ausrichten wird. Doch scheint es anfänglich so, daß beide unrecht behalten, denn als das babylonische Heer Jerusalem belagert, eilt ein ägyptisches Heer zu Hilfe, und die Belagerung der Stadt wird aufgehoben. Doch Jeremia sagt voraus, daß Hophra in die Hände seiner Feinde fallen und Zedekia unter die Macht Nebukadnezars geraten wird.

durchstreift diese Heeresmacht das Land Juda. Drei Jahre später kommt Nebukadnezar nun selber, um Jerusalem zu belagern und Jojakim gefangen nach Babel zu führen. Während der Belagerung Jerusalems stirbt Jojakim anscheinend unerwartet und bekommt ein „Eselsbegräbnis", d. h. seine Leiche wird achtlos weggeworfen (Jer 22,19; 36,30).

Jojachin

Jojachin folgt seinem Vater Jojakim (2 Kön 24,8–17; 2 Chr 36,9 ff.) unter den traurigsten Umständen auf den Thron: während der Belagerung Jerusalems. Nachdem er nur siebzig Tage regiert hat, übergibt er (Josephus Flavius zufolge aus Liebe zu seinen Untertanen) die Stadt und geht heraus, um sich mit seiner Mutter und seinen Dienern Nebukadnezar auszuliefern. Dieses führt zur zweiten Deportation: Die Vornehmsten (vgl. Am 6,7) werden nach Babel weggeführt (vgl. Jer 24,5–7; 52,28; Est 2,6), einschließlich des Königs und seiner Mutter, genau wie Jeremia vorhergesagt hatte (Jer 13,18; 22,20–30). In Bildern über eine Zeder mit Zweigen und eine Löwenfamilie beschreibt auch der Prophet Hesekiel die dramatische Geschichte der Familie Josias (Hes 17,1–21; 19,1–14). Nach Jojachins Deportation gelingt es der Mutter von Josias Söhnen Joahas und Zedekia, wieder einen ihrer Söhne aus dem umfangreichen Königshaus zum König zu machen, nämlich Zedekia.

Jojachin muß 37 Jahre lang die Schmach der Gefangenschaft in Babel ertragen; danach wird er von Nebukadnezars Sohn Amel-Marduk begnadet

Lachis war eine der befestigten Städte, die von Nebukadnezar belagert wurden, als er das lästige und treulose Zweistämmereich Juda zerschlagen wollte. Ein Detail aus dem Relief der Belagerung Lachis' zeigt die Wegführung der Gefangenen. Wir sehen hier eine Familie: Mann, Frau und Kinder, etwas Vorrat auf einem Wagen und Lasttiere.

(Evil-Merodach; 2 Kön 25, 27–30; Jer 52,31–43). Mit diesem Jojachin und nicht mit seinem Onkel Zedekia wird die davidische Linie fortgesetzt; Er ist der Vater von Sealthiel, dem Vater Serubabels, einem der Anführer bei der späteren Rückkehr aus Babel (Mt 1,12).

Zedekia

Aus den babylonischen Tontafeln hat man erfahren, daß Jojachin in Babel als der gesetzmäßige König von Juda angesehen wurde, so hat Hesekiel (der mit Jojachin deportiert ist) die Zeitrechnung nach ihm berechnet (Hes 1,2). Sein Onkel Zedekia ist mehr Regent als König (2 Kön 24,18–25; 26; 2 Chr 36,11–21; Jer 27, 39 + 52). Nebukadnezar hat ihn einen Treueid schwören lassen, doch er kommt in Aufstand gegen den König von Babel, indem er heimlich Abgesandte nach Ägypten schickt zu Pharao Hophra (vgl. Jer 44,30), um Hilfe zu erbitten (Hes 17,14 ff.). Im neunten Jahr Zedekias sendet Nebukadnezar deshalb eine große Strafexpedition gegen ihn.

Der ängstlich gewordene König, der sich vorher so wenig aus dem großen Propheten Jeremia gemacht hat, schickt nun eine Delegation zu Jeremia, um durch ihn Jahwe um Rat zu fragen, doch es ist zu spät (Jer 21). Ein Heer von Hophra eilt zwar noch zu Hilfe und weiß die Belagerung zeitweilig aufzuheben; doch einer zweiten Gesandtschaft, die voller Hoffnung zu Jeremia geschickt wird, wird verkündet, der Fall Jerusalems sei unabwendbar.

Als der Prophet die Stadt verlassen will, wird er durch Zedekia ins Gefängnis geworfen. Aber selbst in der Gefangenschaft bleibt Jeremia bei seiner Ankündigung, daß der König das Urteil Jahwes akzeptieren und die Stadt übergeben muß und daß sich die Getreuen aus dem Volk dem König von Babel ausliefern müssen. Darüber sind die Obersten derart verärgert, daß sie ihn in einen Brunnen werfen, um ihn im Schlamm ersticken zu lassen. Auf die Fürsprache eines dunkelhäutigen Eunuchen hin wird er jedoch befreit.

Inzwischen sind die letzten Monate der Belagerung angebrochen. Im vierten Monat des elften Jahres der Regierung Zedekias dringen die Babylonier in die Stadt ein. Zedekia versucht mit seinen Männern zu flüchten, wird aber gefangengenommen und geblendet und schließlich nach Babel weggeführt (vgl. Hes 12,10–13; 27,20; 19,9; Jer 34,2–5). Im fünften Monat kommt Nebu-

In einem Wachlokal der Pforte werden bei Ausgrabungen beschriebene Tonscherben gefunden, die aus der Zeit kurz vor dem Fall Lachis' stammen müssen. Es sind Nachrichten, die nach Lachis geschickt wurden und in denen u. a. gesagt wurde: „Und (mein Herr) muß wissen, daß wir die Lichtsignale Lachis' genau beobachten, ganz nach den Anweisungen, die mein Herr gegeben hat, denn Azekah können wir nicht sehen.“ Azekah war anscheinend bereits gefallen.

saradan, der Befehlshaber von Nebukadnezars Leibwache, und verbrennt die ganze Stadt, einschließlich des herrlichen Tempels von Salomo und dessen Palast. Die Bevölkerung wird, bis auf die Armen, nach Babel weggeführt (dritte Deportation). Die restlichen Kostbarkeiten aus dem Tempel werden ebenfalls nach Babel gebracht. Fünf Jahre später findet noch eine vierte Deportation statt.

Auf diese Weise kommt auch das Königreich Juda seiner Sünden wegen zu einem jammervollen Ende. Der Schreiber der Chronikbücher stellt dies am Ende seines Buches feierlich heraus, verweist aber auch auf die Prophetie Jeremias (Jer 25,11 ff.; 29,10; vgl. Dan 9,2), nach der – im Gegensatz zu der Gefangenschaft der zehn Stämme – die Gefangenschaft Judas nur für eine begrenzte Zeit von siebzig Jahren sein wird.

Die letzte Phase des Königreiches Juda ist archäologisch gesehen die Eisenzeit I und II. Bei fast allen freigelegten Städten dieser Periode finden wir eine oder mehrere Zerstörungen (meistens vom Wiederaufbau gefolgt) wie z. B. in Arad, Hazor, Megiddo, und Samaria. In verschiedenen Orten wurden Ostrake (Tonscherben) gefunden, von denen die aus Lachisch, gefunden in der Wachstube der Stadtpforte, besondere Bedeutung erlangt haben. Auf diesen Tonscherben wird berichtet, daß man die Signale von Lachisch und Azekah nicht mehr sehen konnte. Man nimmt an, daß sie aus der Zeit von Zedekia stammen, als Nebukadnezar Jerusalem belagerte.

X. Gefangenschaft und Rückführung

In den Bibelbüchern, die die Gefangenschaft behandeln, spielt König Nebukadnezar eine wichtige Rolle. Daniel ist sein Berater, sowohl in der Auslegung seiner Träume als auch in Staatsgeschäften.
Wichtig für die Zukunft, nicht nur des Nebukadnezar, sondern der Welt, ist der Traum über ein Standbild aus verschiedenen Materialien, das durch einen Stein zermalmt wird. Hier erhält Daniel Einblick in die Zukunft: die Weltreiche, die noch kommen und die alle wieder vergehen werden – und schließlich das unvergängliche Reich von Jesus Christus, das mit allen irdischen Reichen abrechnet.
Rechts ein NASA-Satellitenphoto von einem Teil des Iran, worauf man die Ruinen von Persepolis (eines der Hauptstädte des persischen Reiches) erkennen kann.

Die Gefangenschaft und die Rückführung

Die historischen Schlußphasen des Alten Testaments befassen sich mit dem Aufenthalt von Juda in Babel und der Rückkehr eines Teils der Judäer nach Palästina. Dabei müssen wir folgende drei Gruppierungen beachten: die zurückgebliebenen Judäer (= Juden) in Palästina, die Gefangenen, die aus Babel unter Serubabel, Esra und Nehemia zurückkehren, und diejenigen, die in Babel zurückblieben.

Die zurückgebliebenen Juden

Nebukadnezar bestellt Gedalja zum Statthalter über die Zurückgebliebenen in Juda (Jer 40,40). Zuerst sollte der Prophet Jeremia mit den anderen weggeführt werden, er wird aber befreit und darf auf eigenen Wunsch bei Gedalja in Mizpa bleiben. Der Statthalter ist dafür verantwortlich, daß der Landbau wiederhergestellt wird, damit die Steuer an Babel bezahlt werden kann. Der Heeresoberste Johanan warnt ihn vor Ismael, einem Prinzen aus dem Hause Davids, der mit den Ammonitern gemeinsame Sache macht. Gedalja glaubt ihm nicht, und tatsächlich ermordet Ismael ihn und sein Gefolge und auch eine große Anzahl Pilger. Ismael nimmt die Bevölkerung von Mizpa und verschleppt sie nach Ammon, einschließlich Jeremia: Johanan kann zwar die Gefangenen wieder befreien, aber Ismael gelingt es zu entfliehen.

Das ganze Volk, nun unter der Leitung von Johanan, beschließt nach Ägypten zu ziehen. Vorher fragen sie Jeremia um Rat und versprechen von vornherein, diesen Rat zu befolgen. Zehn Tage später gibt Jeremia den Ratschluß Jahwes bekannt: Wenn die Menschen in Juda bleiben, brauchen sie sich vor den Babyloniern nicht zu fürchten; sollten sie aber nach Ägypten gehen, würden sie von einem großen Unheil getroffen werden. Genau wie Jeremia es schon befürchtet hat, hört das Volk nicht auf ihn und zieht aus Angst vor den Babyloniern dennoch nach Ägypten – nicht ahnend, daß Nebukadnezar auch Ägypten erobern wird (vgl. Hes 29,17–21).

Jeremia zieht gegen seinen Willen mit dem Volk, verkündigt ihm aber dennoch das Gericht mit einem traurigen Hinweis auf den Fall Jerusalems, der

Das Neubabylonische Reich, in das die Judäer verbannt wurden, hat einen großen Umfang, wie nebenan zu sehen ist. Doch so groß und mächtig dieses Reich auch ist, es ist wie jedes andere in der Hand Gottes. Das bekommt Nebukadnezar zu spüren, als von dem Traumausleger Daniel vorhergesagt wird, daß Nebukadnezar aus der menschlichen Gemeinschaft ausgestoßen wird, bei den Tieren leben und sich wie ein Tier ernähren wird. „Aber", rät ihm Daniel, „laß ab von der Sünde und sei rechtschaffen, vielleicht wird es dann noch dauern, bis es über dich kommt." Ein Jahr später jedoch schneidet Nebukadnezar mächtig auf und stellt seine Leistungen und seine Macht heraus: „Ist dies nicht das große Babel, das ich gebaut habe . . . durch die Stärke meiner Macht . . ." Und so geschieht, was ihm verheißen wurde, er wird eine Zeitlang wie ein Tier.

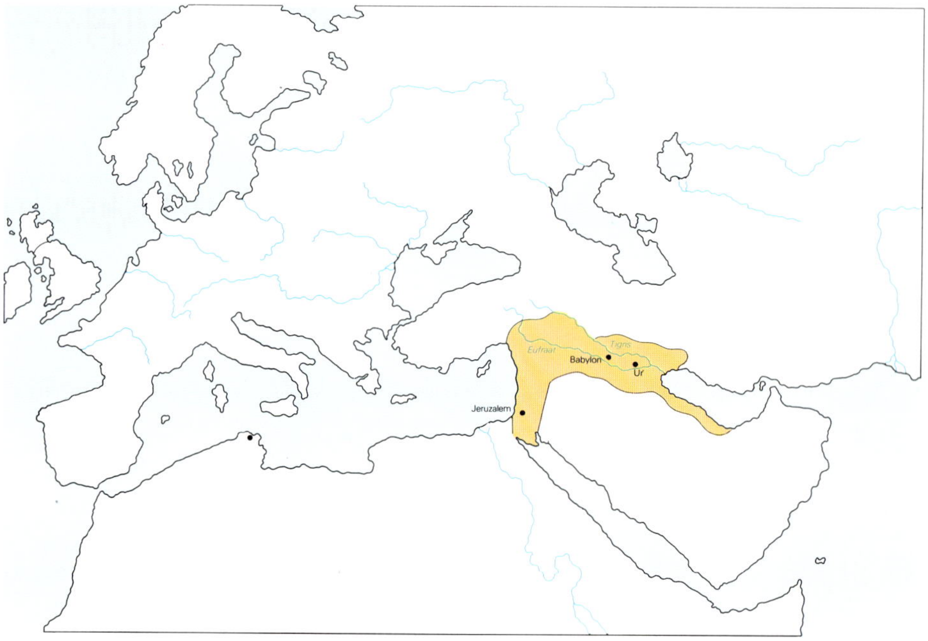

ebenfalls wegen des Ungehorsams und der Abgötterei des Volkes stattfinden wird. Doch die Führer des Volkes sind sich nicht einig mit Jeremia: Sie sind der Meinung, daß all das Unheil nur wegen der Abschaffung des Götzendienstes (seit Josia) gekommen ist. Jeremia antwortet ernst, daß die wenigen, die dem Gericht entkommen werden, wissen werden, wer recht behalten hat. . .

Das ist das letzte, was wir in der Bibel von Jeremia und den Juden in Ägypten hören. Einer Überlieferung zufolge wird Jeremia im Jahre 580 v. Chr. in Ägypten gesteinigt. Als Nebukadnezar in Ägypten einfiel, wurden nach Aussage des Josephus Flavius auch einige Juden gefangengenommen.

Der Aufenthalt in Babel

Als Folge der vier Deportationen nach Babel und der Flucht nach Ägypten, bleibt das Land Juda praktisch leer und geplündert zurück (vgl. Hes 33,27–29). Der südliche Teil (der Negev) wird allmählich von den Edomitern eingenommen, die laut gejubelt hatten über den Fall Jerusalems (vgl. Ps 137,1 + 7; Obd 11–14); dieser Teil des Landes wird erst um 129 v. Chr. von dem hasmonesischen Hohepriester Johannes Hurcanus zurückerobert. Der nördliche Landesteil wird dem Statthalter von Samarien unterstellt und soweit wie möglich leer gehalten.

Von den Deportierten in Babel werden viele zu Sklaven gemacht, anderen, wie z. B. dem Prophet Hesekiel in Tel-Abib (Hes 3,15), wird ein Wohnort zugewiesen, wo Gemeinschaften aus Gefangenen entstehen, die völlige Freiheit genießen. Fachkundige Handwerker hingegen werden von Nebukadnezar ins Bauprogramm eingespannt. Eine kleine Gruppe Adliger und Prinzen findet Aufgaben am Hofe Nebukadnezars (Dan 1), um dort des Königs Ruhm zu unterstreichen und ihn zu beraten. Unter diesen hat der junge Adlige Daniel wegen seiner außergewöhnlichen Weisheit einen besonderen Stand, aber dieser Mann ist zugleich ein Prophet und erweist sich unter allen Umständen Jahwe und dem Gesetz seiner Väter treu ergeben. Er wird berühmt, weil er die Träume anderer Menschen auslegt (Dan 2–5), später auch durch einige Prophetien (Dan 7–12). Wegen seiner großen Weisheit bekleidet Daniel hohe Ämter, sowohl unter Nebukadnezar als auch unter Darius, dem Meder; seine zuletzt genannten Visionen hatte er im dritten Jahr Cyrus, des Persers (Dan 10,1).

Daniel kommt zu seinem hohen Amt, nachdem er König Nebukadnezar erzählt, was dieser geträumt hat, und dazu auch noch die Auslegung gibt. Der Traum ist deshalb so wichtig, weil Gott darin deutlich macht, daß die Geschichte der Völker von vier großen aufeinanderfolgenden Weltreichen gekennzeichnet werden wird, mit abnehmender Tendenz von Pracht und Zusammenhalt: das Neubabylonische Reich, das Medo-Persische Reich, das Griechisch-Mazedonische Reich und das Römische Reich, die schließlich alle ersetzt werden sollen durch das Messianische Reich (Dan 2). Später hat Daniel selbst auch eine Vision, in der ihm diese vier Reiche (und das Messianische Reich) vorgestellt werden, jedoch sind es nun nicht die vier Teile eines großen Standbildes, sondern er sieht sie als vier schreckliche Tiere (Dan 7).

Sein Traum von dem großen Bild bringt König Nebukadnezar anscheinend auf die Idee, sich selbst ein Standbild zu errichten und sich anbeten zu lassen; doch die drei Freunde Daniels weigern sich mitzumachen. Ihre wundersame Errettung aus dem Feuerofen zwingt Nebukadnezar dazu, die Souveränität Jahwes anzuerkennen. Als der König aber wiederum dem Hochmut verfällt, straft Gott ihn mit sieben Jahren Wahnsinn, wie es ihm Daniel anläßlich eines anderen Traumes vorausgesagt hatte (Dan 3 + 4).

Daniel erlebt auch den Fall des Babylonischen Reiches: Nebukadnezar findet seinen Nachfolger in seinem Sohn Nabonidus (in der Bibel nicht

erwähnt), der wiederum seinen Sohn Belsazer zum Mit-Regenten im eigentlichen Babylonien macht.
Belsazer treibt während eines Festes einen leichtsinnigen Mißbrauch mit den Tempelgeräten. Plötzlich schreibt eine geheimnisvolle Hand an die Wand. Daniel entziffert die Schrift: gezählt, gewogen und zu leicht befunden; Belsazers Königreich ist den Medern und Persern übergeben. Noch in der gleichen Nacht wird Babel von Cyrus, dem Perser, überraschend eingenommen, und Balsazer wird getötet. Auf diese Weise wird das von Gott angekündigte Urteil über Babel von den Medern und Persern vollstreckt (Dan 5; vgl. Jer 25,12–14; 27,6 ff.; Dan 8,3 ff. + 20; Sach 6,8).

Wer waren die neuen Sieger? Die Meder waren Japhethiter (Madai in 1 Mose 10,2), die sich im heutigen Iran gefestigt hatten. Die Hauptstadt von Medien war Ecbatana (Achmetha in Esra 6,2). Die Perser werden in der hebräischen Sprache Paras genannt. In der Bibel werden sie auch angedeutet als Elamiter, Nachkommen von Elam, dem Sohn Sems (1 Mose 10,22); das eigentliche Persien lag in Wirklichkeit etwas südlich von Elam.

Sowohl die Meder als auch die Perser waren unter dem Joch der Assyrer gewesen. Sargon II hatte nach dem Fall Samariens sogar Israeliten nach Medien (2 Kön 17,6; 18,11) und nach Ela (Jes 11,11) deportiert, und einige Elamiter waren nach Samarien weggeführt worden. Später sind die Meder von Assyrien abgefallen und um 621 v. Chr. hatten sie gemeinsam mit den Babyloniern Ninive erobert. Auch brachten sie Elam und Persien unter ihren Einfluß.

Im Jahre 550 jedoch zerbrach Cyrus II (Kores), König von Ansjan, Elam und Persien das Joch und brachte Medien unter seine Kontrolle, gab vielen Medern hohe Ämter und legte so den Grundstein für ein großes Medo-Persisches Reich. Neben Ecbatana in Medien und Persepolis in Persien wird Susa (n) in Elam (vgl. Dan 8,2) die Hauptstadt des Reiches. Cyrus machte sich auch Anatolien, Lydien und Assyrien untertan und nahm, wie gesagt, auch Babel ein. So fügte er das Neubabylonische Reich seinem eigenen Reich zu; das geschah um 539 v. Chr.

Wie erging es Daniel bei diesem Regierungswechsel? Wir treffen ihn am Hofe von Darius, dem Meder, wieder, ein ansonsten unbekannter Vize-

Daniel erlebt auch den Untergang des Reiches. Das geschieht während der Herrschaft von König Nabonidus, der in Babylon Belsazer zum Mitregenten bestellt. Als dieser König ein Fest hält und dabei auch von dem aus Jerusalem geraubten Tempelgeschirr Gebrauch macht, erscheint zum Entsetzen der Anwesenden eine Hand, die auf die Mauer schreibt (hier von Rembrandt wiedergegeben). Da niemand die Schrift entziffern kann, wird Daniel geholt, von dem man noch weiß, daß er Ratgeber von Nebukadnezar war. Er kann die Schrift lesen und eine Erklärung der Worte geben: „Belsazar wird sein Reich verlieren, und es wird den Medern und Persern gegeben." Und so geschieht es. Die Meder und Perser erobern das Reich und bauen auf diese Weise ein eigenes Reich (rechts).

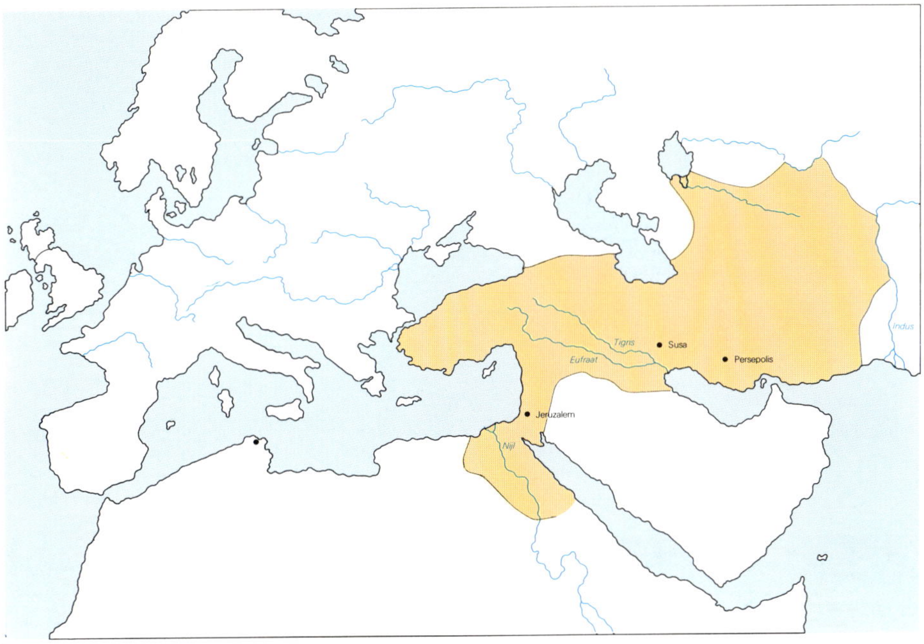

Regent von Cyrus. Eifersüchtige Fürsten und Statthalter versuchen Daniel zu Fall zu bringen, indem sie ihn hinsichtlich seiner Treue gegenüber Jahwe in Versuchung bringen. Er ist jedoch standhaft in seiner Treue und wird in eine Löwengrube geworfen; doch Gott bewahrt ihn dort, und Darius lobt den Gott Daniels (Dan 6). Im ersten Regierungsjahr von Darius, dem Meder, wird Daniels Aufmerksamkeit auf die Prophetien von Jeremia gelenkt, der verkündet hatte, daß die babylonische Gefangenschaft nur siebzig Jahre dauern würde (Jer 25,11 ff.; 29,1–23). Daniel selber ist nun gerade 68 Jahre in Babel! Er demütigt sich tief wegen seiner eigenen Sünden und der des Volkes und betet um die Erfüllung von Gottes gnädiger Verheißung. Umgehend bringt ihm der Engel Gabriel die herrliche Verheißung der „siebzig Wochen": Gerechnet vom Zeitpunkt des Auftrags, Jerusalem wiederaufzubauen (der später durch Artaxerxes I gegeben wird), wird es sieben Jahrwochen (49 Jahre) dauern und danach noch mal 62 Jahrwochen, bis der Messias kommt (Dan 9).

Das Ende der Gefangenschaft

Wenn wir über eine siebzigjährige Gefangenschaft sprechen, müssen wir davon ausgehen, daß diese Periode vom Zeitpunkt der ersten Deportation gerechnet wird, die unter Jojakim geschah. Die „Gefangenschaft" dauerte demnach von 609–539 v. Chr. Als das Medo-Persische Reich seinen Anfang genommen hatte, erlaubte Cyrus den Juden, mit allen Tempelgeräten in ihr

Land zurückzukehren und den Tempel wiederaufzubauen (2 Chr 36,22 ff.; Esra 1,1–4). Schon lange vorher hatte Jahwe diesen Cyrus Seinen „Hirten“, Seinen „Gesalbten“ genannt (Jes 44,28; 45,1), weil er Gottes Instrument sein würde für die Rückkehr der Gefangenen. In seinem „ersten Jahr“ (d. h. das Jahr, in dem er Babel eroberte) ließ er alle gefangenen Völker, die er in Babylonien fand, in ihre eigenen Länder zurückkehren. Anders als die assyrischen und babylonischen Könige festigten die persischen Könige, soweit wie möglich, die jeweilige Kultur und den Wohnort der Völker in ihrem Reich (vgl. Est 1,22). Auch wissen wir aus Cyrus' Inschriften, daß er nicht einfach als Jahwegläubiger bezeichnet werden darf: So schrieb er zum Beispiel seine Siege auch dem babylonischen Gott Marduk zu.

Die Babylonier haben viele Götzen. Einer der wichtigsten ist Marduk, der oben auf einem Rollzylinder abgebildet ist. König Cyrus von Persien, der auch ein Marduk-verehrer war, hat viele Inschriften hinterlassen. Der Zylinder unten vermittelt eine Nachricht von Cyrus an die Babylonier, welche mit der Nachricht, die Esra in Kapitel 1 berichtet, in großen Zügen übereinstimmt.

Die Rückkehr unter Serubabel

Bei der ersten Rückkehr (Esra 1–6) hören wir zunächst nur über „Scheschbazar, den Fürst von Juda“. Ab Esra 2 hören wir nur über Serubabel, den Sohn Sealthiels, dem Sohn Jojachins. 1. Chronik 3,19 zufolge war Serubabel der Sohn von Pedaja; anscheinend war Sealthiel kinderlos gestorben, und sein Bruder Pedaja war eine Leviratsehe mit seiner Witwe eingegangen. Sealthiel selbst war (wenn wir Jer 22,30; Mt 1,12 und Lk 3,27 miteinander vergleichen) möglicherweise ein leiblicher Sohn von Davids Nachkomme Neri und daneben entweder ein Adoptivsohn Jojachins oder der Sohn einer Tochter Jojachins.

Auf diese Weise blieb die davidische Linie erhalten. Jojachin war kinderlos in Gefangenschaft gekommen. Aber während seiner Gefangenschaft bekam Hesekiel, der mit ihm weggeführt worden war, eine Verheißung: „An jenem Tag werde ich dem Haus Israel wieder neue Kraft verleihen“ (Hes 29,21). Möglicherweise deutet das auf die Geburt Serubabels hin, des „Knechts“, „Siegelrings“, „Auserwählten“ von Haggai 2,24.

Unter der Leitung Serubabels und des Hohepriesters Jeschua, eines Sohnes Jozadaks, kehrt eine Reihe Gefangener zurück: mehr als 42000, unter ihnen viele aus dem Stamm Levi und auch „Tempeldiener“. Eine der ersten Aktivitäten der Heimkehrer ist der Wiederaufbau des Altars auf dem alten Tempelplatz und die Feier des Laubhüttenfestes. Nachdem auch das Fundament des Tempels wiederhergestellt ist, wird ein großes Fest gefeiert. Die Älteren jedoch weinen, weil sie sich an die Pracht des Salomonischen Tempels erinnern (vgl. Hag 2,4).

Die „Samariter“ (vgl. 2 Kön 17) bieten ihre Hilfe beim Tempelbau an, aber die Juden weigern sich, mit diesem götzendienerischen Mischvolk zusammen zu arbeiten. Durch hinterlistige Aktivitäten von seiten der Samariter, aber auch durch Gleichgültigkeit von seiten der Juden (Hag 1) ruht der Aufbau des Tempels bis ca. 520 v. Chr. In Esra 4,6–23 wird noch auf zwei weitere Beispiele von Unterminierung durch die Samariter hingewiesen, unter Ahasveros und unter Arthahsastha (Artaxerxes I Longimanus). Ein Brief an Arthahsatha hat nämlich soviel Erfolg, daß dieser König den Bau sofort stillegen läßt. Nehemia erhält aber später von eben diesem König dennoch die Erlaubnis die Stadtmauer wiederaufzubauen.

Die Propheten Haggai und Sacharja rufen das Volk auf, den Tempelbau fortzusetzen (vgl. Hag 1 und Sach 1–6). Der persische Statthalter Thathnai informiert sich beim König Darius I, ob dieser Wiederaufbau legal ist. Darius schickt, nachdem er in seiner Bibliothek in Echatana (Achmetha) das Dekret des Cyrus nachgelesen hat, eine positive Antwort zurück und erteilt den Auftrag, den Juden alle nur erdenklichen Hilfestellungen zu geben. Fünf Jahre später ist der Tempel fertiggestellt und wird mit einem großen Fest eingeweiht, worauf dann noch das Passahfest folgt.

Die Rückkehr unter Esra

Es ist etwa sechzig Jahre später: Wir schreiben das Jahr 458 v. Chr. Seit Serubabel hat eine Reihe von Statthaltern (Neh 5,15) die persische Provinz Judäa verwaltet. Doch nun tritt ein anders gearteter Mann als Führer auf (Esra 7–10): Esra aus der hohepriesterlichen Familie und ein „Schriftgelehrter". Früher bedeutete diese Bezeichnung Schreiber oder Sekretär; seit der Gefangenschaft jedoch bedeutet es eher „Kenner, Ausleger und Abschreiber des Gesetzes" (vgl. Jer 8,8). Möglicherweise ist Esra Staatssekretär für jüdische Belange am persischen Hof. Auf jeden Fall kommt er mit einem offiziellen Auftrag von König Artaxerxes I Longimanus, um den Stand der Dinge in Judäa zu erforschen, eine riesengroße Gabe zu überbringen und wo nötig,

Das Persische Reich kannte verschiedene Hauptstädte. Eine davon, Susa, besaß einen königlichen Palast. Auch hier sind bei Ausgrabungen prächtige Sachen zum Vorschein gekommen. Die persischen Könige hatten die gleiche Art von Dekorationen an den Wänden wie die Babylonier. Z. B. der Greif rechts in glasiertem Ziegel und der Krieger der königlichen Garde mit Speer und Bogen oben.

Verwalter einzusetzen. Fast 1500 Personen ziehen mit Esra in ihr Land zurück, eine Anzahl, die auf Drängen Esras durch Leviten und Tempeldiener ergänzt wird. Denn als treuer Knecht Jahwes beabsichtigt Esra die Zurückgekehrten des Landes wieder im Gesetz Gottes zu unterweisen.

Esra gibt das Geschenk in Jerusalem ab, bringt Opfer im Tempel und vermittelt die Befehle des Königs dem persischen Magistrat. Doch die Durchsetzung des göttlichen Gesetzes wird ihm nicht leicht gemacht: Esra wird konfrontiert mit einer großen Anzahl von Mischehen, also Vermischung des Gottesvolkes mit Heiden (vgl. 5 Mose 7,1–4; 23,3). Darüber ist Esra tief betrübt und demütigt sich in einem langen Gebet vor Jahwe. Viele schließen sich ihm an; während einer Volksversammlung wird beschlossen, daß die Richter allerorten dafür sorgen werden, daß die „fremden Frauen" fortgeschickt werden.

Nehemia als Statthalter

Es ist wiederum dreizehn Jahre später: 445 v. Chr., noch immer regiert Artaxerxes I (Neh 1–13). Nehemia, der jüdische Mundschenk des persischen Fürsten, vernimmt, daß die Mauern Jerusalems immer noch ruiniert sind und daß die Einwohner von einer großen Katastrophe getroffen wurden; dies weist vermutlich auf den Baustopp unter Artaxerxes, den wir bereits in Esra 4,23 gefunden haben. Nehemia trauert über diese Nachricht, wendet sich in einem langen und intensiven Gebet zu Jahwe. So wächst in ihm der Mut, den König

Während die alten Kulturen des Nahen Ostens ihren höchsten Punkt überschritten haben, kommen anderswo wieder neue Denkarten auf. In Indien tritt Gaumata auf, der Buddha (oben). In China Kung Futse (Konfuzius) (ganz unten). In Griechenland treten eine Reihe großer Tragödienautoren auf, unter ihnen Sophokles (unten), die ihren Einfluß auf das Volk ausüben.

zu bitten, daß dieser sein Verbot zurückzieht – eine Bitte, die ihm leicht das Leben hätte kosten können. Aber der König stimmt zu und läßt Nehemia für einige Zeit gehen: Schließlich ist dieser zwölf Jahre lang weggeblieben (Neh 5,14; 13,6).

Sofort nach seinem Eintreffen inspiziert Nehemia die Mauern und Tore Jerusalems und beginnt mit Hilfe einer großen Anzahl von Bauleuten mit dem Wiederaufbau. Wieder gibt es Probleme mit den Samaritern, diesmal von Sanballat angeführt (aus den Papyri Elephantinin wird ersichtlich, daß dieser um 407 v. Chr. Statthalter von Samarien war) und dem Ammoniter Tobia (wahrscheinlich der Urahne der Tobiaden, die nach dieser Zeit für Generationen über Ammon regierten). Nehemia ahnt etwas und bewaffnet einen Teil der Bauleute, so daß der Anschlag vereitelt wird.

Inzwischen setzt sich Nehemia noch für die Armen des Volkes ein und beendet das soziale Unrecht. Die Samariter setzen ihre Versuche fort, indem sie Nehemia mit Drohbriefen in eine Falle zu locken versuchen: Doch der Wiederaufbau der Mauer wird innerhalb von 52 Tagen abgeschlossen. Die Tore werden eingesetzt und die Bewachung der Stadt geregelt.

Nun will Nehemia die Einwohnerzahl Jerusalems stark erhöhen, doch nur mit unvermischten Juden; dabei geht er vom Register der Zurückgekehrten aus (Neh 7; Esra 2). Im siebten Monat läßt er das Gesetz des Mose durch den Schriftgelehrten Esra verlesen und anschließend wird das Laubhüttenfest gefeiert. Ein paar Tage später wird ein nationaler Buß- und Bettag abgehalten, an dem das Volk sich wegen seiner Sünden demütigt und Gott für seine Güte preist. Ferner wird ein Bund geschlossen, der von Nehemia, den Leviten und den Obersten des Volkes mit ihrem jeweiligen Siegel bekräftigt wird.

Anschließend zeigt das Buch Nehemia Listen über Einwohner, Priester und Leviten und endet mit den Schilderungen der festlichen Einweihung der Mauern Jerusalems, der Regelung des Tempeldienstes und den Reformen Nehemias: Ausschließung der Heiden, Wiedereinsetzung der Abgabe des Zehnten und der Sabbatheiligung, und erneute Abschaffung von Mischehen.

Nehemia kehrt nach zwölf Jahren Abwesenheit wieder nach Persien zurück, zieht aber später für eine zweite (unbestimmte) Periode wieder nach Jerusalem. Sehr wahrscheinlich können wir auch das Buch Maleachi dieser Zeit zuordnen (vgl. Mal 1,7–10; 2,10–12; 3,8–10).

Die in Babel Zurückgebliebenen

Nicht alle Juden sind aus Babel zurückgekehrt: Ein Teil ist dort zurückgeblieben. Das Buch Esther erzählt uns eine Periode aus der Geschichte dieser babylonischen Juden, und zwar zur Zeit des großen Königs Xerxes I (Ahasveros) von Persien.

Die Übereinstimmung mit Xerxes, den der Geschichtschreiber Herodot uns zeichnet, ist deutlich: Xerxes thront in der Burg Susan (oder Susa, in Elam, eine der drei Hauptstädte des persischen Reiches), sein Reich erstreckt sich von Indien bis Äthiopien und umfaßt sowohl Medien als auch bestimmte Küstenländer des Mittelmeeres (Esra 1,1–3; 10,1). Während seines dritten Regierungsjahres verstößt Xerxes seine Frau Vasthi, weil sie sich weigert, zu seinem Festmahl zu erscheinen, und erst im siebten Jahr wählt er für sie einen Ersatz: die schöne Jüdin Esther, Nachkomme eines der Gefangenen aus Juda. Herodot erzählt uns, daß Xerxes in den Jahren dazwischen (483–480 v. Chr.) seine katastrophale Invasion in Griechenland unternommen hatte. Er teilt uns auch mit, daß der Name seiner Frau Amestris war; sie muß wohl die Nachfolgerin von Esther gewesen sein, oder aber die Hauptkönigin, neben welcher Vasthi und Esther zweitrangige Königinnen waren, die dann wohl eine Zeitlang Favoritinnen des Königs gewesen sein konnten.

Die Geschichte von Esther hat viele Künstler inspiriert. So auch Jan Steen, der hier die Mahlzeit wiedergibt, zu der Esther Ahasveros und Haman eingeladen hat, um Haman beschuldigen zu können. Als das Persische Reich von Alexander dem Großen zerstört wird, zieht auch dort der Hellenismus ein. Ein Beispiel dafür ist die vergoldete Silberschüssel, die in Susa gefunden wurde (unten).

Nachdem Esther zur Königin erhoben wurde, verläuft die Geschichte wie folgt: Ihr Neffe und Erzieher Mardochai entdeckt eine Verschwörung gegen den König, die aber vereitelt wird. Derselbe Mardochai verweigert es, sich als Juda vor Haman, einem Günstling des Königs zu verbeugen. Haman ist darüber so wütend, daß er sich von Xerxes die Erlaubnis holt, alle Juden im ganzen Land auszurotten. Mardochai beschwört Esther, bei Xerxes Fürsprache für die Juden zu halten: Esther geht ungeladen (!) zum König, findet Gnade vor seinen Augen und lädt ihn und Haman zu einem Festmahl ein; ihr Bittgesuch verschiebt sie jedoch auf ein nächstes Festmahl. Inzwischen errichtet Haman bereits einen Galgen, an dem er Mardochai hängen will.

In dieser Nacht kann der König nicht schlafen. Er läßt sich aus den Chroniken vorlesen und hört, wie Mardochai ihm einmal das Leben gerettet hat. Als Haman morgens früh in den Palast eintritt, muß ausgerechnet er dafür Sorge tragen, daß Mardochai fürstliche Ehre erwiesen wird. Es tröstet ihn, daß er wieder bei der Königin Esther eingeladen ist, doch dort beschuldigt Esther ihn, ihr Volk ausrotten zu wollen. Xerxes begreift nun, daß Esther eine Jüdin ist, und läßt Haman an den Galgen knüpfen, den dieser für Mardochai errichtet hatte.

Obwohl der erste Erlaß nicht zurückgezogen werden kann, erlaubt es der König, daß sein neuer Günstling Mardochai ein neues Gesetz erläßt, nach dem es den Juden gestattet sein wird, sich gegen die Feinde zu verteidigen und sie umzubringen. Der betreffende Tag wird seitdem von den Juden noch immer

als Purimfest gefeiert (Pur = Los, d. i. das Los, mit dem der Ausrottungstag von Haman bestimmt wurde).

Die intertestamentarische Zeitperiode

Zwischen der Geschichte des Alten und der des Neuen Testamentes liegen etwa vierhundert Jahre, über die wir einiges in apokryphen Büchern hören, doch die Geschichtsschreibung des Alten Testamentes reicht nicht so weit. Dafür finden wir im Buch Daniel bemerkenswerte Visionen, die zum größten Teil während der intertestamentarischen Zeitperiode zutreffend erfüllt wurden (Dan 8–12).

Daniel zufolge sollten nach Cyrus, dem Perser, und Darius, dem Meder, noch drei Könige in Persien regieren (Cambyses, sieben Monate lang der

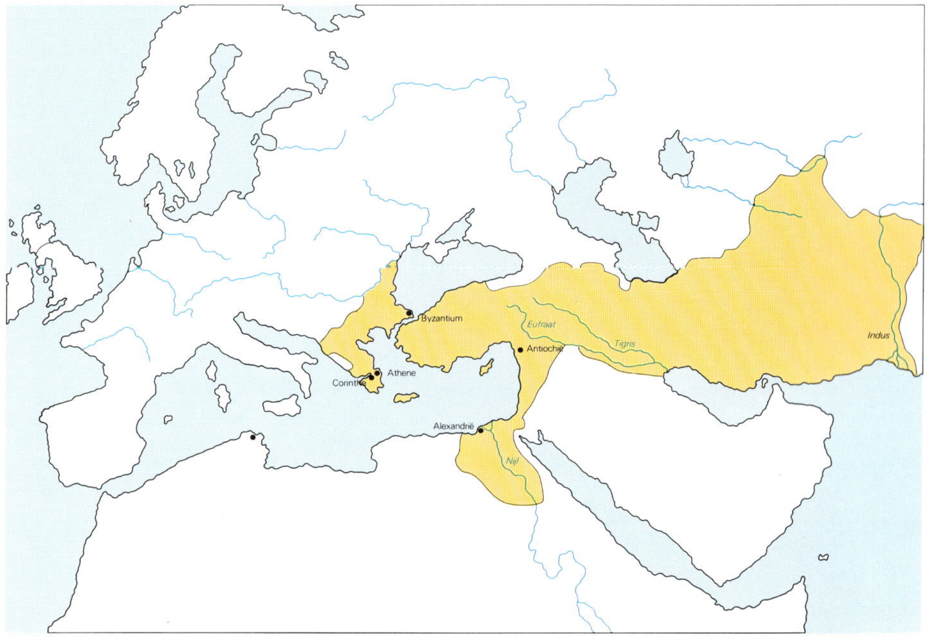

Die Perser haben sehr viele Abbildungen hinterlassen, durch die wir einen Eindruck bekommen von ihrem Aussehen, Auftreten und ihren Gewohnheiten. Berühmt sind die Schlachten der Perser gegen die Griechen. Spartanischer Heldenmut und der Marathonlauf sind seitdem allgemein bekannt. Aber die Perser blieben nicht bestehen. Im Gegenteil. Alexander der Große erobert das Persische Reich und noch mehr.

Betrüger Gaumata und Darius I). Der vierte (Xerxes I) würde größere Reichtümer besitzen als alle anderen und würde alles in Bewegung bringen gegen das Königreich Griechenland (das sind die persischen Kriege).

Als der Engel zu Daniel über Griechenland redet, macht er gleichzeitig einen Sprung zum Ende des Persischen Reiches: „Dann wird ein kraftvoller König kommen; er herrscht mit großer Macht und tut was er will" (Dan 11,3). Hier wird Alexander der Große angedeutet (336–323 v. Chr.), der auch schon mit dem Kupferreich aus Daniel 2,39 gemeint ist, der schnelle Panther aus Daniel 7,6 und der Ziegenbock aus Daniel 8,5; „. . . ein Ziegenbock überquerte von Westen her die ganze Erde, ohne aber den Boden zu berühren; der Bock hatte ein auffallendes Horn zwischen den Augen (Alexander; vgl. 8,2). Er rief zu dem Widder mit den zwei Hörnern (das zweiteilige Königreich der Meder und Perser) . . . warf ihn zu Boden und zertrat ihn. . ."

Bereits im Alter von zwanzig Jahren hatte der Mazedonier Alexander das Griechische Reich von seinem Vater geerbt, und schon drei Jahre später schlug er das gewaltige persische Heer. In einem schnellen Schachzug besiegte er anschließend die kleineren Staaten um das Mittelmeer einschließlich Ägyptens. In Palästina zog er im Jahre 332 v. Chr. ein, wobei sich Jerusalem ohne Kampf ergab. In Babel und Susa ließ Alexander sich als König ehren und zog dann sogar bis an den Indus. Durch sein Wirken wurde der Osten für die griechische Sprache und Kultur geöffnet, die auch auf Palästina einen sehr großen Einfluß ausgeübt hat.

griechische Sprache undKultur geöffnet, die auch auf Palästina einen sehr großen Einfluß ausgeübt hat.

Auf dem Höhepunkt seines Ruhmes wird Alexander durch ein Fieber lahmgelegt, so daß er bereits im Alter von 33 Jahren stirbt. Sofort kommt es zu großen Auseinandersetzungen unter seinen Feldherren und nach vielem Tauziehen fällt das große Reich hauptsächlich in vier Teile auseinander: Ägypten, Syrien, Mazedonien und Thrazien. Daniel 11,4 (vgl. 8,8 + 22) sagt: „Doch kaum ist er aufgetreten, da bricht sein Reich auseinander und teilt sich nach den vier Himmelsrichtungen. Es fällt aber nicht seinen Nachkommen zu und ist nicht mehr so mächtig wie unter seiner Herrschaft. Denn sein Reich wird vernichtet; es fällt anderen und Fremden zu, nicht seinen Erben."

Das Persische Reich wurde von Alexander dem Großen (oben) im Fluge zu Grunde gerichtet. Berühmt wurde aus diesem Kampf die Schlacht bei Issos in Klein-Asien, hier dargestellt in einem Mosaik. Dieses Mosaik ist eine Kopie von einer griechischen Darstellung und wurde in Pompeji gefunden. Alexander regierte nur kurz. Sein Reich wurde verteilt; der europäische Teil kommt unter Lysimachus (unten).

Daniel 11 berichtet uns einiges aus der Geschichte des Königs des Südens (das Ägypten der Ptolemäer) und des Königs des Nordens (das Syrien der Seleukiden). Der König in Vers 5 ist Ptolemäus I und sein Oberster ist Seleucus I, der um 312 v. Chr. das Syrische Reich gründete. Die ägyptische Königstochter in Vers 6 ist Berenice, die Antiochus II heiratete, aber wieder verstoßen und ermordet wurde.

Der in Vers 7 „aus ihrem Stamm emporkommen" wird (blutsverwandt), ist Berenices Bruder Ptolemäus III, der einen sehr erfolgreichen Feldzug gegen Syrien unternahm.

Nach Seleucus II und III war es hauptsächlich Antiochus III, der Rache übte. Er eroberte im Jahre 218 v. Chr. einen Teil Palästinas und kämpfte sich in 217 v. Chr. bis zur ägyptischen Festung Raphia vor (Vers 10). Trotz Niederlagen zog er von neuem gegen Ägypten auf und profitierte von Aufständen, u. a. in Judäa (Vers 13 + 14). So kamen die Juden vom Jahre 198 an unter syrische Herrschaft. Doch wegen der immer stärker werdenden Römer gelang es Antiochus nicht, in Ägypten Fuß zu fassen (Vers 17). Nachdem er durch den römischen Befehlshaber Scipio besiegt wurde, zog er sich in Syrien zurück und wurde ermordet (Vers 18 + 19).

Sein Sohn Seleucus IV ließ durch seinen Kämmerer Heliodorus hohe Steuern eintreiben, wird aber später von eben diesem getötet (Vers 20). Seinem jüngeren Bruder Antiochus IV (Epiphanes) gelang es nun, sich durch Schmeichelei des Thrones zu bemächtigen (Vers 21 ff.; vgl. 8,23–25); er war

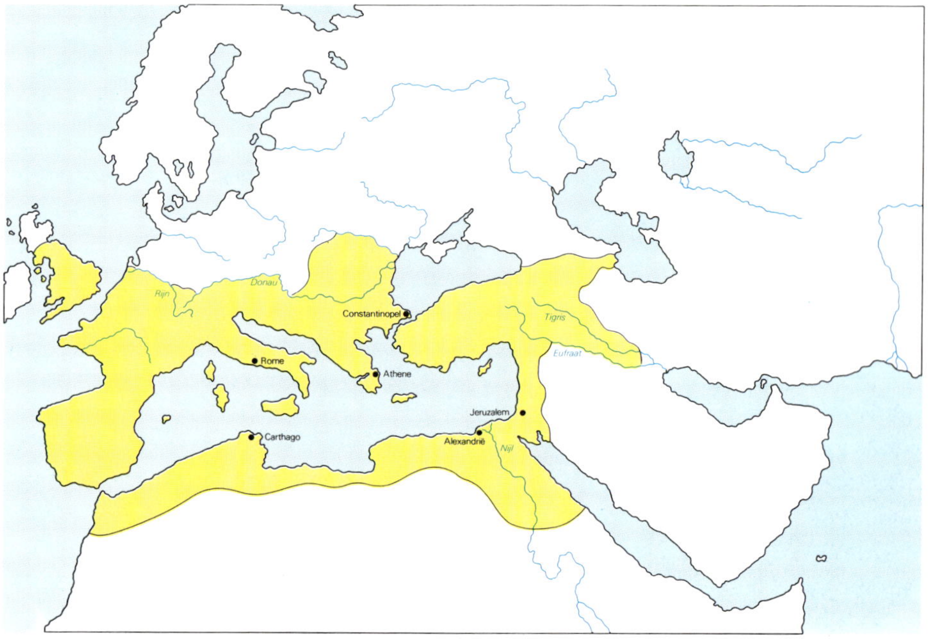

Der ägyptische Teil des Reiches fällt den Ptolemäern zu. Eine Reihe dieser Könige ist oben von links nach rechts und dann nach unten zu sehen: Ptolemäus I, II, II, IV, V, VI, und Königin Kleopatra VII. In der Periode der römischen Herrschaft bekommt Palästina einen König: Herodes der Große. Ganz unten steht der Lehrmeister Alexanders: Aristoteles, der viel Einfluß auf seinen Schüler ausgeübt hat. Links unten: Kopf des Zeus, Antiochus IV (unten) stellte einen Altar des Zeus in den Tempel Jerusalems. Das Römische Reich erobert so nach und nach das Reich Alexanders des Großen und wird damit zum letzten Weltreich (siehe Daniel 2).

ein Mann von großem Tatendrang und militanten Aktionen. Er besiegte seinen Neffen Ptolemäus IV, unterstützt durch Intrigen an dessen Hof; auf seinem Rückweg nach Syrien raubte er die wichtigsten goldenen Geräte aus dem jüdischen Tempel (Vers 25–28).

Im Jahr 168 v. Chr. unternahm Antiochus Epiphanes einen zweiten Feldzug gegen seinen Neffen, doch eine römische Gesandtschaft („Kittiter") kam per Schiff, um Antiochus zur Ordnung zu rufen. Antiochus zog sich aus Ägypten zurück und ließ seine Wut an den Juden aus. Seine Truppen entheiligten den Tempel und machten ihn zum Heiligtum des griechischen Gottes Zeus; ein Altar des Zeus (der Greuel der Verwüstung bringt) wurde an Stelle des Brandopferaltars errichtet und darauf wurden – unreine! – Schweine geopfert (Vers 29–31).

Unter den Makkabäern (die „kleine Hilfe" von Vers 34) brach ein Aufstand unter den getreuen Juden aus: Der Priester Mattathias und seine fünf Söhne (einer mit dem Namen Judas Makkabäus) entfesselten den Widerstand, überall wurden heidnische Altäre vernichtet und abtrünnige Juden getötet. Der Aufstand hatte so viel Erfolg, und die Heere des Antiochus wurden so gut zurückgeschlagen, daß Jerusalem wieder ganz in die Hände der Juden kam. Am 25. Dezember des Jahres 165 v. Chr. konnte der Tempel wieder neu dem Dienst Jahwes geweiht werden. Ab Vers 36 zielt Daniel ausdrücklich auf die Endzeit hin; der König von Vers 36 ist nicht der König des Nordens oder des Südens, sondern der abtrünnige König von Israel.

Hier endet praktisch die jüdische Geschichte des Alten Testamentes. Das einzige, auf das wir noch hinweisen können, ist die Ankündigung des vierten Weltreiches: die römische Übermacht (Dan 2,40–43; 7,7 + 19–26). Im Jahre 63 v. Chr. errichtete Pompejus von Judäa ein römisches Protektorat, und im Jahre 40 n. Chr. wurde Herodes durch Rom zum König über Judäa benannt. In der Regierungszeit dieses Herodes wurde Christus geboren.

Am Ende dieses Teils der jüdischen Geschichte, der Geschichte der Erzväter, der Könige, der Propheten, steht Jesus Christus, der „Sohn Davids, der Sohn Abrahams“ (Mt 1,1).

Neubabylonisch

626–605	Nabopolassar; Sohn:
605–562	Nebukadnezar II.; Sohn:
562–560	Evil-Merodach (Jer 52,31; 2 Kön 25,27–30)
560–556	Nergal-Sarezer (Jer 39,3 + 13); Schwiegersohn von Nebukadnezar II
556–539	Nabunaid u. Belsazer (Jer 27,7; Dan 5); Sohn resp. Enkelsohn von Nebukadnezar II

Medo-Persisch

539–530	Kores (= Cyrus) (Jes 44,28; 45,1; 2 Chr 36,22 ff.; Esra); Vize-Regent (?): Darius, der Meder (Dan 6,1; 9,1; 11,1)
530–522	Cambyses: der Sohn von Kores
522–486	Darius I Hystaspis (Esra 4,5 + 24; 5,5–7; 6,1 + 12–15; Hag 1,1; 2,1 + 11; Sach 1,1 + 7; 7,1)
486–464	Xerxes I (= Ahasveros) (Esra 4,6; Est; Dan 11,2)
464–423	Artaxerxes I Longimanus (= Arthahsastha) (Esra 4,6–8; Neh 2,1; 5,14; 13,6)
423–404	Darius II Nothus („der Perser“) (Neh 12,22)
404–359	Artaxerxes II Mnemon
359–338	Artaxerxes III Ochus
338–336	Arses
336–331	Darius III Codomannus

Griechisch-Mazedonisch

331–323	Alexander der Große (Dan 8,5 + 21; 11,3)

Ägypten		**Syrien**	
323–285	Ptolemäus I Soter	312–281	Seleucus I Nicator
320	Judäa annektiert	281–261	Antiochus I Soter
285–247	Ptolemäus II Philadelphus	261–246	Antiochus II Theos
247–222	Ptolemäus III Euergetes	246–226	Seleucus II Callinicus
222–205	Ptolemäus IV Philopator	226–223	Seleucus III Soter
205–182	Ptolemäus V Epiphanes	223–187	Antiochus III der Große
198	Palästina kommt unter die Herrschaft Syriens	187–175	Seleucus IV Philopator
182–145	Ptolemäus VI Philometor	175–163	Antiochus IV Epiphanus

STICHWORT-REGISTER*

„Die Entstehung Israels"

Die in halbfett angegeben Seitenzahlen weisen auf Abbildungen hin.

BILDQUELLENNACHWEIS

Verwendete Abkürzungen: o = oben, u = unten, lo = links oben, lu = links unten, m = Mitte.

Kapitel 1
Joop van der Elst / EO Archiv: 10, 13 (u), 20, 21, 24
Teleilat Ghassul, Ausgabe: 11
Gary Ladd: 12
Camera Press: 13 (o)
Louvre, Paris: 14, 18 (l), 22 (lu)
Britisches Museum, London: 15, 22 (m), 23
Colour Liberary International, London: 16
Royal Airforce: 16
Kees Roeleveld: 17
J. Rijsterborgh: 17 (lo)
Museum Pio, Vatikan: 18
Das Reichsmuseum für Altertümer, Leiden: 19 (o), 20 (lo), 20 (lu)
Aleppomuseum, Syrien: 19
Aleppomuseum, Syrien: 19
Aleppomuseum, Syrien: 19
Ronald Sheridan: 19
Israel Museum, Jerusalem: 24
Kapitel 2
Hermitage, Leningrad: 26
Sygma, Paris: 27, 54
Hugues Vassal-Gamma, Paris: 27 (u)
Ronald Sheridan: 28
Louvre, Paris; Joop van der Elst: 29
Ara Güller, Türkei: 31
Joop van der Elst: 30 (m), 32, 32 (lu), 33 (m), 34 (o), 36, 38, 39 (m)
Ingrid Schindler: 33
Ir. J. W. Meinen: 34
Vneshtorgizdat, Moskau: 35
Dolf Hoving: 36, 39 (lu), 41
Monreale, Duomo, Scala: 40
Bibliothèque Nationale, Paris: 41
Kapitel 3
Camera Press LTD, London: 42
Art of Ancient Egypt, (Ausgabe) K. Michalowski, Thames & Hudson, London: 43
Joop van der Elst: 44, 45 (l), 45 (m)
British Liberary, London: 47
Fitzwilliam Museum, London: 48
Westminster Abbey, London: 48
Beni Hasan, Teil 1 Bild XXVIII: 49
Das Reichsmuseum für Altertümer, Leiden; Dolf Hoving: 50, 51
British Museum: 50 (lu), 54 (lu), 56
Louvre, Paris: 50 (m), 57 (lu), 58
Lorenzo Ghiberti, Scala: 52
Cairo Museum: 54
Kunsthistorisches Museum, Wien: 54, 55
NASA: 57
University of Bristol: 58
Imperial War Museum, London: 59
Kapitel 4
Leonardo Da Vinci, Scala: 60
Photo Niestadt: 61
Das Reichsmuseum für Altertümer, Leiden; Dolf Hoving: 62 (lo), 63 (lo), 65, 43, 70
Louvre, Paris: 62 (lu), 63 (lm), 65, 66 (lu)
Joop van der Elst: 62, 63 (rm), 64, 66 (m), 67, 71, 72, 73 (m)
FAO (Studios du Souissi, Rabat): 65
Bibelmuseum, Amsterdam; Dolf Hoving: 73
Kapitel 5
Joop van der Elst: 74, 81, 82
Werner Braun, Jerusalem: 75
NOS; Dolf Hoving: 76, 78
Bibelmuseum, Amsterdam, Dolf Hoving: 77, 78 (u), 79 (u), 80
British Museum, London: 79
Louvre, Paris: 81 (2×l)
Dr. Georg Gerster: 83
Michelangelo, St. Peter Rom, Scala: 84
Palermo, Galery Nationale, Scala: 85
Musée Nationale, Paris: 86
Foto Niestadt: 87
Kees Roeleveld: 87
Kapitel 6
Louvre, Paris: 88, 90 (m), 105 (l)
Israel Museum, Jerusalem: 89, 93 (lu), 99, 101 (lu)
Das Reichsmuseum für Altertümer, Leiden; Dolf Hoving: 90, 90 (lu)
Joop van der Elst: 91, 94, 105 (m)
Doré: 92
Werner Braun, Jerusalem: 93
Catharijne Convent, Utrecht: 96
Dolf Hoving: 97
Städtisches Kunstinstitut und Staatliche Galerie, Frankfurt: 98
Ronald Sheridan: 100, 102
British Museum, London: 101, 103
Kunsthistorisches Museum, Wien: 106, 107
Kapitel 7
Joop van der Elst: 108, 109, 110 (2×l), 111, 113, 115, 116, 120, 125
Ir. J. W. Meinen: 110, 120, 121
Louvre, Paris: 112, 124, 124
Reichsmuseum, Amsterdam: 114
Israel Museum, Jerusalem: 118, 122
Das Reichsmuseum für Altertümer, Leiden; Dolf Hoving: 118
Ronald Sheridan: 123
Arezzo S. Francesco, Scala: 124
Staatliche Museen, Berlin: 125 (lu)
Louxor, Musée: 126
Kapitel 8
British Museum, London: 128, 138, 142 (lu), 143 (l), 145
Joop van der Elst: 129, 131, 136, 137, 143, 147 (lu)
SIPA, press Paris: 132
Louvre, Paris: 133, 134, 142 (m), 147, 148, 149
Chatharijne Convent, Utrecht: 135, 140
The Metropolitan Museum of Art, New York: 141
Ronald Sheridan: 144
Michael Holford, British Museum: 144 (lu)
Staatliche Museen, Berlin: 144 (m)
Israel Museum, Jerusalem: 147
Kapitel 9
Courtesy of the Oriental Institute, University of Chicago: 150, 162
Das Reichsmuseum für Altertümer, Leiden; Dolf Hoving: 151, 156
Art of Ancient Egypt, (Ausgabe) K. Michalowski, Thames & Hudson, London: 152
Joop van der Elst: 153, 167
Tadema Sporry: 154 (l + r)
British Museum, London: 155, 157, 159, 160 (l), 161 (m), 164, 165, 243
Museum of the Ancient Orient, Istanbul: 158
Israel Museum, Jerusalem: 164 (10) of 165
Louvre, Paris: 153 (lo), 160, 163
Staatliche Museen, Berlin: 161 (lu), 162, 163
Kapitel 10
NASA: 169
Museum of Fine Arts, Boston: 171
The National Gallery, London: 172
British Museum: 174, 176, 179, 180 (2×lo)
Staatliche Museen, Berlin: 175 (l)
Louvre, Paris: 175 (m), 177
Reichsmuseum für Völkerkunde, Leiden: 176 (lo), 176 (lu)
The Cleveland Museum of Art, Ohio: 177
Joop van der Elst: 178
Museum National, Napoli: 179, 181 (lu)
Staatliche Museen, Berlin: 179 (lu)
Ny Carlsberg Glyptothek, Dänemark: 180 (lo)
Königliches Kabinett für Münzen, Gedenkmünzen und geschnittene Steine, Den Haag: 180, 181 (4×)
Pio Museum, Vatikan: 180 (lu)

Aharoni 1964	**Aharoni, Y. & Amiran, R.,** Excavations at Tel Arad (IET 14 [1964] p. 131 v.)
Aharoni 1981	**Aharoni, Y.,** Das Land der Bibel (Neukirchener Verlag 1981)
Albright	**Albright, W. F.,** The Archaeology of Palestine (Harmondsworth, 1951)
Avi-Yonah 1975	**Avi-Yonah, M.** (ed.), Ecyclopedia of Archaeological Excavations in the Holy Land, Vol. I-IV (London, 1975–1978)
Avi-Yonah 1962	**Avi-Yonah, M. & Kraeling, E. G.,** Our Living Bible (London, 1962)
Barsanti	**Barsanti, A.,** Stèle incédite au nom du roi Radadouhotep Doudoumes (ASAE 9 [1908] p. 1 v.)
Baumgartel	**Baumgartel, E. J.,** Predynastic Egypt (CAH I.1, Cambridge, 1976)
von Beckerath 1965	**Beckerath, J. von,** Untersuchungen zur politischen Geschichte der zweiten Zwischenzeit in Ägypten (Glückstadt, enz. u.s.w. 1965)
von Beckerath 1958	**Beckerath, J. von,** Notes on the Viziers Ankhu and' lymeru in the thirteenth Egyptian dynasty (JNES 17 [1958] p. 365 v.)
Beasley	**Beasley, J.,** The amazing story of Sodom (Bombay, 1957)
Beek	**Beek, M. A.,** Aan Babylons stromen (Amsterdam/Antwerpen, 1974)
Bell	**Bell, B.,** Climate and history of Egypt: Middle Kingdom (AJA 79 [1975] p. 223 v.)
Bermant	**Bermant, C. & Weitzman, M.,** Ebla (Umschau, 1979)
Bietak	**Bietak, M.,** Die Hauptstadt der Hyksos und die Ramsesstadt (AW 6.1 [1975] p. 28 v.)
Bimson 1978/79	**Bimson, J. J.,** A Cronology for the Middle Kingdom and Israel's Egyptain Bondage – I (SIS–R III.3 [1978/9] p. 64 v.)
Bimson 1979	**Bimson, J. J.,** A. Cronology for the Middle Kingdom and Israel's Egyptian Bondage – II (SIS–R IV.1 (1979) p. 11 v.)
Bimson 1978-4	**Bimson, J. J.,** An Eughth-Century Date for Merenptah (SIS-R III.2 [1978] p. 57 v.)
Bimson 1978-2	**Bimson, J. J.,** Can there be a reserved chronology without a revised stratigraphy? (SIS–R III.1 [1978] p. 1,2)
Bimson1978-1	**Bimson, J. J.,** Redating the Exodus and Conquest (Seffield: Journal for the Study of the Old Testament, Supplementary Series No. 5, 1978)
Bimson 1978-3	**Bimson, J. J.,** The Arrival of the Philistines and the Revised Chronology (SIS–R III.1 [1978] p. 13 v.)
Bimson 1976	**Bimson, J. J.,** The Conquest of Canaan (SIS–R 1.3 [1976] p. 3 v.)
Bimson 1977/78	**Bimson, J. J.,** The Hyksos and the Archaeology of Palestine (SIS–R II.3 [1977/78] p. 58 v.)
Breasted 1964	**Breasted, J. H.,** Geschichte Ägyptens (Parkland, 1978)
Breasted 1906	**Breasted, J. H.,** Ancient Records of Egypt, 5 vols. (Chigago, 1906/7)
Brugsch-Bey	**Brugsch-Bey, H.,** Egypt under the Pharaohs, vol. II (London, 1881/2)
Campbell	**Campbell, E. F.,** Archaeological News from Jordan (BA 28 [1965] I, p. 30 v.)
Cenival	**Cenival, J. L. de,** Egypte, Epoque pharaonique (Fribourg, 1964)
Claiborne	**Claiborne, R. & red. Time-Life,** Het ontstaan van het schrift (Time-Life, 1978)
Clark 1967	**Clark, G.,** Jagers uit de steentijd (Amsterdam/Brussel, 1967)
Clark 1972	**Clark, G., & Piggott,** S., Prehistoric Societies (New York, 1972)
Clark 1976	**Clark, J. D. G.,** Primitive Man in Egypt, Western Asia and Europe in Mesolithic Times, (CAH I.1 Cambridge, 1976)
Constable	**Constable, G. & red. Time-Life,** Die Neanderthaler (Time-Life)
Courville	**Courville, D. A.,** The Exodus Problem and its Ramifications, 2 vols. (Loma Linda [Cal.], 1971)
Crowfoot	**Crowfoot, J. W. & Crowfoot, G. M.,** Early Ivories from Samaria (London 1938)
Danelius 1977/78	**Danelius, E.,** Did Thutmose III despoil the Temple in Jerusalem? (SIS–R II.3 [1977/78] p. 64 v.)
Danelius 1975/76	**Danelius, E.,** The Identification of the Biblical "Queen of Sheba" with Hatshepsut, "Queen of Egypt and Ethiopia" (KR I.3 [1975] p. 3 v./KR I.4 [1976] p. 9 v.)
Danelius 1967/68	**Danelius, E.,** The Sins of Jeroboam Ben-Nebat (JQR LVIII [1967/8] No. 2 & 3)
Dirkzwager	**Dirkzwager, A.,** Pharao So and the Libyan Dynasty (C & AH III.1 [1981] p. 19 v.)
Douglas	**Douglas, J. D.** (ed), The New Bible Dictionary (London, 1962)
Edgerton	**Edgerton, W. F.,** Chronology of the 12th Dynasty (JNES I [1942] p. 307 v.)
Edwards	**Edwards, I.E.S.,** The Early Dynastic Period in Egypt (CAH I.2, Cambridge, 1971)
Ehrich	**Ehrich, R. W.** (ed.), Chronologies in Old World Archaeology (Chicago & London, 1967)
Elliott	**Elliott, C.,** The Ghassulian Culture in Palestine: Origins, influence and abandonment (LEV X [1978] p. 37 v.)
Emery	**Emery, W. B.,** Het Oudste Egypte (Utrecht/Antwerpen, 1963)
Gadd	**Gadd, C. J.,** The Dynasty of Agade and the Gutian Invasion (CAH I.2, Cambridge, 1971)
Gammon 1977	**Gammon, G. J.,** A Chronology for the Eighteenth Dynasty (SIS–R II.3 [1977/78] p. 90 v.)
Gammon 1978	**Gammon, G. J.,** The Place of Horemheb in Egyptian History (SIS–R III.2 [1978] p. 55 v.)
Gardiner 1962	**Gardiner, A. H.,** Egypt of the Pharaohs (Oxford, 1962)
Gardiner 1914	**Gardiner, A. H.,** New Literary Works from Ancient Egypt (JEA 1 [1914] p. 100 v.)
Gardiner 1909	**Gardiner, A. H.,** The Admonutions of an Egyptian Sage (Leipzig, 1909)
Gardiner 1918	**Gardiner, A. H.,** The Delta Residence of the Ramessides (JEA 5 [1918] p. 127 v.)
Gardiner 1924	**Gardiner, A. H.,** The Geography of the Exodus (JEA 10 [1924] p. 87 v.)
Gardiner 1959	**Gardiner, A. H.,** The Royal Canon of Turin (Oxford, 1959)
Garrod	**Garrod, D. A. E.,** Primitive Man in Egypt, Western Asia and Europe in Palaeolithic Times (CAH L.1, Cambridge 1976)
Gautier	**Gautier, J. E.,** Le Livre des Rois d'Egypte, II (Cairo, 1902)
Gordon	**Gordon, C. H.,** Abraham and the Merchants of Ura (JNES 17 [1958] p. 28 v.)
Goyon	**Goyon, G.,** Les Travaux de Chou et les Tribulations de geb d'après le Naos 2248 d'Ismaïlia (KÊMI VI [1963])
Habachi	**Habachi, L.,** 'Khatâ'na-Qantir: Importance (ASAE 52 [1954] p. 443 v.)
Hall	**Hall, H. R.,** Egyptian Chronology (CAH I, Cambridge 1923)
Hapgood	**Hapgood, C. H.,** Maps of the Ancient Sea Kings (London, 1979)
Harrison	**Harrison, R. K.,** Introduction to the Old Testament (Grand Rapids, Michigan, 1977)
Hawkes	**Hawkes, J.,** The First Great Civilizations (Harmondsworth, 1977)
Hayes 1955	**Hayes, W. C.,** A Papyrus of the Late Middle Kingdom in the Brooklyn Museum (Brooklyn Museum, 1955)
Hayes 1973	**Hayes, W. C.,** Egypt: From the Death of Ammenemes III to Sequnenre II (CAH II.1, Cambridge, 1973)
Hayes 1953	**Hayes, W. C.,** Notes on the Goverment of Egypt in Late Middle Kingdom (JNES 12 [1953] p. 31 v.)
Hayes 1971	**Hayes, W. C.,** The Middle Kingdom in Egypt (CAH I.2, Cambridge, 1971)
Helck 1962	**Helck, W.,** Die Beziehungen Ägyptens zu Vorderasien im 3. und 2. Jahrtausend v. Chr. (Wiesbaden, 1962)
Helck 1956	**Helck, W.,** Untersuchungen zu Manetho und den ägyptischen Königslisten (Berlin, 1956)
Hennessy	**Hennessy, J. B.,** Preliminary Report on a First Season of Excavations at Telat Ghassul (LEV I [1969] p. 1. v.)
Herodotus	**Herodotus,** Historiën
Herzog	**Herzog, R.,** Punt (ADAI-ÄR Band 6 [1968] Glückstadt)
Hornung 1967	**Hornung, E.,** Einführung in die Ägyptologie (Darmstadt, 1967)
Hornung 1978	**Hornung, E.,** Grundzüge der ägyptischen Geschichte (Darmstadt, 1978)

Jahshan	**Jahshan, G. J. & Ma.,** Guido to the West Bank of Jordan (Jerusalem, 3rd ed.)
James 1977/78	**James, P.,** The dating of the El-Amarna Letters (SIS–R II.3 [1977/78] p. 80 v.)
James 1975	**James, T. G. H.,** Archeologie: Egypte (Den Haag, 1975)
James 1953	**James, T. G. H.,** The Mastaba of Khentika called Ikheki (London, 1953)
Josephus	**Josephus, Flavius,** Complete Works (Grand Rapids, 1977)
Jonsson	**Jonsson, C. O.,** The Chronology of the XXVIth Dynasty of Egypt (SIS–R III.4 [1979] p. 96 v.)
Kadish	**Kadish, G. E.,** British Museum writing Board 5645: The Complaints of Kha-Kheper-Re-Senebu (JEA 59 [1973] p. 77 v.)
Keizer	**Keizer, A.,** Economie en de Bijbel (B & W 5. [1976] p. 15 v./B & W 6 [1976] p. 11 v.)
Kelso	**Kelso, J. L. e. a.,** The excavations of Bethel (1934–1960) (AASOR 39 [1968])
Kenyon 1960	**Kenyon, K. M.,** Archäologie im Hl. Land (Neukirchener Verlag, 2. Aufl. 1976)
Kenyon 1957	**Kenyon, K. M.,** Digging up Jericho (London, 1957)
Kitchen 1977	**Kitchen, K. A.,** The Bible in its world (Exeter, 1977)
Kitchen 1971	**Kitchen, K. A.,** Punt and how to get there (OR 40 [1971] p. 184 v.)
Leonard	**Leonard, J. N. & red. Time-Life,** De eerste boeren (Time-Life, 1977)
Lowery	**Lowery, M.,** Dating the "Admonitions": Advance Report (SIS–R II.3 [1977/78] p. 54 v.)
McDowell	**McDowell, J.,** Daniel in the critic's den (San Bernardino, 1979)
McMillen	**McMillen, S. I.,** None of these diseases (London, 1963)
Mallowan 1966	**Mallowan, M. E. L.,** Mesopotamië en Iran (Amsterdam/Brussel, 1966)
Mellowan 1971	**Mallowan, M. E. L.,** The Early Dynastic Period in Mesopotamia (CAH 1.2, Cambridge, 1971)
Mellaart 1969	**Mellaart, J. J.,** Het Nabije Osten (Amsterdam/Brussel, 1969)
Mellaart 1976	**Mellaart, J. J.,** The Earliest Settlements in Western Asia from the ninth to the end of the fifth millenium B.C. (CAH I.1, Cambridge, 1976)
Mercer	**Mercer, S. A. B.,** The Tell El-Amarna Tablets (Toronto, 1939)
Michalowski	**Michalowski, K.,** The Art of Ancient Egypt (London, 1969)
Montet	**Montet, P.,** Das alte Ägypten (Magnus-Verlag, 1973)
Naville	**Naville, E.,** The Temple of Deir El-Bahri III (London, 1898)
Negev	**Negev, A.,** Archeological Encyclopedia of the Holy land (New York, 1972)
Newberry 1892	**Newberry, P. E.,** Beni Hassan I (London, 1893)
Newberry 1894	**Newberry, P. E.,** Beni Hassen II (London, 1894)
Ouweneel 1976	**Ouweneel, W. J.,** De ark in de branding (Amsterdam, 1976)
Ouweneel 1977	**Ouweneel, W. J.,** Geneeskunde en de Bijbel (B & W 11 [1977] p. 10 v.)
Ouweneel 1977/78	**Ouweneel, W. J.,** Katastrofisme in het boek Job (B & W 12 [1977] p. 4 v./B & W 13 [1977] p. 14 v./B & W 14 [1977] p. 5 v./B & W 15 [1978] p. 4 v./B & W 16 [1978] p. 4 v./B & W 17 [1978] P. 4 v.)
Parker	**Parker, R. A.,** The Duration of the 15th Dynasty according to the Turin Papyrus (JEA 28 [1942] p. 68)
Parrot 1958	**Parrot, A.,** Samaria (London, 1958)
Parrot 1961	**Parrot, A.,** Nineveh and Babylon (London, 1961)
Petrie	**Petrie, W. M. Flinders,** A History of Egypt, vol. I (London, 1895)
Pfeiffer	**Pfeiffer, C. F.** (ed.), The Biblical World (Grand Rapidsm Michigan, 1972/3)
Posener	**Posener, G.,** Syria and Palestine C. 2160–1780 B. C. Relations with Egypt (CAH I.2, Cambridge, 1971)
Prideaux	**Prideaux, T. & red. Time-Life,** Der Cro-Magnon Mensch (Time Life, 1973)
Pritchard 1958	**Pritchard, J. B.** (ed.), The Ancient Near East. An Anthology of Texts and Pictures (Princeton, 1958)
Pritchard 1961	**Pritchard, J. B.,** The watersystem of Gibeon (Philadelphia, 1961)
Pritchard 1963	**Pritchard, J. B.,** The Bronze Age Cemetery at Gibeon (Philadelphia, 1963)
Pritchard 1964	**Pritchard, J. B.,** Gibeon waar de zon stilstond (Baarn, 1964)
Pritchard 1969	**Pritchard, J. B.,** (ed.), Ancient Near Eastern Texts (Princeton, 1969)
Redford	**Redford, D. B.,** The Hyksos Invasion in History and Tradition (OR 39 [1970] p. 1–51)
Rehwinkel	**Rehwinkel, A. M.,** The Flood (Saint Louis, Mo., 1960)
Reicke	**Reicke, B. & Rost, L.,** Biblisch-Historisches Handwörterbuch (Vandenhoeck 2 Ruprecht, 4 Bde, 1963–1966)
Remmers	**Remmers, A.,** Spraak en Taal (B & W [1978] 15 p. 18 v./16 p. 6 v./17 p 6 v./18 p. 11 v./19 p. 7 v./20 p. 21 v.)
Riem	**Riem, J.,** Die Sintflut in Sage und Wissenschaft (Hamburg, 1925)
Sanders	**Sanders, J. A.** (ed.), Near Eastern Archaeology in the Twentieth Century (New York, 1970)
Scharff	**Scharff, A. & Moortgat, A.,** Ägypten und Vorderasien im Altertum (München, 1962/3)
Van Seters	**Seters, J. van,** The Hyksos (London, 1966)
Sieff	**Sieff, M.,** The two Jehorams (SIS–R II.3 [1977/78] p. 86 v.)
Simpson	**Simpson, W. K.,** Sob Kemhet, A Vizier of Sesostris III (JEA 43 [1957])
Steindorff	**Steindorff, G.,** Das Grab des Ti (Leipzig, 1913)
Stevenson Smith	**Stevenson Smith, W.,** The Old Kingdom in Egypt and the beginning of the First Intermediate Period (CAH I.2, Cambridge, 1971)
Stiebing	**Stiebing, W. H.,** Another look at the origins of the Philistine Tomb at Tell El-Far ah (s) (AKA 74 [1970] p. 139 v.)
Stricker	**Stricker, B. H.,** Trois études de phonétique et de morphologie coptes (AO XV [1937])
Tadema	**Tadema Sporry, B. & Tadema, A. A.,** De Pyramiden van Egypte (Haarlem, 1977/2)
Thiele 1978	**Thiele, E. R.,** A Chronology of the Hebrew Kings (Grand Rapids, 1978)
Thiele 1965	**Thiele, E. R.,** The Mysterouis Numbers of the Hebrew Kings (Grand Rapids, 1965)
Thomas	**Thomas, D. W.** (ed.), Documents from Old Testament Times (Oxford, 1958)
Uphill 1968	**Uphill, E. P.,** Pithom and Raamses: Their Location and Significane (JNES 27 [1968] p. 291 v.)
Uphill 1969	**Uphill, E. P.,** Pithom and Raamses (JNES 28 [1969] p. 15 v.)
De Vaux	**Vaux, R. de,** Palestine in the Early Bronze Age (CAH I.2, Cambridge, 1971)
Velikovsky 1977-1	**Velikovsky, I.,** Eeuwen in chaos (Deventer, 1977)
Velikovsky 1977-2	**Velikovsky, I.,** Jericho (KR II.4 [1977] p. 67 v.)
Waddell	**Waddell, W. G.,** Manetho (London, 1940)
Weill	**Weill, R.,** XIIe Dynastie, Royauté de Haute-Egypte et Domination Hyksos dans le nord Cairo, 1953)
Whitcomb 1959	**Whitcomb Jr., J. C.,** Darius, The Mede. A Study in Historical Identification (Nitley, 1959)
Whitcomb 1970	**Whitcomb, J. C. & Morris, H. M.,** Die Sintflut (Hänssler, 1977)
Wright	**Wright, G. E.,** Shechem (New York/Toronto, 1965)
Wreszinsky	**Wreszinsky, W.,** Atlas zur altägyptischen Kulturgeschichte, II. Teil (Leipzig, 1935)
Yadin	**Yadin, Y.,** Hazor (Hoffmann und Campe, 1976)

Chronologische Übersicht von der Sintflut bis zur Geburt Christi

SINTFLUT CA. 5000–3500
STEINZEIT BIS CA. 3000

Mesopotamien	**Aram (Syrien)**	**Entstehung und Entwicklung Israels**	**Palästina** (archäologische Perioden)	**Ägypten**
Sumerische Schrift ca. 3100 Uruk IV Djemdet-Nasr Mesilin Ur I Lagasch Akkad u. a. Sargon I ca. 2175 Naramsin ca. 2100 Ende Akkadzeit ca. 2065				Ägyptische Schrift ca. 3100–3000
		Abraham 2166–1991 nach Kanaan 20 Verwüstung Sodom u. a. 2067 Isaak 2066–1886 Ismael 2080–1943 Jakob 2006–1859 nach Laban 1929 nach Kanaan 1909 nach Ägypten 1876 Joseph 1915–1805 nach Ägypten 1899 Wesir 1886	Ende frühe Bronze ca. 2065 Mittel-Bronze ↓	Ende 6. Dynastie ca. 2065 12. Dynastie, u. a.: ca. 2000–1800 Sesostris II Sesostris III ca. 1890–1855
		AUFENTHALT UND UNTERDRÜCKUNG IN ÄGYPTEN 1816–1446		Amenemhet III ca. 1855–1810 Amenemhet IV ca. 1810–1801 Sebeknefrure ca. 1801–1798 13. Dynastie ca. 1800–1445
		Mose 1526–1406 nach Midian 1468 nach Ägypten 1446 Exodus 1446 Wüstenreise 1446–1406 Einzug, Fall Jerichos 1406 Eroberung Richter Saul ca. 1050–1010 David (1041–*) 1010–970 Salomo (996–) 970–930 Anfang Tempelbau 966 Besuch der Königin von Scheba 940/39	Ende Mittel-Bronze ca. 1400 Spät-Bronze	Einfall Hyksos ca. 1445 und Herrschaft bis ca. 1000 18. Dynastie, u. a.: Amose 1018– 993 Thutmose I 1972– 960 Hatschepsut 948–928/27 Thutmose III 949– 895
		Juda **Israel**		

	Benhadad I ca. 900– ca. 860	Abia 913–910 Asa 910–869– Feldzug Serachs 898–	Nadab 909–908 Baesa 908–886 Ela 886–885 Simri 885 (Tibni 885–880) Omri 885–874		Amenophis II 907– 882/81
Assyrien Assurnasirpal II 883–859 Salmanasser III 859–824 Schlacht bei Karkar 853 Schamschi – Adad V 823–810 Adad-Nirari III 810–782 Salmanasser IV 782–772	Benhadad II ca. 860– ca. 843 Hasael ca. 843– Benhadad III	Josaphat (907–) 872–848 Joram (885–) 853–841 Ahazia (863–) 841 Athalja 841–835 Joas (842–) 835–796 Amazja (821–) 796–797 Usia (808–) 792–740	Ahab 874–853 Ahasja 853–852 Joram 852–841 Jehu 841–814 Joahas 814–789 Joas 789–782 Jerobeam II 793–753 Sacharja 753 Schallum 752		Amenophis III 874– 837 Amenophis IV (Echnaton) 848– 832
Tiglath-Pileser III 745–727 Salmanasser V 727–722 Sargon II 722–705 Sanherib 705, 681 Asar-Haddon 681–669 Assurbanipal 669–627		Jotham (775–) 750–732 Atlas (755–) 735–715) Hiskia (740–) 715–686 Manasse (709–) 697–642 Amon (664–) 642–640 Josia (648–) 640–609	Menahem 752–742 Pekachja 742–740 Pekach 752–732 Hosea 732–723 **Ende des Zehnstämmereiches Israel**	↓ Eisen ↓	Merneptah (19.Dynastie) 738– 730 Osorkon II (22. Dynastie) Verschwörung mit Josea ca. 726 Tirhaka (25. Dynastie) nicht gegen Palästina 702
Babylonien Nabopolassar 626–605 Fall von Ninivé 612 Nebukadnezar II 605–562 Evil-Merodach 562–560 Negalsarezer 560–556 Nabonaid-Belsazer 556–539 Fall von Babylon 539		Joahas (632–) 609 Jojakim (634–) 609–598 Jojachin (616–) 598–597 Zedekia (618–) 597–586 Daniel ca. 610– ca. 535 Gedalja Statthalter 587–582	1. Deportation 606 2. Deportation 597 3. Deportation 586 4. Deportation 581		Necho II (26. Dynastie) 610–595 Schlacht bei Karkemisch 605 Apries (Hophra) 26. Dynastie 589–570 auf dem Weg nach Jerusalem 598/88
Persien Cyrus 539–530 Cambysos 530–522 Darius I 522–486 Xerxes 486–464 Arthaxerxes I 464–423		Zurück u.l.v. Serubabel 537 Sacharja und Haggai 520 Wiederaufbau des Tempels 515 Esra nach Juda 458 Nehemia Landvogt 445 Esther Alexander der Große erobert Jerusalem 332 Gründung des seleukidischen Reiches 312 Antiochus III erobert Teil von Palästina 218 Skipio besiegt Antiochus III 191/190 Tempel zu Zeustempel entweiht, Aufstand der Makkabäer 168 Tempel wieder an Jahwe geweiht 165 Judäa ein römisches Protektorat 63 Herodes König über Judäa			
		* *Die eingeklammerte Jahreszahl ist das Geburtsjahr*			*In Farbe die Zahlen der üblichen Chronologie*

Erklärung der in der Literaturliste gebrauchten Abkürzungen

AASOR – Annual of the American School of Oriental Research
ADAI ÄR – Abhandlungen des Deutschen Archäologischen Instituts Kairo. Ägyptologische Reihe
AJA – American Journal of Archaeology
AO – Acta Orientalia
ASAE – Annales du Service des Antiquités de l'Égypte
AW – Antike Welt
BA – Biblical Archaeologist
B & W – Bibel und Wissenschaft
CAH – Cambridge Ancient History
C & AH – Catastrophism & Ancient History
IEJ – Israel Exploration Journal
JEA – Jornal of Egyptian Archaeology
JNES – Journal of Near Eastern Studies
JQR – The Jewish Quarterly Review
KR – Kronos
LEV – Levant
OR – Orientalia
RB – Revue Biblique
SIS-R – Society for Interdisciplinary Studies – Review